"十四五"职业教育国家规划教材　　高等职业教育新形态一体化教材

U0733111

大学生

就业与创业指导

（第四版）

主编　邰葆清

副主编　董媛　易元斌

参编（按姓氏笔画排序）

史航　马旭辉　文正建

卢建杰　王文栋

种桦

中国教育出版传媒集团

高等教育出版社·北京

内容提要

本套教材是"十四五"职业教育国家规划教材、河南省首届教材建设特等奖教材、高等职业教育新形态一体化教材。

本套教材深入贯彻落实党的二十大精神，全面贯彻党的教育方针，坚持落实立德树人根本任务，注重价值引领和课程思政融入。主教材介绍核心知识，自助式成长手册培养技能体系，双体系构建的目的在于激发学生对国家的使命感、对时代的融入感、对职业的认同感和对岗位的敬畏感。本套教材内容紧贴"职教二十条"和职业教育教学改革要求，强化对学生职业化工作素养、职业核心能力、创新精神、创业勇气和创新创业实践能力的培养。

主教材分就业和创业两大部分：就业部分遵循学生学习心理和认知规律，从企业最需要的职业化素养出发，逐步完成自我认知、规划认知、职业认知、求职技巧认知和职场认知，认知逻辑清晰，层次鲜明，便于学生理解和掌握；创业部分依据学情分析，从商业启蒙入手，澄清认知误区，突出创新思维养成，拓宽创新视野，以时代背景下的技术创新为突破口，激发学生对国家的自豪感、对传统文化的自信心，从而增强创新创业的勇气，迈出创新创业实践的第一步（撰写创业计划书）。配套手册围绕职业化素养，结合教学进度，以自主学习内容为设计元素，逐步开展各项训练和测试，让学生在自主训练的同时明确就业目标。

本套教材配套教学资源丰富，在线课程"大学生职业发展与就业指导"已在智慧职教 MOOC 学院上线，可以助力开展混合式教学，满足不同教学场景下的教学要求。

本书既可作为高职院校就业创业类通识课程教材，也可作为社会创业者的参考用书。

图书在版编目（CIP）数据

大学生就业与创业指导／邰葆清主编. --4 版．--
北京：高等教育出版社，2023.10（2024.4 重印）
ISBN 978-7-04-060098-8

Ⅰ．①大… Ⅱ．①邰… Ⅲ．①大学生-职业选择-高
等职业教育-教材 Ⅳ．①G717.38

中国国家版本馆 CIP 数据核字（2023）第 036596 号

大学生就业与创业指导
Daxuesheng Jiuye yu Chuangye Zhidao

策划编辑	陈 磊	责任编辑	陈 磊 李岳璟	封面设计	贺雅馨	版式设计	马 云
责任绘图	马天驰	责任校对	张慧玉 刁丽丽	责任印制	刘思涵		

出版发行	高等教育出版社	网　址	http://www.hep.edu.cn
社　址	北京市西城区德外大街 4 号		http://www.hep.com.cn
邮政编码	100120	网上订购	http://www.hepmall.com.cn
印　刷	武汉市新华印刷有限责任公司		http://www.hepmall.com
开　本	787mm×1092mm 1/16		http://www.hepmall.cn
本册印张	14.5	版　次	2010 年 12 月第 1 版
本册字数	330 千字		2023 年 10 月第 4 版
购书热线	010-58581118	印　次	2024 年 4 月第 3 次印刷
咨询电话	400-810-0598	总定价	49.00 元

第四版前言

党的二十大报告提出，到 2035 年"实现高水平科技自立自强，进入创新型国家前列""建成教育强国、科技强国、人才强国、文化强国、体育强国、健康中国，国家文化软实力显著增强"等新目标、新部署和新要求。职业教育作为培养高素质技术技能人才、促进就业创业和创新、推动中国制造和服务水平的重要基础，对推动中国式现代化建设具有重要作用。现代职业教育应该主动适应高质量发展需要，全面贯彻落实党的二十大精神，为党育人、为国育才，全面提高人才自主培养质量，成为服务国家战略的"快变量"。

2019 年，国务院印发的《国家职业教育改革实施方案》（简称"职教二十条"）是新时代职业教育改革的纲领性文件，是全国深化职业教育改革的顶层设计和施工蓝图。"职教二十条"明确提出了"三教"（教师、教材、教法）改革任务，其中教师是根本、教材是基础、教法是途径，三者形成一个闭环的整体，落脚点是培养适应行业企业要求的复合型、创新型高素质技术技能人才，全面提升学生的综合职业能力。本套教材自 2010 年出版以来，已历经三次修订，为保证充分发挥在高素质、高技能人才培养中的作用，助力学生高质量就业，培养学生创新创业素质和创新精神，在本次教材修订过程中，我们分别沿着知识主线和技能主线进行了内容的针对性补充和调整，力求在充分、系统反映本课程基本知识和技能的同时，保证语言简练、内容通俗易懂，知行合一，引导学生在做中学，学中悟，从而持续提升就业和创业指导课程质量。

本次《大学生就业与创业指导》教材的修订主要体现在以下几方面：

（1）在主教材就业部分融入党的二十大精神和课程思政等内容，突出体现"为党育人、为国育才"的育人宗旨。同时，改写了部分案例，增加了云课堂的二维码内容，丰富了就业指导的学习内容。

（2）对创业部分进行了整体改版，内容设计上突出案例教学的作用，以思维训练、案例分析、小组讨论等模块，将知识和技能有机融为一体；同时，增加云课堂等信息化资源，加强知识的可视性和趣味性，以便帮助学生更加透彻理解创新创业的方法与步骤。

（3）对《大学生就业与创业指导自助式成长手册》进行改版，紧密配合主教材内容，将训练内容分为六部分：行动准备、就业行为测试、就业行动实施、创新创业行为测试、创新创业行动实施和就业创业行动总结。修订后的手册对学生参加职业规划大赛、"互联网+"大赛、"挑战杯"大赛等更具实际应用价值和指导意义。

　　在此，特别感谢广大用书院校师生对本套教材的支持与信任！大家的使用反馈与良好建议，助力编写团队不断发现教材中的不足，经过不断改进与完善，力求使之更加符合高等职业教育人才培养目标的要求，更加具有可操作性、实用性及时代感。由于修改时间有限，可能还存在不少暂未发现的瑕疵，欢迎各位同行、读者批评指正。

邰葆清

2023 年 5 月

第一版前言

在接到编写任务时，我就有个想法：要给学生思考的时间，不急于让学生去做训练，不刻意挖掘潜力，因为潜力是通过思考积累出来的。我相信，一个会思考的学生完全可以让自己的潜力发挥出来，因为思考意味着对自己的研究与反省，也意味着对外部环境产生即时性反应。激活学生的自主性，即独立思考问题的能力，并让自主性健康发展，这才是潜力挖掘的根本动力。

现在的就业指导教材很多，我们想编一本陪伴高职学生成长的就业指导教材，老师的责任不是滔滔不绝地讲授，而是耐心地倾听与引导。听学生内心的声音，听学生的思想中有哪些阻碍，重要的不是老师指出其中的阻碍，而是在老师的引导和帮助下，学生可以清晰地看到自己的阻碍并主动清除它们。结合着视角延伸与补充阅读，每章的主干内容以及每节的案例思考，都指向这种对自我的反思。

本书没有给学生太多现成的经验，相反，主要是给他们提供了一些就业的思想和观念。贯穿本书编写的四个核心理念是：

（1）加大力度进行目标教育。

（2）引导学生将认识自我放在重要位置上。

（3）引导学生清晰认知行业、企业、职业和社会。

（4）启发学生学会行动、奋斗和坚持。

就业观念的改变，一是源于对外部世界的重新认知，二是来自对自己的重新认知。所以，本书着重在这两方面下功夫。如何让学生重新认识自己，更新过去的经验与观念，是相当困难的事情。在第一章，我们试图给学生装上"职业化"的"软件"，让这个"软件"自动运行，贯穿全书。引导学生"认知自我"，使学生对自己产生兴趣，尤其是对自己的未来产生好奇。第二章带领学生进入观念革新环节，输入重要概念——"职业生涯规划"，在这个概念的统领下，学生将接触职业目标、职业规划、职业心态、职业生涯管理等新概念。能否消化这些知识，一是取决于教材本身能否吸引住学生，二是取决于老师的引导。如果说第一、二章是"知己"的话，那么后四章就是"知彼"。

知己知彼，方能百战不殆。第三章对职业的外部环境进行介绍，主要使学生了解企业与雇主，这也是在暗示学生与企业将最终对接，目的在于引导学生明白要想成功进入企业，首先要学会接受，其次才是改变。第四章是求职行动指南，旨在帮助学生有条不紊地做好求职的准备，掌握应聘技巧，增加求职的成功率。基于"只有充分了解，才会慎重选择"的理念，第三章、第四章是一个紧密联系的整体。"岗位实习"是高职的特色，实习的另一个含义就是适应，第五章就涉及了职场适应与角色转换的问题，这对高职生来讲是一个关键的时期。适应得好与坏、快与慢，与学生掌握前四章内容的程度直接相关，即是否了解自己，是否带着自己的目标与理想就职，是否对该企业的文化与前景有深入了解，是否与该企业的用人标准相匹配，是否对企业的领导者有信心。所以，职业适应期的就业指导非常必要。第六章介绍了创业的相关知识。

与本书相配套的《大学生就业与创业指导自助式成长手册》的功能是帮助学生（学生的小团队）自我成长。整个手册以团队小组的方式来完成，从就业指导课初始，结成团队，直到课程结束。《大学生就业与创业指导自助式成长手册》的内容以关注我的团队、了解我的观点、找到我的兴趣、定位我的能力、训练我的职业心态、查找全面客观的职业信息为主，始终围绕着"知己知彼"的职业规划核心理念，只有理念先行，才能将行动落实。

很多学生认为课程的理论方法不能有效地应用于实践。经仔细分析，我们总结出两个主要因素：一是学生习惯于被动，主动运用知识的意识不强，而理论的精华是通过反复运用才能吸收的；二是没有给学生提供"用武之地"，课上讲完，课下忘完，没有强化和训练，没有跟踪和监督。所以，为了强化学生主动运用的意识并把观念真正吸收，我们制作了配套的《大学生就业与创业指导自助式成长手册》。

本教材由郑州铁路职业技术学院邰葆清（笔名邰阳）担任主编。全书分工如下：每章的案例均由郑州铁路职业技术学院邰葆清编写，第一章第一节由邰葆清编写；第一章第二节至第五节，由郑州铁路职业技术学院张广磊编写；第二章由邰葆清编写；第三章由商丘职业技术学院任慧编写；第四章第一节由商丘职业技术学院杨爱华编写，第二节至第五节由商丘职业技术学院徐素华编写；第五章由平顶山工业职业技术学院李国英编写；第六章由河南经贸职业学院冯晨编写。与教材相配套的《大学生就业与创业指导自助式成长手册》，其中的霍兰德职业兴趣测试、气质性格测试、MBTI人格特质测试、价值观测试、职业能力测试等，由张广磊提供，其余部分由邰葆清编写。

本书在编写的过程中，参考了有关教材和文献资料，谨向各位作者、编者表示感谢！

由于时间仓促，编写团队沟通有限，书中难免存在许多不足之处，还请大家批评指正。

主　编

2010 年 10 月

致亲爱的同学们

亲爱的同学：

　　新学年好！当听到"就业指导"的时候，你脑中闪现的是什么？

　　也许你正在为学校的不理想而失落，也许你正在为专业的前景模糊而心有戚戚，也许你不知三年后自己究竟会漂向何方，也不知自己为什么会坐到了这里学习。或许，你还不知"高职"的真正含义是什么。

　　现在持以下观点的人越来越少，即大学毕业后选择一份终生不变的职业。一生当中，你会有很多次机会重新考虑自己的选择，然后选择一个新的职业方向。

　　找工作是项系统工程，不是临阵磨枪参加个培训班就能见成效的。如何引发你主动思考自我价值取向和选择适合自己的人生路径，这才是更为本质的东西。

　　大学阶段的就业指导，更多的是指导你在面对机遇的选择时用什么样的思维方式去思考有关职业的问题，从什么角度去思考职业的发展。那么，请先学着信任我们和你自己，让对未来的希望暂时冲淡眼前的迷茫，跟着我们的思维，开始一段崭新的旅程。

　　一句话，知己知彼，方能百战不殆。

　　愿借助思考的力量，与同学们在人生路上一起勇敢前行！

你们的朋友：邰阳

2010 年 10 月于郑州

附：

E-mail：272993209@ qq. com

再致亲爱的同学们

作为一名专职的就业指导老师，我常有胆战心惊的感觉，生怕误人子弟，故常自我反思、自我觉察。本教材从"出生"的那天起，我们这个编写团队就决定定期修订，一来让我们自己不断处在时代的前沿，二来让我们可以随时反观自己走过的路。

一本好的教材如一个人的成长一样，需经历一个过程去不断完善。在此，我们编写组特别感谢给予我们支持的各位同仁和同学，尤其是郑州铁路职业技术学院的部分学生。感谢他们乐于把实践中的工作经验拿出来与我们分享，更欣赏他们对待工作的那种最基本的态度——耐心且执着。我们相信——成长在于不断领悟，智慧在于勤于思考，进步在于每一天的积累和坚持不懈的行动。

我们还将继续保持对于教材完善工作的敬畏之心，也期待更多同学将教材使用中的困惑、感悟，以及在实习实践工作中总结的成功经验和失败教训与我们分享。

你们的朋友：邰阳

2023 年 5 月

目 录

第一章

认知自我，职业定位

拿得定，见得透，事无不成。

——毛泽东

在这一章中，你将：

- 了解职业和职业化。
- 了解自我的职业兴趣。
- 了解自我的气质与性格。
- 了解价值观与职业发展。
- 了解自我的职业素质与能力。

第一节 养成职业化素质

思维训练

案例 1

毕业于某高职院校机电一体化技术专业的吴江，在一家机电行业的"专精特新"中小企业仓库物流工作已有两年了。两年的时间里，他用心地了解机电行业物流工作的各个环节，由最初的一个"门外汉"成长为现在的公司骨干。下面是李佳同学对他的访谈记录（节选）。

李佳：学长，您从事的是您感兴趣的工作吗？

吴江：在我眼里就是工作，不管你感不感兴趣，只要是我的工作，我都得做好它。

因为在我眼里这是工作，在公司眼里这是一个重要的工作环节。如果做不好就会影响客户对公司的看法，影响公司的声誉。其实，工作时你有成就感了，自然也就喜欢上工作了。

李佳：哦，学长说得有道理，那您是怎么做好工作的呢？

吴江：工作其实很简单。在我看来，就是想着如何把它做好，至于薪水、福利和待遇，我好像天生对这些不敏感。当我把工作做好的时候，我发现，这些物质的东西自然而然也就来啦。

李佳：哈，学长好智慧呀！能具体说说在工作上您是怎么要求自己的吗？

吴江：我暗暗给自己定下工作标准——比如，跟领导汇报工作，一定要数据化，所以每天的工作我都有记录，一个月一总结，尤其要总结出自己这个月哪做得不好、如何改进；同时，将发现的问题也记录下来，等想好解决问题的方案时，再和领导汇报。我每天的工作目标就是让各个厂家准时保质保量收到货，并将公司的运费降到最低。另外，就是多学习，越是想把工作做好，越感到自己无知，就越有动力学。

李佳：学长，那你也一定遇到过好多困难吧。您怎么解决的呢？

吴江：遇到困难，就三个字——想办法。我这人简单，不爱抱怨，自己学会解决问题了，自己的价值就体现出来了。对了，这句话还是以前就业指导老师说的。

思考：

（1）如果你是企业负责人，你愿意招收吴江这样的员工吗？为什么？

（2）吴江的职业化素质是如何体现的？

（3）请你谈谈做人与做事之间的关系？

一、职业

（一）职业的缘起

从历史角度看，"职业"一词的产生不算久远。"职业"的概念从出现到现在不过100多年。20世纪初，职业选择对多数人来说还不是什么常事。之前，许多人只是惯性地继承父母所从事的工作，如农民、木匠、铁匠、裁缝等。然而，如果家境富裕，可以支付学费，就可以上学，就可以努力成为建筑师、音乐家、外交家、教师、公务员等。

许多变化都是由外部力量引起的，如西方的工业革命带动了整个社会的变革。在美国，新兴工业，如石油、铁路运输业、纺织业、肉类加工业、汽车业、建筑业、木材业、银行业和钢铁业等的发展，使整个经济发生了巨大变化。这些大工业所创造出的各种工作机会吸引了来自城市和农村的大批劳动者。他们渴望积累财富，过上更好的生活。随着社会的发展，各种各样的职业便出现了。

（二）职业的含义

职业是指人们从事相对稳定的、有收入的、专门类别的社会劳动，是一个人的权利、义务和职责。职业具有经济性，能从中取得收入；职业具有技术性，可发挥才能和专长；职业具有社会性，即承担生产任务，履行公民义务；职业具有促进性，可为社会提供有用的服务，促进社会发展；职业具有连续性，从事的劳动相对稳定。

（三）职业的平等观

所谓职业平等观，就是基于对人性的尊重和理解，人们可以根据自己的兴趣选择自己喜欢的职业的观念。职业是丰富多样的，不分高低贵贱。根据 2015 年版《中华人民共和国职业分类大典》职业可分为 8 个大类、75 个中类、434 个小类、1 481 个职业。2022 版《职业分类大典》对分类体系进行了修订。把新颁布的 74 个职业纳入大典当中。在保持八大类不变情况下，净增了 158 个新的职业，现在职业数达到了 1 639 个。每个人的兴趣不同，所从事的行业不同；每个人的职业能力不同，所从事的工作不尽相同；每个人的价值观与性格不同，所从事的工作内容也有所不同。每个劳动者都在付出自己的劳动，都在不同程度地呈现自己的最大价值。我国长期以来存在的"学而优则仕"的社会价值观，在一定程度上影响了我们的职业选择。如果我们对自己的本性不接纳和不尊重，不能很好地认识自己，选择不适合自己的职业，我们工作起来就会很累，也无快乐可言。相反，如果我们遵从职业的平等观，认识自我，接纳真实的自我，那么，职业的意义和价值就能体现得更充分。

二、职业化

（一）职业化的含义

简单地讲，职业化就是一种工作状态的标准化、规范化、制度化，即在合适的时间、合适的地点，用合适的方式，说合适的话，做合适的事，使员工在知识、技能、观念、思维、态度、心理上符合职业规范和标准。

职业化包括以下内容。

（1）职业化的工作技能。最简单的解释就是具备能够胜任某个职位的工作学识、技术和能力。

（2）职业化的工作形象。具体包括外在形象、品德修养、专业能力和知识结构四大方面。例如，如果你在银行上班，他人可从你的言谈举止、处事方式等方面判断你是否是真正的内行。

（3）职业化的工作态度。就是做事情力求完美，把事情全力以赴做好。有这种态度，才能叫职业化或者专业化。

（4）职业化的工作道德。简言之，职业道德主要包括：爱岗乐业、忠于职守的敬业意识，讲究质量、注重信誉的诚信意识，遵纪守法、公平竞争的规则意识，团结协作、顾全大局的合作意识，刻苦学习、不断进取的钻研精神，服务群众、奉献社会的付出意识。

云课堂

职业核心能力训练（上）

（二）职业化的养成

大学生入职后职业化素质的不足，直接导致学生职业发展的不顺利。我国的职业化进程远远落后于发达国家。调查资料显示：90% 的公司认为，制约企业发展的最大因素是缺乏高素质的职业化员工。入职后的职业化过程，往往需要两三年的时间。如果从大一就开始启发学生树立职业化的意识，用两三年，甚至四五年的时间，让学生来培养职业化的素质，那么，到工作岗位之后，他们不仅适应得很快，而且将大大助推他们后期职业生涯的发展。正可谓：有了职业化，走到哪里都不怕。

（三）职业化的特征

（1）以最小的成本，追求最大的利益。

（2）以此为生，精于此道。

（3）细微之处做得专业。

（4）尽量用理性的态度对待工作。

（5）不能轻易被他人替代。

（四）大学生职业化教育现状

我国大学生的职业化教育比较欠缺，特别是在与社会和职业衔接的实习和实践方面。而保姆式的教育方式使学生养成了强烈的被照顾和被保护的意识，缺乏独立解决问题的意识和能力。这使得毕业生要在工作中补修在大学里就应该为走上社会做准备的功课。社会对于个人改造的力量是巨大的，个人对社会和环境的适应应该积极主动，而不是消极等待，关键是个人要有足够的自觉，有意识地接受、完成这个改造的过程，让这个过程短一点。

大学生对于社会和职业的认识，容易走两种极端：一种是对于社会和人性的复杂缺乏基本的认知和准备，过于天真和无知；另一种是对社会和人性过于悲观，对现实的无奈和失望使他们对自己的人生规划抱有强烈的抵触情绪，又因为过于理想化而导致苛刻、偏激、狭隘、封闭。社会和职业既没有有些人期望得那么美好，也不像另一些人想象得那么坏，它复杂而真实，需要我们用坚强而温和的眼光和胸怀去接纳。这样的人生态度和境界虽然需要一定的年龄和阅历才能达到，但职业经历能够促使大学生用一种更现实、更客观、更温情的眼光来看待社会、职业和自我。

（五）高职生如何向职业化转型

一个刚毕业的高职生要完成从学校到社会的转变，将职业素养体现为态度和行为习惯。这不是一日之功，不会一帆风顺、一蹴而就，需要一个积累和准备的过程。所以，从大一开始，就要培养职业化的素质。具体来说，需要有三方面意识。

（1）培养自省、自知、自觉的意识和理念，时刻注意在为人处世的细节中发现自己的不足。一个人只有在与外界的互动中了解社会和他人，才能在一个更为广大的坐标体系中，真正地了解自己。

（2）培养行动化的学习方式。改变个人习惯的最好方法就是将职业化的要求落实到日常生活、学习、工作的言谈举止上，通过改变行动提升自己。从大一开始，制订学业计划，认清差距，不断完善自己；制订职业规划方案，系统认识自己，确定自己的发展方向。

（3）超越职业化的境界——设想如何能让别人接受你，并且感觉愉悦。热情、主动以及具备良好的倾听技巧是构成人格魅力主要的外部特征，而真正的人格魅力来自内心。确切地说，来自内心对他人的态度，如果我们能使自己激励、感染、影响、愉悦身边的人，那将会达到超越职业化的境界。

本书将"职业化"的内容放在全书的第一节，目的是引导学生在大学期间，以职业化的意识来塑造自己，让自己成为一名"职业的高职生""职业的学生干部""职业的兼职工作者"等。书中的所有内容，都指向"职业化意识与职业化素质的养成"这一潜在目标。这样，学生在毕业的时候，已经具备了职业化素质，举手投足间，都会让他人感觉到放心，个体的职业适应期也将缩短，职业发展的空间扩大，职业竞争力相应增强。起步越早，吸收越多，收益越大。

📖 拓展阅读

大国工匠的职业素养

李向前，中共党员，洛阳机务段宝丰检修车间高级技师，他的职业是专门给火车头治病的"医生"。

李向前从事铁路机车检修工作20余年，解决内燃机车齿轮箱漏油、抱轴瓦发热等48项技术难题，累计检修机车5 000余台，维修、复检内燃机车1万余台，全部达到了"零故障、零问题、零疏漏"的标准，创造了享誉全国铁路的"三零"纪录，被誉为"中原铁道首席蓝领专家"。

谈起自己的成长道路，李向前感触最深的就是要养成职业化的工作素养。最早检修蒸汽机车时，几乎天天都要洗炉车。检修完毕时，机车点火，浓烟滚滚，弥漫着整个检修库，库内散落的煤尘、脏棉丝、废柴油等东西，成年累月地积淀，让检修库变成了黑色的世界，地面更像是一片黑土。但是，这样的环境丝毫没有减轻他对这份工作的热爱。"说句发自内心的话，我觉得我的工作，对我而言不单单是一份谋生的手段，更是我的事业，是我实现梦想的必由之路"，李向前说，"职业化工作素质的核心是职业信念，习近平总书记也在党的二十大报告中指出'深入实施人才强国战略，坚持尊重劳动、尊重知识、尊重人才、尊重创造'，号召'在全社会弘扬劳动精神、奋斗精神、奉献精神、创造精神、勤俭节约精神，培育时代新风新貌'。"

党的二十大报告中的关于高技能人才的描述道出了所有产业工人的心声，也更加坚定了李向前立足岗位做出一番事业，让技能报国成为时代强音的信心。

⭐ 活动亲历

大学期间，如何培养职业化意识？

小组成员在团队领导者的带领下，进行本堂课的讨论，并由团队领导者记录发言情况，只摘录主要观点，不计分。以小组为单位阅读《大学生就业与创业指导自助式成长手册》中"环节一　就业创业行动准备"内容，并完成"环节三　就业行动实施"的"职业核心能力训练(TAS能力)"任务。

第二节 探索自我的职业兴趣

💡 思维训练

案例 2

某软件公司招聘现场，技术部王经理和应聘者陈小明正在交谈。

技术部王经理：陈小明，请你谈谈你的业余爱好和职业兴趣吧。

陈小明：好的，王经理。我平时喜欢上网、看书，还喜欢打篮球，特别喜欢看电影，每周都要和同学一起去看喜欢的电影。兴趣嘛，我最喜欢下象棋，有时下起棋来，饭都不吃，什么都忘了。

王经理：哦，这样啊。那你期望在象棋方面有所发展吗？

陈小明：是的，因为是学计算机的，我特别想编一个很牛的下象棋软件，让初学者跟着软件就可以学会各种招式，而且还想做一个关于象棋的动画，就像《聪明的一休》。

王经理：嗯，你有这样的想法多久了？你打算怎么实现呢？

陈小明：上高中的时候就有了。所以，选择专业时，就报了计算机多媒体制作专业。毕业时，想选一家软件公司，继续深造，多学新技术，特别想实现自己的梦想。我做的象棋软件在这里，还不成熟，请您多指教。

王经理：很好！你身上有我们注重的优秀品质，人力部门会很快联系你。

陈小明：谢谢王经理！

思考：

(1) 爱好和兴趣的区别是什么？

(2) 职业兴趣如何与专业相结合？

(3) 兴趣和爱好对一个人的职业发展有何影响？

一、兴趣

（一）兴趣的含义

兴趣是指一个人力求认识、掌握某种事物并经常参与该种活动的心理倾向。或者说，兴趣是指人积极探索某种事物的认知倾向。

兴趣可以分为直接兴趣和间接兴趣。直接兴趣是对活动本身感兴趣，例如，由于喜欢英语而努力学习英语。间接兴趣是对活动的结果感兴趣，例如，为了得到老师的赞扬而学习英语。一般认为，直接兴趣更持久，活动促进效果更好。

（二）兴趣的作用

爱因斯坦曾说"热爱是最好的老师"，他自己就是一个最好的例子。爱因斯坦并不是被逼着学习而成为物理学家的，而是因为从小就对宇宙和事物的结构有一种好奇心，逐渐探究、实践，最后成为一个大科学家。但凡有大成就的人，必然喜爱自己所做的事。

二、职业兴趣

（一）职业兴趣的含义

职业兴趣是指人们对某类专业或工作所抱的积极态度。不同的人对于同一职业或者同一个人对不同职业的态度会不同：他们有的可能抱积极的态度，有的可能抱消极的态度，有的则可能抱无所谓的态度。职业兴趣就是人们对某种职业活动所具有的比较稳定而持久的积极心理倾向。

一个人对某种职业感兴趣，在学习和工作中就能全神贯注、积极热情，富有创造性地努力完成所从事的工作。一个人对自己的专业或工作毫无兴趣，缺乏自觉、主动地不断追求新成就的热情，即使他聪明能干，这个人也很难在本专业或本行业中有所建树。在择业过程中，职业兴趣一旦产生，就成为择业的定向因素。

（二）职业兴趣的作用

职业兴趣会影响人们对职业的选择。在求职择业的过程中，人们除了考虑待遇等问题外，常常以是否对某种工作有兴趣作为考虑的重要因素。一旦发现自己对某种职业有浓厚的兴趣，他们就会努力地去谋取或追求这一职业，并在得到这一职业后，尽心尽力地去做好。

职业兴趣能开发个体的潜力，促进个体的进步。在职业活动中，职业兴趣能够促使一个人发挥自己的主动性和创造性，以一种积极的态度来面对工作。当遇到困难时，在职业兴趣的引导下，人们会积极地去思考，想方设法解决这一难题，而不轻易放弃。在这一思考过程中，人们的潜力会得到充分开发，能力也在不知不觉中得到增强，从而更容易在职业活动中取得新成果，促进个体的进步。

职业兴趣可以使人更快地熟悉并适应职业环境和职业角色。在职业兴趣的引导下，人们会以一种乐观向上的态度面对自己所处的职业环境，尽自己一切努力适应它，以求得到更大的发展。因为他们对这个职业本身感兴趣，所以会尽快适应本职工作，使自己在职业活动中尽早展露风采。

📚 **拓展阅读**

你能区分爱好、特长和兴趣吗?

概念

（1）爱好——喜欢，是能够让生活变得更美好的事物。爱好不代表一定具有专业性，可以是随性的、娱乐的或消遣的，比如唱歌、旅游、阅读等。

（2）特长——特别擅长的专门技艺或研究领域。特长可以是因为工作、生活的需要而逐渐练成，也可以是因为爱好或喜欢，用以谋生。如擅长 PR（Adobe Premiere）软件，对图片进行处理和加工；精通 3D 打印（3DP）软件，进行 3D 工件打印等。

（3）兴趣——个体对外在事物喜爱程度的内在倾向表达。简单说就是发自内心地喜欢、莫名地爱，甚至达到痴迷的程度，兴趣可以成为职业，幸运的话还可以成为终生的事业。如对科学研究感兴趣、对机械维修感兴趣、对设计创意感兴趣、对编写程序感兴趣、对市场销售感兴趣、对教书育人感兴趣、对治病救人感兴趣等。这类的兴趣，常常可以让一个人废寝忘食，忘我地付出，即使暂时没有回报，也愿意继续做下去。这种具有高投入、深程度的兴趣，就是我们常说的"发于内心，执于追求"。

区别

（1）爱好——可以让我们享受生活。如制作美食、健身等，让我们感受到生活的美好。

（2）特长——可以让我们的工作锦上添花。如因为擅长撰写新闻稿，被单位借调到宣传部门。

（3）兴趣——可以让我们废寝忘食，促进事业成功。比如，巴奴（全称巴奴毛肚火锅）的董事长杜中彬，从小酷爱制作美食，于是开店，经历万千困难也不放弃，最终创立"巴奴"火锅品牌，这让他感受到自我实现后的价值感和成就感。

联系

爱好常常是特长的开始，而特长随着时间推移，会发展成兴趣。但是也有一部分人，从小就对某些方面表现出浓厚的兴趣（天赋），如果这个兴趣被保护得好，就可能成就一番事业。

奥运冠军全红婵，7岁被陈华明教练发现时，她正在操场上玩跳格子的游戏。平日里，全红婵就喜欢蹦跳类的运动，这就是她的爱好。教练却从专业的视角，发现这个爱跳格子游戏的女孩，身形轻盈，动作灵活，有着很好的弹跳力和爆发力，一个立定跳，轻松就可以达到1.6米。陈教练正是看到了全红婵优于常人的能力，希望能把这个孩子的优势培养、激发出来。然而，当时的全红婵并不会游泳，跟着陈教练在体校训练的日子里，她慢慢喜欢上了跳水的感觉，训练十分艰苦，但是她笃定坚持，总是最后一个离开泳池。通过科学又严格的训练，全红婵的弹跳力和爆发力更加突出，优势特长非常明显。有人问她累不累，年仅7岁就离家的全红婵说："我不是'爱哭包'。学新动作时也挺怕的，但我太喜欢跳水了，鼓励自己坚持。"此时，她的兴趣已经深深扎根。在她的身体里，涌动着一股强大的力量，支撑她无数次地超越自我，为国争光。这种对跳水的兴趣和热爱，不是一开始就形成的，而是在她成长的过程中，被一点点培养和挖掘出来的。只有兴趣，才能让我们的内心爆发出无穷的动力，也只有兴趣，才能让我们感受到深深的爱，以及那种无怨无悔、心甘情愿的付出。

综上所述，爱好、特长和兴趣，与我们的生活和学习息息相关，只有树立"培养爱好，挖掘特长，深耕兴趣"的发展理念，我们的个人发展才能更加顺利和美好。

如果能从事自己感兴趣的工作，那么人生的幸福感将会提升。有关资料表明，如果一个人对某一工作有兴趣，就能发挥他全部才能的80%~90%，并能较长时间地保持高效率而不感到疲劳；而对工作缺乏兴趣的人，只能发挥其全部才能的20%~30%，而且容易感到疲劳、厌倦。

古代的帝王中也不乏这样的案例。宋徽宗被后世史学家认为不是一位合格的皇帝，但是，大家不得不承认，他是中国绘画史上一位杰出的花鸟画家。他一生喜爱书法和绘画艺术，曾经跟黄庭坚学草书，并自创了一套"瘦金体"。宋徽宗一生迷恋心爱的画笔，对如何治理国家、消除内忧外患却没多少兴趣。"靖康之变"后，他被金人掳去，死在五国城。同样，南唐后主李煜也是一个这样的君主。这位声名显赫的帝王被后人铭记，并不是他有什么治理国家的文韬武略，而是因为他在诗词上的巨大成就。从皇帝沦为阶下囚，物是人非，时过境迁，"问君能有几多愁？恰似一江春水向东流"，这凄凉委婉的词句，或许最能描述他的心情吧。这两位皇帝的最大兴趣是在文学艺术上，但是命运却偏偏安排他们从事了"皇帝"这个职业，职业方向和兴趣取向发生了严重偏差并且未能得到有效地疏导，事业岂能不败？国家岂能不亡？

（三）职业兴趣的发展阶段

从职业兴趣的发生和发展来看，一般要经历这样一个过程：有趣—乐趣—志趣。有趣是兴趣发展过程的第一阶段，也是兴趣发展的低级水平。如有的学生职业兴趣变化不定，今天想当教师，明天想当服装设计师，后天又想成为导演……这种职业兴趣是短暂的，往往转瞬即逝，易起易落。第二阶段为乐趣，又称为爱好。它是在有趣定向发展的基础上形成的，是兴趣发展的中级水平。在这一阶段或水平上，人们的兴趣会向专一的、深入的方向发展。如一个人对无线电感兴趣，他不但会学习这方面的知识，还会亲自装配和修理，参加相关的兴趣小组活动。爱好是职业兴趣的一个发展阶段，是探索自己职业兴趣的重要依据。但是，如果爱好不能发展成为志趣的话，它就不能成为你的奋斗目标，更不会成为你的职业选择，可能仅仅作为你工作之余的消遣——"业余爱好"而已。乐趣与奋斗目标结合起来时，便由乐趣转为志趣，是兴趣发展的高级水平。

当然，任何人的志趣都不是与生俱来的，而是以一定的职业素质为前提，在生活实践过程中逐步发生和发展起来的。如果一个人缺乏某种职业知识，或者根本不了解这种职业，那么他就不可能对这种职业产生志趣。因此，一个人只有广泛了解职业知识，参加相关的职业活动，才可能真正发现自己的职业兴趣所在。

（四）职业兴趣的培养

职业兴趣是可以通过多种途径，加上自己的努力去改变、发展和培养的。在培养职业兴趣时，可从以下六个方面努力。

第一，培养广泛的兴趣。具有广泛兴趣的人，不仅对自己职业领域的事物有浓厚的兴趣，而且对其他方面也有一定的兴趣。这种人眼界比较开阔，解决问题时也可以从多方面得到启发，在职业选择上有较大的余地。

第二，要有中心兴趣。人的兴趣应广泛，但不能浮泛，要有一定的集中爱好。一个人只有兴趣广且有重点，才能学有所长，获得深邃的知识。如无中心兴趣，往往会知识肤浅，没有确定的职业方向，心猿意马，难有成就。

第三，重视培养间接兴趣。人在最初接触某种职业时，往往对职业本身缺乏强烈的兴趣，因此，必须从间接兴趣入手培养职业兴趣，如了解该职业在社会中的意义、对人类的贡献、职业的发展机会等。

第四，积极参加职业实践。只有通过职业实践，才能对职业本身有深刻的认识和了解，才能激发自己的职业兴趣。职业实践包括生产实习、社会调查、参观访问以及组织兴趣小组等。

第五，客观评价自己的能力以确定职业兴趣。兴趣是成功的前提，但事业成功也必须具备该职业所要求的能力。因此，在培养职业兴趣的同时要客观评价自己的能力，看自己是否适合某种职业。在此基础上形成的职业兴趣才是长久的。

第六，保持稳定、切实的职业兴趣。应在某一方面有持久稳定的兴趣，不朝三暮四、见异思迁，这样才能投入更多的热情和精力，深入钻研相关内容，在事业上有所发展和成就。

拓展阅读

我要转专业

丽芳选择应用化工技术专业，是因为崇拜高中的化学老师，但到了大二以后，丽芳却突然发现自己不喜欢现在的专业。而转专业谈何容易，转什么专业更是摸不着头脑。高中生在填报大学志愿的时候，对专业选择往往存在一些误区，许多人误以为专业和职业是简单的对应关系，到了大学才知道专业选择的意义。费了很大的力气，却登上了一艘不是开往目的地的船。丽芳说，非常不喜欢现在的专业，很想换个方向，但又不确定对什么感兴趣。大二的丽芳该何去何从呢？

有些学生进入大学以后才发现当初选的专业不适合自己，从而萌生转专业的想法。许多学生不喜欢现在的专业，又不知道自己喜欢什么。这样的问题往往和中国教育体制中教育培养被动性有关。父母经常根据自己的喜好和社会形势为孩子指定发展方向、选择大学专业，却没有给孩子更多独立思考的空间。另一方面，许多学生其实并不了解自己的专业，甚至并不确切地知道自己对专业的认识如何，就盲目地认为自己并不适合目前的专业，甚至提出转系等要求。其实，这背后都隐藏着对自己兴趣、对专业发展缺乏认识的问题。

职业生涯规划强调，首先对自己进行了解，才能对职业有所规划。深入的自我了解是人生发展的前提。比如，专业选择本身就存在着许多复杂因素的影响。有些同学可能会因为填报的专业不是自己的第一志愿，而觉得不喜欢自己所学的专业，这背后其实是将自己的挫败感和现在的专业做了一个错误的连接，导致因为不能接受自己的考学挫败而不接受现在的专业；有些同学是受到周围舆论的影响，比如男生不适合学师范，女生不适合学工程等；还有一些同学受到社会流行看法的影响，觉得一些专业的发展前景不好；等等。这些因素都会在不同程度上令同学们迷失方向。

一个人要真正了解自己的兴趣，需要经过一定的探索。比如对自己进行仔细地观察，了解自己的兴趣爱好，又比如看看自己做什么事情会不容易感到疲惫和厌倦，从中发现兴趣所在，也可以去做一些专业的测评，看自己的兴趣倾向在哪。当然，也别忘了问问自己对目前的专业是否真正了解，有没有让自己很感兴趣的兴奋点。

所以，在觉得自己对专业不感兴趣的时候，千万别那么快认定事实就是如此，甚至鲁莽地做出非转专业不可的决定。先找一位职业规划师或相关专业的老师聊聊，找出问题的根源，因为可能转专业实际上是你对自己其他问题的一种逃避。

三、自我职业兴趣测评

（一）职业兴趣探索的一般方法

职业兴趣的探索常常从询问自己平时的兴趣、爱好开始。因为一个人通常会选择自己喜欢的事来作为娱乐消遣，所以，列出自己的几项业余爱好，是帮助你发现自己兴趣的有效渠道。当然，你也可以问自己这样一些问题：如果我每天有一定的时间可以自由支配，除了必要的休息之外，我会选择哪些娱乐和休闲项目？如果不考虑收入，我会选择怎样的工作？我最希望以怎样的方式来表现自己的聪明才智？我做哪项事情感觉最轻松？对哪项事情坚持最久？如果一辈子只做一种工作，我会选择哪种？

（二）霍兰德理论简介

人与人之间在素质和生活实践方面有很大的差异，因此，人们的兴趣类型也会表现出很大的个体差异。讲到职业兴趣就一定要提到霍兰德的六种人格类型。霍兰德（John Holland）自 20 世纪 70 年代以来，提出了一系列的研究假设和成果。他认为，职业选择是人格的一种表现，而个人的兴趣类型也就是人格类型。霍兰德提出，大多数人的人格特质可以归纳为六种类型：即实用型（Realistic Type，R）、研究型（Investigative Type，I）、艺术型（Artistic Type，A）、社会型（Social Type，S）、企业型（Enterprising Type，E）、事务型（Conventional Type，C）。

同一职业团体内的人有相似的人格特质，因此，他们对情境和问题会有类似的反应，从而产生特定的职业氛围即职业环境，他们具有特定的价值观念、态度倾向和行为模式。由此，工作环境也可以分为六种类型，其名称及性质与人格类型的分类一致。个人人格类型和职业环境之间的适配将增加个人的工作满意度、职业稳定性和职业成就感。

云课堂

辨析自我的
职业兴趣

📚 **拓展阅读**

她为何想讲好中国故事?

肖倩倩是某师范学院历史教育专业的一名学生，是学校文学社的社长，明年即将毕业。肖倩倩对中国古代文化情有独钟，不仅写得一手漂亮的汉字，而且对汉服文化研究颇深。她写的文章，经常受到老师的推荐，发表在校报和公众号上。她从大一的时候，就特别想从事传播汉文化的工作，希望能够走出国门，将中华优秀传统文化传播到世界各地。为此，利用课余时间，她考了"对外汉语教师资格证"，当别的同学在享受休闲时光的时候，肖倩倩总是在学习和充电。有的同学不理解，以为她这么努力就是想出国，其实不然，这是职业兴趣对倩倩同学产生的影响，投入再多精力也无怨无悔。她把对中国传统文化的喜欢，外化为对文化传播事业的热爱，这就是职业兴趣的魅力所在。

在就业过程中，有人说肖倩倩应该找一个与专业匹配的工作，这曾经也让她非常纠结，但是最后肖倩倩还是坚持了自己的选择，经过不懈的努力，终于找到了一份在孔子学院任教的工作。

活动亲历

如何避免未来的职业枯竭感？

小组成员在团队领导者的带领下，进行本堂课的讨论，并由团队领导者记录发言情况，只摘录主要观点，不计分。本节内容学习结束后，需要同学们完成《大学生就业与创业指导自助式成长手册》中"环节二 就业行为测试"的"霍兰德职业兴趣测试"任务，找到自己的职业兴趣代码，分析自我的职业发展潜能。本配套训练旨在帮助同学们找准自身的职业兴趣，为日后职业生涯的合理规划奠定基础。

第三节 了解自我的气质性格

思维训练

案例3

一堂生动的就业指导课后，杜燕找到了老师。

杜燕：老师，听完这堂课，我想休学，不想再在这里上了。我感觉我一点都不适合当会计。

老师：哦？为什么呢？你感觉哪点不适合当会计？

杜燕：老师，就像你刚才讲的气质性格，我是那种风风火火的人，喜欢做有挑战的工作，可是会计不适合我，我静不下来。

老师：那你感觉自己是哪类气质？

杜燕：胆汁质和多血质的混合。我就是容易冲动。

老师：你刚才说听完课不想继续在这个专业上了，是不是冲动？

杜燕：啊，又冲动了。可是，老师，我真的不喜欢这个专业。

老师：不喜欢这个专业不要紧，重要的是你喜欢什么？

杜燕：我喜欢市场营销，与人打交道。

老师：无论做哪份工作，都少不了一个理性思考的大脑，说话需要它，做事更需要它。你愿意把冲动的想法先放一边，想想如果你去做营销，你需要先做什么再做什么吗？

杜燕：嗯，我明白您说的意思是让我先思考再行动，对吧。

老师：孺子可教啊。知道吗？一个懂会计的市场营销更牛啊，这或许是你的特色。只要用心学，任何技能都不会浪费，你要记得你的目标在哪里。多血质的人聪明、灵活、大胆，你要善于发挥自己的优势哦！

杜燕：嗯，我好好想想，这节课真有意思啊。谢谢老师！

思考：

（1）你属于哪类气质？

（2）你会找个"镜子"来看自己的不足之处吗？

（3）各类气质没有好坏，你知道自己的弱点和优势吗？

（4）请根据你自己的气质性格，列出你愿意从事的三项工作。

一、气质分析与测评

（一）气质的含义

气质是一个心理学概念。从根本上讲，气质是人的心理特性之一，是个人心理活动稳定的动力特征。它表现的是人心理活动的强度、速度、稳定性、灵活性和指向性等方面的差异。比如说，一个人反应速度的快慢、情绪的强弱、注意力集中时间的长短和转移的难易，以及心理活动倾向于外部世界还是内部世界等，虽然和外界环境有一定的联系，但是在更大程度上与人的气质密切相关。气质相同的人，往往会在不同内容的活动中，表现出性质相同的动力特征。

（二）气质的特征

云课堂

心理学上讲的气质，具有以下两个方面的特征。

第一，气质具有天赋性。气质是由生理机制决定的，一个人从呱呱坠地开始，就具有了与众不同的气质特点。在日常生活中，只要留心，就可以发现，同样是婴儿，有的爱哭、爱闹、爱动，有的则安静、平稳、怯生。这说明，先天的生理机制构成了个体气质的基础。

认知自我的
气质（上）

第二，气质具有稳定性和可变性。一个容易激动的领导者，往往不等下属把情况汇报完就急不可耐地发表自己的看法，甚至大发雷霆，他不仅在企业里是这样，对外谈判时也可能有抢先发言等举动。像这样并不因活动内容、动机、目的不同而表现出不同气质的现象，反映的就是气质的稳定性。

当然，气质的稳定性是相对的，气质也具有一定的可塑性。在环境和教育的影响下，人的气质在一定程度上是可以改变的。比如，一个优柔寡断、胆怯、孤僻的人处于领导岗位上，通过几年的锻炼，他的这些气质特征可能会逐渐消失，变得具有主动性、独立性。在影响气质变化的诸多因素中，人的主观世界对气质的自然表露有重要影响。不管一个人的气质类型如何，当他以积极的态度从事工作和生活时，都会表现出饱满的热情、充足的干劲，反之则意志消沉、情绪低落。

（三）气质类型

每个人都有自己独特的气质，也具有与其他人相同或相似的气质。国外心理学家通过长期观察与研究，把人的气质特征划分为四种类型，如图1.1所示。

胆汁质——具有这种气质特征的人，刚强，精力充沛，表里如一，易感情用事，心理活动具有迅速、突发的色彩。胆汁质的人，优点是反应迅速，体验强烈，情绪强烈，态度热情积极，待人直率诚恳，行为坚韧不拔，智力活动敏捷。缺点是易冲动，缺乏耐心。如《红楼梦》中的晴雯是胆汁质的典型代表。

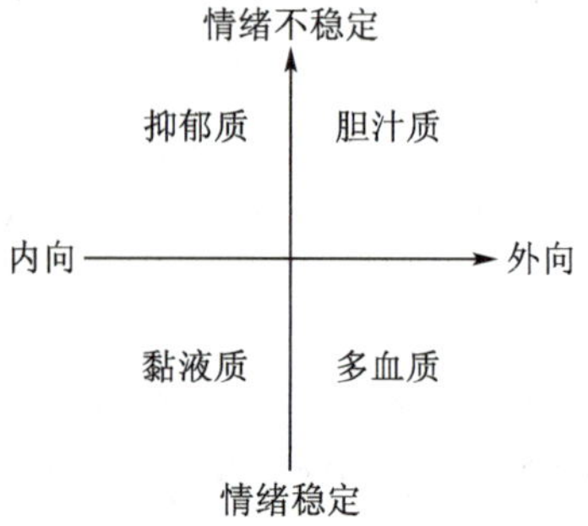

多血质——具有这种气质的人，以有朝气、反应迅速、活泼好动、情绪不强烈、粗枝大叶为特征。多血质人的优点是感情外露，遇事敏感，行动迅速，

图1.1 人的气质特征

思想活跃，可塑性大，对环境适应性强，快人快语，善于结交朋友，有很强的人际交往能力和语言表达能力。缺点是注意点变换快，喜怒无常，做事轻举妄动，虑事不周，盲目性大，缺乏耐心和毅力。如《红楼梦》中的王熙凤是多血质的典型代表。

黏液质——总的说来，黏液质的人，以稳重而缺乏灵活，踏实却有些死板，沉着但生气不足为特征。具有这种气质类型的人，反应迟钝，情绪不易变化，也不易外露。心情比较平稳，变化较慢，通常不为外物所动。然而一旦引起某种情绪，则形成强烈、稳固而深刻的体验。他们在运动和行为上都很迟缓，处变不惊，总能三思而后行，能坚定地执行已做出的决定，不紧不慢地完成工作。对已经习惯的工作有极高热情，对新工作较难习惯。这种人一般持久力很强，对自己的行为有较强的自制力，可塑性差，行为和情绪表现出内倾性。如《红楼梦》中的薛宝钗是黏液质的典型代表。

抑郁质——抑郁质的人，具有敏锐、稳重、体验深刻、外表温柔、怯懦孤独、行为缓慢的特征。这种人多愁善感，心理反应速度慢，遇事犹豫不决，缺乏果断，动作迟缓。较敏感，能体察出一般人觉察不出的事。富于想象力，办事谨慎，对力所能及的工作坚韧不拔。面临危险和紧张情况时，常表现出恐惧和畏缩；受挫后，会心神不安。这种人不好抛头露面，不爱表现自己，不善与人交往，常有孤独感。如《红楼梦》中的林黛玉是抑郁质的典型代表。

在现实生活中，我们遇到的每一个人，其气质特征都可能接近于以上四种典型气质类型的某一种，但很难找到一个只具有某一种气质特征的人。大多数人介于某几种典型特征之间，虽然从总体上看近似某种气质，但又有一些其他特点。所以，在判断一个人的气质类型时，不能简单地将其归入某一种气质类型。

（四）气质测评

要了解自己的气质类型，可以通过自己的观察或他人的评价，还可参考一些气质量表的测量结果。不过，重要的是要认识到：气质类型没好坏之分，只有适合与不适合之别。一般来说，各种气质类型都有其优点和缺点。

二、气质与工作方式

（一）胆汁质

（1）胆汁质人的工作方式。胆汁质的人在日常活动中常带有强烈的情绪色彩，情绪高时，学习、工作热情高涨，积极参加各项课外活动，喜欢新的活动，喜欢倡导一些别出心裁的事，尤其喜欢运动量大、场面热烈的活动；完成作业匆匆忙忙，活动效率高；理解速度和接受速度很快，但不求甚解；姿态举动强而有力，眼光锐利而富有生气，表情丰富敏捷。

云课堂

认知自我的
气质（下）

（2）胆汁质人的职业选择。胆汁质的人应着重发扬自己开朗、豪放、勇敢、进取等优良品质，避免任性、粗暴、高傲等不良品质。胆汁质的人适合从事人际交往、工作内容和环境充满变化性的工作，如导游、推销员、节目主持人、勘探工作者、演讲者、外事接待人员等，而不太适合做要求长期静坐、耐心、持久、细致的工作。

（二）多血质

（1）多血质人的工作方式。多血质人内心的情绪一般会在面部表情和眼神中明显地表现出来；积极参加社会活动，但表现散漫，有始无终；学习疲倦时，只要稍事休息，便会立刻焕发精神重新投入学习；理解问题比别人快，但常会见异思迁，注意力不集中；喜欢做难度大、内容复杂的作业，但不耐心细致，总希望尽快完成作业；易激动，但情绪表现不强烈；容易产生骄傲情绪，觉得自己比别人机智灵敏；变化迅速，遇到稍不如意的事就情绪低落，稍得安慰或遇到使他高兴的事，马上就会兴高采烈；善于交际，待人亲切，易结交朋友，但友谊常不稳固，缺少知心好友。

（2）多血质人的职业选择。多血质的人，应着重发扬他热情活泼、机智灵活的优良品质，避免自由散漫、见异思迁、作风轻佻的不良品质。他们适合从事与外界打交道、灵活多变、富有刺激性和挑战性的工作，如外交人员、管理人员、新闻记者、律师、运动员、冒险家、服务员、侦察员、干警、演员等，而不太适合做细致、单调的机械性工作。

（三）黏液质

（1）黏液质人的工作方式。黏液质的人不易激动，安静沉稳，很少发脾气，情感不易外露，面部表情单一；课堂上守纪律，静坐听讲，不打扰别人，生活有规律，很少违反作息制度；理解问题比较慢，学习认真严谨，始终如一，喜欢做有条不紊、不太难的作业；喜欢复习学过的知识，对新知识接受能力差，但懂了之后就很难忘记；沉默寡言，很少主动与人沟通；交际适度，通常有几个要好朋友；善于自制、忍耐；兴趣爱好稳定专一，有毅力。

（2）黏液质人的职业选择。黏液质的人，应着重发扬他们坚定、踏实、诚恳等优良品质，避免谨小慎微、因循守旧等不良品质。他们适合做稳定、按部就班、静态的工作，如会计、文员、出纳、法官、管理人员、调解员、播音员等，而不太适合需要经常策划创造的工作。

（四）抑郁质

（1）抑郁质人的工作方式。抑郁质的人喜欢安静独处，性情孤僻，但是在友爱的集体中，也可能是一个很容易相处的人；办事犹豫不决，优柔寡断，做事情总比别人花费时间多，细心谨慎，稳妥可靠；不爱表现自己，避免抛头露面；在陌生人面前易害羞，当众讲话常惊慌失措；感情比较脆弱，因为一点小事就会引起情绪波动，容易神经过敏，患得患失；当学习或工作失利时，会感到很大的痛苦；爱看感情细腻、大量描写心理活动的小说和电影。

（2）抑郁质人的职业选择。抑郁质的人，应着重发扬他们心细、机警、稳重等优良品质，避免孤僻、自卑、抑郁等不良品质。他们适合安静、细致的工作，如编辑、化验员、仓库管理员、机要秘书等，而不太适合热闹的场合。

当然，各种气质类型的人都有可能在事业上取得成就。根据气质本身是不能预测成就大小的。了解自己气质的意义主要在于：尽量根据自身的特点选择最适合的发展方向和人生道路。

三、性格

云课堂

了解自我的
性格（上）

（一）性格的含义

1. 什么是性格

"一个人无论做出多少件事，我们都可以在里面认出同样的性格。"性格是在人的生理因素、客观因素和主观因素的相互影响、相互作用下，逐步形成的个人所特有的心理特征和行为习惯。心理学通常把性格看作是一个人对现实稳定的态度以及与之相适应的行为方式的独特结合。

2. 性格的表现

在现实生活中，人与人之间有着不同的心理特征和行为习惯，待人处世也有不同的态度特征。比如，有的人沉静，有的人热烈；有的人喜欢饶舌，有的人沉默寡言；有的人执拗而自负，有的人羞怯而缺乏自信；有的人刚强勇敢、历经打击而坚强不屈，有的人则软弱怯懦、遇困难便叫苦不迭；有的人脾气急躁、点火就着，有的人却慢条斯理、火烧眉毛也不着急。诸如此类的差异，都是人们不同的性格表现。心理学家认为，性格是人的个性的组成部分，也是最重要的心理特征，在个性中起着核心作用。

（二）性格测评

1. MBTI（迈尔斯-布里格斯类型指标）的由来

MBTI 始于著名心理学家荣格的心理类型学说，后经美国的凯恩琳·布里格斯与伊莎贝尔·迈尔斯深入研究而发展成形。MBTI 是一种性格评估测试工具，可以用来揭示一个人自我的核心，反映本能、自然的思维、感觉、行为模式，而不是在别人面前所表现出来的表面的性格特征。一个人的 MBTI 性格类型是由遗传、成长环境决定的。个体在出生时就带有先天的性格偏好，但个体成长过程中来自家庭、社会等外在环境的影响对个体性格偏好发展也起到重要作用。

2. MBTI 的应用

通过 MBTI 可以了解自己的性格倾向，可以更好地发现自己的优点、缺点，更容易接受自己，更好地理解和接受他人；理解为什么人与人之间在思维、行为、观念、表现等方面存在差异，有助于你在工作、生活中更好地利用这种差异，接受他人合理的观点，避免固执己见或者判断失误。

世界上关于划分性格类型的理论有很多种，MBTI性格类型理论是目前国际上相对权威、比较普遍使用的理论，已被翻译成十多种文字。近年来，全世界每年有超过200万人次接受MBTI测试。

3. MBTI 的理论

MBTI性格评估分类系统的依据是个性的四个基本特征，我们称之为"层面"，因为它们可以看作是两种极端之间的连续体。

（1）我们与世界怎样互动，能量释放到何处：外向型（E）或内向型（I）。外向型的人把注意力和精力放在身外的世界，主动与人交往，喜欢互动，与人为伴就精神抖擞，常认识很多人。内向型的人专注于自我的内心世界，喜欢独处并陶然其中，他们总是先想后做，这意味着心理活动居多，不喜欢受人注目，比外向型的人更矜持。

（2）我们留意到的信息种类：感知型（S）或直觉型（N）。感知型的人注重自己看到、听到、触到、嗅到和尝到的具体感受。他们只相信可以测量、能够记录下来的东西，只注重真实可靠的事，同时也相信自己的个人经验。直觉型的人更相信"第六感觉"（直觉）。他们善于理解字面以外的含义，对一切事情都要寻求内在意义。他们总能预知事件的发生，通常不愿意维持事物的现状，总想不断尝试新花样。

（3）我们的决策方式：思考型（T）或感觉型（F）。思考型的人喜欢符合逻辑的决策，善于客观地分析事物，并常引以为豪。感觉型的人常凭自己的喜好和感觉决策，他们体贴别人、富有同情心，并引以为荣。

（4）我们喜欢有条理（做决定）还是随意性（获取信息）的生活方式：判断型（J）或认知型（P）。判断型的人条理性很强，把生活安排得有条不紊，事事井然有序，凡事他们总要断个分明，喜欢决策。认知型的人生活散漫随意，机动性强，乐意尝试一切可能的事情。他们往往理解生活，而不是努力控制生活。

性格的每个层面都有两个彼此对立的极端，这样共有8种个性偏好，每种用一个字母来表示。把这些字母组合起来，便代表16种性格。

📚 **拓展阅读**

关于性格的词汇

请从以下词汇中选出符合你真实性格的描述，并从气质类型的角度进行分析。

第一组

外向、自信、善良、开朗、活泼、好动、轻松、愉快、热情、可亲、豁达、稳重、幽默、真诚、豪爽、耿直、成熟、独立、果断、健谈、机敏、深沉、坚强、兴奋、热情、率直、毅力、友爱、风趣、沉静、谨慎、忠诚、友善、严肃、忠心、乐观、坦率、勇敢、自信、沉稳、执着、容忍、体贴、满足、积极、有趣、知足、勤劳、和气、无畏、务实、温柔、知书达理、善解人意、吃苦耐劳、严谨认真、美丽大方、朴素无华。

第二组

轻浮、冲动、幼稚、自私、依赖、任性、自负、暴躁、倔强、虚伪、孤僻、刻薄、武断。

第三组

浮躁、莽撞、易怒、轻率、善变、狡猾、易怒、多疑、懒惰、专横、顽固、猜疑、挑衅、冷漠。

第四组

虚荣、冷淡、反复、跋扈、自负、逆反、怨恨、鲁莽、放任、贫乏、固执。

第五组

内向、脆弱、自卑、害羞、敏感、迟钝、柔弱、畏缩、顺从、胆小、安静、寡言、保守、被动、忍让抑郁、谨慎、胆怯、温和、老实、平和、顺服、含蓄、迁就、羞涩、忸怩、缓慢、乏味、散漫、迟缓、耐性、悲观、消极、拖延、烦躁、妥协、唠叨。

四、性格与工作方式

不同性格类型的人在工作中的表现有很大的差异，适合从事的工作类型也不同。具体分析如下。

云课堂

了解自我的性格（下）

（一）ISTJ：内向、感知、思考、判断型

这种人一丝不苟、认真负责，而且明智豁达，是坚定不移的社会维护者。他们讲求实际，总是孜孜以求精确性和条理性，而且有极大的专注力，不论干什么，他们都能有条不紊、四平八稳地把它完成。

对这类人而言，满意的工作是技术性的工作，能生产一种实实在在的产品或有条理地提供一种周详服务。他们需要独立的工作环境，有充裕的工作时间，并能运用卓越的专注力完成工作。

（二）ISFJ：内向、感知、感觉、判断型

这种人忠心耿耿，一心一意，富有同情心，喜欢助人为乐。由于这种人有很强的职业道德，一旦觉得自己的行动确有帮助，他们便会担起重担。

最令他们满意的工作是，需要细心观察和精确性要求极高的工作。他们需要通过不声不响地工作来表达自己的感情投入，但个人贡献要能得到认可。

（三）INFJ：内向、直觉、感觉、判断型

这种人极富创意。他们感情强烈、原则性强且具有良好的个人品德，善于独立进行创造性思考。即使面对怀疑，他们对自己的观点仍坚信不疑。看问题常常更能入木三分。

对他们来说，称心如意的事业就是从事创新型的工作，主要是能帮助别人成长。他们喜欢生产或提供能让自己感到自豪的产品或服务。

（四）INTJ：内向、直觉、思考、判断型

这种人是完美主义者。他们强烈要求自主，看重个人能力，对自己的创新思想坚定不

移，并受其驱使实现自己的目标。这种人逻辑性强，有判断力，才华横溢，对人对己要求严格。在所有类型的人中，这种人独立性最强，喜欢我行我素。对于反对意见，他们通常多疑、霸道、毫不退让。对权威本身，他们毫不在乎，但只要规章制度有利于他们的长远目标，他们就能遵守。

最适合的工作是：能创造和开发新颖的解决方案来解决问题或改进现有系统，他们愿意与责任心强，在专业知识、智慧和能力方面能赢得自己敬佩的人合作，他们喜欢独立工作，但需要定期与智囊人物切磋交流。

（五）ISTP：内向、感知、思考、认知型

这种人奉行实用主义，喜欢行动，不爱空谈。他们长于分析、敏于观察、好奇心强，只相信可靠确凿的事实。由于非常务实，他们能很好地利用一切可利用的资源，而且很会把握时机。

对这种人而言，满意的事业就是，尽可能有效利用资源的工作。他们愿意利用机械或工具来工作。工作必须有乐趣、有活力、独立性强，且常有机会走出工作室去户外。

（六）ISFP：内向、感知、感觉、认知型

这种类型的人，温柔、体贴、敏感，从不轻言个人化的理想及价值观。他们常通过行动，而非语言来表达炽烈的情感。这种人有耐心、能屈能伸，且十分随和，无意控制他人。他们对事件从不妄加判断，总是客观地寻求动机和意义。

适合的工作是非常符合自己内心价值观的工作。在做有益他人的工作时，尤其注重细节。他们希望有独立工作的自由，但又不远离与自己志同道合的人。他们不喜欢受繁文缛节或一些僵化程序的约束。

（七）INFP：内向、直觉、感觉、认知型

INFP 类型的人珍视内在和谐胜过一切。他们敏感、理想化、忠心耿耿，在个人价值观方面有强烈的荣誉感。如果能献身自己认为值得的事业，他们便情绪高涨。他们通常很灵活，有包容心，对忠诚的事业义无反顾。这类人很少表露强烈的情感，显得镇静自若、寡言少语。不过，一旦相熟，他们也会十分热情。

对 INFP 类型的人而言，最好的工作是合乎个人价值观、能通过自己所从事的职业陈述自己远见的工作。工作环境需要有灵活的架构，在自己激情高昂时可以从事各种项目，能发挥个人的独创性。

（八）INTP：内向、直觉、思考、认知型

这种人善于解决抽象问题。他们经纶满腹，时常能闪现出创造的睿智火花。他们外表恬静，内心专注，总忙于分析问题。他们目光挑剔，独立性极高。

对于这类人，事业满意源自这样的工作——能酝酿新观念，专心负责某一创造性流程，而不是最终产品，在解决复杂问题时，能让他们跳出常规的框框，冒一定风险去寻求最佳解决方案。

（九）ESTP：外向、感知、思考、认知型

这种人无忧无虑，属乐天派。他们活泼、随和、率性，喜欢安于现状，不愿从长计议。由于他们能够接受现实，一般心胸豁达、包容心强。这种人喜欢实实在在的东西，善于拆拆装装。

对这种人来说，事业满意度来自这种工作——能随意与许多人交流，工作中充满冒险

和乐趣，能随时抓住新的机遇，工作中当自己觉得必要时希望自我组织，而不是听从别人的安排。

（十）ESFP：外向、感知、感觉、认知型

ESFP 这一种人生性爱玩、充满活力，用自己的陶醉来为别人增添乐趣。他们适应性强，平易随和，可以热情饱满地同时参加几项活动。他们不喜欢把自己的意志强加于人。

对于这类人来说，适合的工作是：能在实践中学习，搜集各种事实来寻找问题的解决方案。他们喜欢直接与客户打交道，能同时在几个项目或活动中周旋，尤其爱从事能发挥自己审美观的项目或活动。

（十一）ENFP：外向、直觉、感觉、认知型

ENFP 这种人热情奔放，满脑子新观念。他们乐观、率性，充满自信和创造性，能深刻认识到哪些事可为。他们对灵感推崇备至，是天生的发明家。他们不墨守成规，善于闯新路子。

ENFP 这种人适合在创造性灵感的推动下，与不同的人群合作从事各种项目。他们不喜欢从事日常琐碎的工作，喜欢按自己的工作节奏行事。

（十二）ENTP：外向、直觉、思考、认知型

这种人好激动、健谈、聪明，是个多面手。他们总是孜孜不倦地提高自己的能力。这种人天生有创业心、爱钻研、机敏善变、适应能力强。

令这种人满意的工作是：有机会从事创造性解决问题的工作，工作有一定的逻辑顺序和公正的标准，希望通过工作提高个人权力并常与权力人物交流。

（十三）ESTJ：外向、感知、思考、判断型

这种人办事能力强，喜欢出风头，风风火火。他们责任心强且忠于职守。能组织各种细节工作，能如期实现目标并力求高效。

ESTJ 类型的人适合做理顺事实和政策以及人员组织工作，能够有效利用时间和资源找出合乎逻辑的解决方案，能在目标明确的工作中运用娴熟的技能。他们希望工作测评标准公正。

（十四）ESFJ：外向、感知、感觉、判断型

ESFJ 类型的人喜欢通过直接合作以切实帮助别人。由于他们注重人际关系，所以很受人欢迎，也喜欢迎合别人。他们态度认真、遇事果断、表达意见坚决。

这类人最满意的事业是：整天与人交往，密切参与整个决策流程的工作。工作的目标明确，有明确的业绩标准。他们希望能组织安排自己及周围人的工作，以确保一切进展顺利。

（十五）ENFJ：外向、直觉、感觉、判断型

这种人有爱心，对生活充满热情，但往往对自己很挑剔。不过，由于他们自认为要对别人的感受负责，所以很少在公众场合发表批评意见。他们对行为的是非曲直明察秋毫，是社交高手。

这种人最适合从事能建立温馨的人际关系，能置身于自己信赖且富有创意的人群中的工作。他们希望工作多姿多彩，却又有条不紊。

（十六）ENTJ：　外向、　直觉、　思考、　判断型

这种人是极为有力的领导人和决策者，能明察一切事物的各种可能性，喜欢发号施令。他们是天生的思想家，做事深谋远虑、策划周全。这种人事事力求最好，生就一双锐眼，能够敏锐地发现问题并迅速找到改进方法。

ENTJ 这种人最适合于：做领导、发号施令，完善企业的运作系统，使系统高效运行并如期达到目标。他们喜欢从事长远战略规划，寻求创造性的问题解决方式。

拓展阅读

马斯洛的自我实现理论

心理学家马斯洛认为，自我实现是个体以独特的方式发挥自己最大潜能的一种状态。他在对爱因斯坦、贝多芬等 38 位成功人士的人生经历研究后提出了自我实现者的 15 种人格特质：① 能准确地知觉现实；② 悦纳自己、他人和周围世界；③ 能自然地表达自己的情绪和思想；④ 超越以自我为中心，而是以问题为中心；⑤ 具有超然独立的性格；⑥ 对自然条件和文化环境的自主性；⑦ 对平凡的事物不觉厌烦，对日常生活永感新鲜；⑧ 具有高峰体验——短时间内感到无比的欣喜，感到自己生命的价值，从未有过的开阔、力量、和谐、平静、美好和光明；⑨ 爱人类，具有帮助人类的真诚愿望；⑩ 有至深的挚交，有亲密、温暖的家人；⑪ 有民主的性格，能尊重他人的人格；⑫ 道德标准明确，能区分手段与目的，绝不为达到目的不择手段；⑬ 具有哲理的、善意的幽默感；⑭ 具有旺盛的创造力，不墨守成规；⑮ 对现有文化更具有批判精神。

总之，自我实现者总感到有安全感，没有焦虑，感到爱和被爱，感到自己生活在一个能够充分接受自己的世界。

那么，一般人如何逐渐做到自我实现呢？马斯洛给出了以下几条建议：① 形成改变自己的愿望；② 对自己负责；③ 学会检查自己的动机；④ 诚实接受现实；⑤ 运用成功经验；⑥ 做好"与众不同"的心理准备；⑦ 融入事业；⑧ 对自己的发展进行评价。

活动亲历

如何挖掘自我气质性格中的潜力？

小组成员在团队领导者的带领下，进行本堂课的讨论，并由团队领导者记录发言情况，只摘录主要观点，不计分。同时，完成《大学生就业与创业指导自助式成长手册》中"环节二　就业行为测试"的"气质类型测试"和"MBTI 性格测试"任务，找到自己的气质类型，了解自我性格的优势与劣势，客观而理性地确定自己大学的发展目标。

第四节　澄清自我的价值观

📍 思维训练

案例 4

某校职业规划大赛现场，一个职业目标为护士的女生周阳一在等待评委提问。

评委：请你简明扼要地说说你做护士的三个理由。

周阳一：谢谢评委老师。我想当护士的原因有三——第一，我想真诚地呵护每位患者，挽救每一个生命，践行社会主义核心价值观；第二，我性格安静，有耐心，适合做与人打交道的工作；第三，我的家庭是三代医学世家，爷爷就是大夫，妈妈也是护士，我学的是护理专业，从小我就对医院的环境比较熟悉，也很亲切。

评委：你的回答让我看到你对自己的选择很理性，同时，也感受到了你的职业理想。你能说说南丁格尔为什么能成为国际护士吗？

周阳一：南丁格尔是世界上第一位真正的女护士，她开创了护理事业。她的爱没有国界，愿意把自己的一生奉献给照顾人的事业。她是我的人生榜样。

评委：是的，每个人选择一份工作，都是基于他们内心的价值取向和信念，护士的工作是一份辛苦但很有价值的工作，能够救死扶伤，能够挽救生命，能够让人们重新获得健康，是值得我们每个人尊敬的职业。职业发展的过程中，总会遇到困难，只有信念坚定的人可以打败困难、勇往直前。

周阳一：谢谢评委老师，您的提问坚定了我内心的理想和选择，我会热爱这份工作并永怀敬畏之心。

思考：

（1）你对专业的认同是发自内心还是源自外部吸引？

（2）写出你这一生最想做的五件事，再写出你上大学三年最想做的五件事。

（3）你认为自己的人生价值来自哪里？

一、价值观

（一）价值观的含义

价值观是人们按照自己所理解的重要性，对事物进行评价与抉择的标准，指一个人对于人、事、物的看法或原则。凡是自己觉得重要的、想追求的就是符合自己的价值观的。它是我们生活中的信念、情感、动力和行为的指挥官。

价值观是一种内心尺度，是我们认识和处理事物的一套价值体系，也是我们在生活和工作中所看重的原则或目标。它支配着人的行为、态度、观察、信念、理解等，支配着人认识世界、明白事物对自己的意义和自我了解、自我定向、自我设计等成长过程。一个人愈清楚自己的价值观，生活目标愈明确。

（二）价值观的作用

当现实与价值观发生冲突，鱼与熊掌不可兼得时，不同的价值观会产生不同的行动选择。例如，选择聚餐的地点，不同的考虑会有不同的选择——重视菜色或价位或交通，结果会不同。选择朋友时，因各人不同的价值观——看重成绩、外表、品行等，而选择不同的朋友。

（三）价值观的分类

美国心理学家洛克奇，在《人类价值观的本质》中提出 13 种价值观。

（1）成就感。提升社会地位，得到社会认同，希望工作能受他人认可，对工作的完成和挑战成功感到满足。

（2）美感的追求。能有机会多方面地欣赏周围的人、事、物，或任何自己觉得重要且有意义的事物。

（3）挑战。能有机会运用聪明才智来解决困难，舍弃传统的方法，从而选择创新的方法处理事务。

（4）健康（包括身体和心理）。工作能够免于焦虑、紧张和恐惧，希望能够心平气和地处理事务。

（5）收入与财富。工作能够明显、有效地改变自己的经济状况，希望能够得到金钱所能买到的东西。

（6）独立性。在工作中能有弹性，可以充分掌握自己的时间和行动，自由度高。

（7）爱、家庭、人际关系。关心他人，与别人分享，协助别人解决问题，体贴、关爱，对周围的人慷慨。

（8）道德感。与组织的目标、价值观和工作使命能够不相冲突，紧密结合。

（9）欢乐。享受生命，结交朋友，与别人共处，一同享受美好时光。

（10）权力。能够影响或控制别人，要他人照着自己的意思去行动。

（11）安全感。能够满足健康需要，有安全感，远离突如其来的变动。

（12）自我成长。能够追求知性方面的刺激，寻求更圆满的人生，在智慧、知识与人生的体会上有所提升。

（13）协助他人。认识到自己的付出对团体是有帮助的，别人因为自己的行动而受惠许多。

二、明晰自我的价值观

马斯洛认为人的需要是分层次的，由低到高分别为以下五种需要。

（1）生理需要。维持基本的生存需要，如食物和水。

（2）安全需要。包括拥有安全感、居所、保护、法律和秩序、健康保险、摆脱恐惧等。

（3）归属需要。融入集体，和他人发生联系，包括归属某团体、有朋友、社交圈子、亲情、爱情等。

（4）自我尊重需要。喜欢自己，认为自己有能力和效率，去做赢得别人尊重的事情，包括自我尊重、自信、有声望、有能力、有价值感等。

（5）自我实现需要。发挥潜能，拥有意义深远的目标，包括最大限度地发挥才能、创造性，投身为社会作贡献的事业等。

马斯洛认为低层次需要得到满足或部分满足后，个体才会追求高层次需要。那么，当人们处于不同需要层次时，他们对事物的判断和喜好不同，价值观就会有差异。

拓展阅读

返乡创业的新选择

袁轩即将从某农林科技职业学院毕业，他想回到家乡，利用所学专业知识开展富硒西瓜大规模种植，但他本身学的是现代农业经济管理专业，对如何种好瓜、卖好瓜把握并不大。他将自己的想法告诉家人，却遭到了父亲的强烈反对，父亲认为好不容易考上大学，还是要留到城里工作，袁轩跟父亲耐心解释道："我们家乡还不富裕，您把我养大、送我去读书，我现在回来建设美丽家乡，不仅是党和国家的号召，也是报答您的养育之恩，天地很大，我可以干好，尤其是有您的支持和陪伴！"

三、工作价值观

云课堂

澄清自我
的价值观

（一）工作价值观的含义

工作价值观指个人追求的与工作有关的目标，亦即个人的内在需求及在从事活动时所追求的与工作有关的目标。它包括：工作与家庭生活的和谐，物质保障，工作稳定，创造力，时间自由，有秩序，工作中的人际关系，成就感，成功，名誉，地位，被认可，能帮助他人，能发挥自己的才能，有意义，获得知识，自主独立，好的领导，有发展成长的机会，晋升机会，权力，领导他人，影响他人，多样性和变化性，良好的工作环境，薪酬和福利，富于挑战性，富于冒险性，竞争，生活方式，符合自己的道德观，公司所处的地理位置等。

（二）工作价值观的作用

工作价值观在人们的职业生涯发展中起到极其重要的、决定方向性的作用，甚至往往超过了兴趣和个性对自己的影响。由于个人的身心条件、年龄阅历、受教育状况、家庭影响、兴趣爱好等方面的不同，人们在职业取向上的目标和要求也不相同。面对一种职业时，每个人不可能同时获得所有价值满足，只能根据自己的评价标准，做出适合自己的抉择。如果在职业生活中找到了自己的价值观，那么工作会变得有意义、有目的，是一种乐趣而不是折磨。

大学生在职业选择时，常常面临着社会现实与自己价值观的冲突。例如，在高薪待遇、事业发展、人际和谐、环境舒适、工作安稳等之间有矛盾时，你究竟最看重什么。而左右你选择的，往往就是自己内心的工作价值观，它影响着个人的决策。一些同学有时对自己的价值观并不是很清楚，那么他们就需要深入了解自己的职业价值倾向，从而为自己选择理想的职业导向。

（三）工作价值观的类型

人的工作价值观可分为以下 13 种类型，各类型的基本含义如表 1.1 所示。

表 1.1　工作价值观及其基本含义

工作价值观	基本含义
利他主义	总是为他人着想，把直接为大众的幸福和利益尽一份力作为自己的追求
审美主义	能不断地追求美的东西，得到美感的享受
智力刺激	不断进行智力开发、动脑思考、学习和探索新事物，解决新问题
成就动机	不断创新，不断取得成就，不断得到领导和同事的赞扬或不断完成自己想要做的事
自主独立	能够充分发挥自己的独立性和主动性，按自己的方式、想法去做，不受他人干扰
社会地位	所从事的工作在人们的心目中有较高的社会地位，从而使自己得到他人的重视与尊敬
权力控制	获得对他人或某事的管理权，能指挥和调遣一定范围内的人或事物
经济报酬	获得优厚的报酬，使自己有足够的财力去获得自己想要的东西，生活过得较为富足
社会交往	能和各种人交往，建立比较广泛的社会联系和关系，甚至能和知名人物结识
安全稳定	在工作中有一个安稳的局面，不会因为奖金、加薪、调动工作或领导训斥等而经常提心吊胆、心烦意乱
轻松舒适	希望将工作作为一种消遣、休息或享受的事，追求比较舒适、轻松、自由、优越的工作条件和环境
人际关系	希望一起工作的大多数同事和领导人品好，相处在一起感到愉快、自然
追求新意	希望工作的内容经常变换，使工作和生活显得丰富多彩，不单调枯燥

（四）职业岗位分类

根据工作价值观的差异可将工作岗位归纳为以下九大类。

1. 自由型（非工资工作者型）

价值观：不受别人指使，凭自己的能力拥有自己的小"城堡"，不愿受人干涉，能充分施展本领。

相应职业类型：室内装饰专家、图书管理专家、摄影师、音乐教师、作家、演员、记者、诗人、作曲家、编剧、雕刻家、漫画家等。

2. 经济型（经理型）

价值观：他们认为世界上的各种关系都建立在金钱的基础上，包括人与人之间的关系，甚至父母与子女之间的爱也带有金钱的烙印。这种类型的人确信，金钱可以买到世界上所有的幸福。

相应职业类型：各种职业中都有这种类型的人，商人尤甚。

3. 支配型（独断专行型）

价值观：组织的直接负责人，飞扬跋扈，为达成预定目标可以无视他人的想法，为所欲为，且以此为乐。

相应职业类型：进货员、商品批发员、旅馆经理、饭店经理、广告宣传员、调度员、律师、政治家、零售商等。

4. 小康型

价值观：追求虚荣，优越感也很强。很渴望有社会地位和名誉，希望受到众人尊敬。欲望得不到满足时，由于过于强烈的自我意识，有时反而很自卑。

相应职业类型：记账员、会计、银行出纳、法庭速记员、成本估算员、税务员、核算员、打字员、办公室职员、统计员、计算机操作员等。

5. 自我实现型

价值观：不关心平常的幸福，一心一意想发挥个性，追求真理。不考虑收入、地位及他人对自己的看法，尽力挖掘自己的潜力，施展自己的本领，并视此为有意义的生活。

相应职业类型：气象学者、生物学者、天文学家、药剂师、动物学者、化学家、科学报刊编辑、地质学家、植物学者、物理学者、数学家、实验员、科研人员等。

6. 志愿型

价值观：富于同情心，把他人的痛苦视为自己的痛苦，不愿干哗众取宠的事，把默默地帮助不幸的人视为无比快乐的事。

相应职业类型：社会学者、导游、福利机构工作者、咨询人员、社会工作者、社会科学教师、护士等。

7. 技术型

价值观：性格沉稳，做事组织严密，井井有条，并且对未来抱着平常心态。

相应职业类型：木匠、农民、工程师、飞机机械师、野生动物专家、自动化技师、机械工、电工、火车司机、公共汽车司机、机械制图员等。

8. 合作型

价值观：人际关系较好，认为朋友是最大的财富。

相应职业类型：公关人员、推销人员、秘书等。

9. 享受型

价值观：喜欢安逸的生活，不愿从事任何挑战性的工作。
相应职业类型：无固定职业类型。

拓展阅读

"职场的花" 之烦恼

朱丹大学毕业三年了，在一家外企当办公室文员。她认为自己对工作驾轻就熟，只是不可能有更大的发展了。"你知道，在日语里，有一个词形容我们这样在单位里工作的年轻女孩子，叫'职场的花'，只要你坐着，没有偷懒，没有趁机上网聊天，分派你的事情办完了，就可以了。日本人对工作的年轻女性的要求就是这样。"

朱丹希望改变自己的环境，办法很多。考注册会计师？上MBA？书买回来一堆，可是——"即使是上MBA，我也要考虑今后做什么，我究竟适合做什么呢？"从小是乖乖女，顺利地考上大学，顺利地到外企工作，如今面临着人生方向选择的朱丹，突然发现没有人可以替她拿主意了。她的好朋友，还有老师，都不能解决她的问题。

朱丹终于下决心做一次职业体检，让专家做诊断，为自己的职业"把脉"。15分钟后，她拿到了由计算机给出的"职业心理体检报告"，长达13页。"我觉得体检报告与我的情况基本相符，感觉对自己还算有了一个大致的了解。"

结果摘要如下：气质为多血质；性格是ENTJ型；职业兴趣为企业型；职业价值观是有极强的权力控制欲望，希望获得对他人或某事的管理权，愿意指挥和调遣一定范围内的人或事物。据此，咨询师建议她在企业管理方面做自己的职业规划。朱丹对结果很满意，她决定先上MBA，然后在目前工作相关的行业开始向企业管理的职业发展。

活动亲历

如何完善我的工作价值观？

小组成员在团队领导者的带领下，进行本堂课的讨论，并由团队领导者记录发言情况，只摘录主要观点，不计分。本节内容学习结束后，需要同学们完成《大学生就业与创业指导自助式成长手册》中"环节二　就业行为测试"的"自我价值观测试"任务，明晰自我的价值观，完善自我的价值观。

第五节 提升自我的素质能力

📍 思维训练

案例 5

30 位同学到某银行进行 6 个月的实习。实习结束时，只能留下 3 人。

高迪，在学校里是学生会骨干，成绩优异，最初被分到了借贷部实习。他很想进银行工作，于是半年里工作勤奋，从不迟到早退，部门同事对他评价也很高。可是最后，他还是没能如愿。于是，他就找到人力资源部去询问情况。

李部长：小高，你想知道为什么你没能留下来？如果我告诉你，你要有心理准备啊。

高迪：李部长，你放心，我知道一定是自己哪里没做好，我只想今后做得更好。如果我不知自己哪里错了，一味抱怨，对下一步工作没有任何好处。

李部长：小高，你能这样想，很好。你记得吗？有一次我们招待客户，当时有好几本纪念册放在桌子上，你的主管发现你偷偷拿了一本放到自己的文件袋里。因为这件事，主管对你的评价是：能力强，但素质欠佳。

高迪：啊？这，这，真没想到被主管看到了。哎，后悔也没用了，我从小喜欢收藏，没想到自己的私心影响了领导对我的看法。

李部长：难得小高你有这样的醒悟。相信你以后会吸取教训，良好的职业素养是用人单位更看重的，因为素质比能力更难培养啊。

高迪：谢谢李部长，我知道了，谢谢您，我会好好反省……

思考：

(1) 什么叫职业素质？

(2) 高迪将纪念册装进自己的口袋里，你怎么看这个行为？

(3) 李部长说素质比能力更难培养，你认同吗？请说明你的理由。

一、职业素质

云课堂

[QR code]

职业素质
与能力

（一）素质的含义

素质是人在先天禀赋的基础上，通过后天的环境和教育影响而形成和发展起来的相对稳定的内在基本品质。

（二）职业素质的含义

职业素质是劳动者对社会职业了解与适应能力的一种综合体现，主要表现在职业兴趣、职业能力、职业个性及职业情况等方面。影响和制约职业素质的因素很多，主要包括受教育程度、实践经验、社会环境、工作经历以及自身的基本情况（如身体状况等）。职业素质也被誉为"核心职业竞争力"。

（三）人才的基本职业素质

不同种类的职业对人才的职业素质要求是不同的。但是，各类职业对人才的基本素质要求是相近的，一般包括以下六个方面。

（1）较强的专业知识。多数企业在招聘人才时，首先考查的是专业知识。专业知识水平的高低不仅反映了一个人对知识掌握的程度，更重要的是反映了一个人的学习态度和能力。这对以后的工作非常重要。

（2）团队精神。"团队"与"群体"的概念是不同的，团队必须具备三个条件——自主性、思考性、协作性。企业要求员工有集体认同感，能够在团队中明确自己的定位，又能从维护单位整体利益的角度出发，与不同部门开展良好合作。

（3）高效工作的习惯。企业需要员工具备的七种高效工作的习惯包括：积极主动、以终为始、要事第一、双赢思维、知彼知己、统合综效、不断更新。

（4）良好的心态。人与人之间只有很小的差异，但这种很小的差异却往往造成了巨大的反差！很小的差异就是所具备的心态是积极的还是消极的，巨大的反差就是——成功与失败。就个人而言，职业竞争表面上看是知识、能力、职位、权力、业绩、关系的竞争，实质上却是职业心态和人生态度的竞争。所以，在职场上很多时候情商比智商重要。

（5）职业忠诚。职业忠诚集中体现为一个人对事业和工作的爱。它要求职业工作者必须热爱自己所从事的工作，全力以赴为之奋斗，在事业的成功中实现人生价值。

（6）开拓创新。不因循守旧，不安于现状。企业的发展与是否拥有创新型人才有着密切的关系。很多企业在招聘人才时，一个非常重要的衡量标准就是是否具有创新意识。

进一步讲，出色的员工应具备的十大职业素质是：忠诚、敬业、勤奋、正直、工作主动、尽职尽责、宽容、感恩、坚韧不拔、追求卓越。

二、能力和职业能力

（一）能力的含义

能力是指才干、技能或胜任某项工作的主观条件，是人们成功完成某种活动必须具备的个性心理特征，是人们在社会实践中所表现出的身心力量。一个人的能力高低会影响他进行各种活动的成绩和活动效果。

（二）职业能力的类别

人的职业能力通常可以分为语言能力、数理能力、空间判断能力、觉察细节能力、书写能力、运动协调能力、动手能力、社会交往能力、组织管理能力等。不同职业要求从业者具有不同的能力，如教师、播音员、记者等职业要求较强的语言能力；统计、测量、会计等职业要求较强的数理能力；画家、建筑师、医生等职业对形态知觉能力要求颇高；外科医生、乐师、雕刻家等职业要求手指灵活。

（三）职业素质的分类

通常我们常说的综合素质具体指的是身体、心理、政治等素质，具体如表1.2所示。

表 1.2　职业素质种类

类别	基本含义
身体素质	体质和健康（主要指生理）
心理素质	认知、感知、记忆、想象、情感、意志、态度、个性特征（兴趣、能力、气质、性格、习惯）等
政治素质	政治立场、政治观点、政治信念与信仰等
思想素质	思想认识、思想觉悟、思想方法、价值观念等
道德素质	道德认识、道德情感、道德意志、道德行为、道德修养、组织纪律观念等
科技文化素质	科学知识、技术知识、文化知识、文化修养等
审美素质	美感、审美意识、审美观、审美情趣、审美能力等
专业素质	专业知识、专业理论、专业技能、必要的组织管理能力等
社会交往和适应素质	语言表达能力、社交活动能力、社会适应能力等
学习和创新方面的素质	学习能力、信息获取能力、创新意识、创新精神、创新能力、创业意识与创业能力等

拓展阅读

"1+X" 证书

知识坊

证书样例

2019 年 2 月，国务院印发的《国家职业教育改革实施方案》（简称"职教二十条"）中明确提出，为畅通技术技能人才成长通道，从 2019 年开始，在职业院校、应用型本科高校启动"学历证书若干职业技能等级证书"制度试点（以下称"1+X"证书制度试点）工作。

"1+X" 证书制度的概念

简单而言，"1"是学历证书，是指学习者在学制系统内实施学历教育的学校或者其他教育机构中完成了学制系统内一定教育阶段的学习任务后获得的学历文凭；"X"为若干职业技能等级证书。学历证书全面反映学校教育的人才培养质量；职业技能等级证书则是毕业生、社会成员职业技能水平的凭证，反映职业活动和个人职业生涯发展所需要的综合能力。"1"是基础，"X"是"1"的补充、强化和拓展。学历证书和职业技能等级证书不是两个并行的证书体系，而是两种证书的相互衔接和相互融通。

实行"1+X"证书制度的意义

把学历证书与职业技能等级证书结合起来，探索实施"1+X"证书制度，是"职教二十条"的重要改革部署，也是重大创新。"1+X"证书制度试点工作将按照高质量发展的要求，坚持以学生为中心，深化复合型技术技能人才培养培训模式和评价模式改革，提高人才培养质量，畅通技术技能人才成长通道，拓展就业创业本领，缓解结构性就业矛盾。

教育部也将结合实施"1+X"证书制度试点，探索建设职业教育国家"学分银行"，对学历证书和职业技能等级证书所体现的学习成果进行认证、积累与转换，促进书证融通，探索构建国家资历框架。

截至 2022 年 12 月，教育部审批下来的"1+X"证书有 447 种，部分证书可扫描二维码进行查看。

"1+X"证书制度的实行，既是提升学生职业适应性的有效手段，也是强化学生职业化素质与职业能力的集中体现。通过专业学习和实践学习，将专业知识、职业素质与专业能力、职业技能等相融合，促进学生在大学期间，树立社会化的职业发展意识，真正把"为国育才、为党育人"的理念落到实处。

综上，职业素质和职业能力是学生进入社会的"名片"，需要学生在学校时，以长远的发展眼光，结合自身专业和职业目标，制订科学有序的学习计划和实践计划，积极参加学校各项活动，学会团队合作，积极开展科学研究和实践探索，大胆创新，勇于创业，最终成为合格的社会主义接班人。

三、职业能力解析

（一）能力的分类
一般认为，能力可以分为以下三类。

（1）能力倾向，又叫天赋。指每个人都有的特殊才能（潜能）。

（2）自我效能感。指个人对自己的能力以及运用该能力将得到何种结果所持的信心或把握程度，它是预测个人行为绩效的重要指标。

（3）技能。指经过学习和练习而形成的能力。

由于天赋是不可改变的，而自我效能感又是随着个人成功的体验逐步提升的。所以，能力中最重要的部分就是后天培养的技能了。那么，技能都包括哪些呢？

（二）技能的分类
（1）专业知识技能。专业知识技能常与我们的专业学习或工作内容直接相关，如机械师懂得汽车引擎的工作原理。专业知识技能不易迁移，需要经过有意识的、专门的培训。

（2）自我管理技能。自我管理技能经常被看作个性品质，被用来描述或说明人具有的某些特征，如紧张的还是放松的、听从的还是自我指导的。人们从非工作领域转换到工作领域，这一点需要练习才能获得。在工作中，自我管理技能对取得成就和处理人际关系是最有帮助的。有专家认为，它是成功所需的品质，是个人最有价值的资产。

（3）通用技能。即你所能做的事，也被称为可迁移技能。它们可以从生活中的方方面面，特别是工作之外得到发展，也可以迁移应用于不同的工作之中。可迁移的能力是个人能够持续运用和最能够依靠的技能。

（三）可迁移技能的构成
（1）管理。包括计划组织、分派职责、命令、关注细节、评价他人工作业绩、利用数据库、获取信息、灵活性、同时管理多项任务。

（2）沟通。包括擅长倾听、提问、表达自己、说服别人、提供信息、展现信息、接受信息、档案管理能力、协调能力、外语能力、利用电子手段交流。

（3）问题解决。包括分析问题、处理抽象问题、一题多解、利用批判性的思考判断、创造性思考。

（4）人际关系处理。包括领导一个团队、衡量评价他人、解决问题冲突、激励别人、了解工作环境、与他人友好相处、教导和培训他人。

（5）学习。包括善于发现并记录、有好奇心、勤奋、有毅力、坚持不懈、足智多谋、利用网络做研究。

四、自我优势能力探索

云课堂

自我认知的意义

认识自己就是要找到自己的优势能力。判断一个人能否成功，最主要的是看他是否最大限度地发挥了自己的优势。成功者有一个共同点，就是扬长避短。

当你看到别人在做某件事时，心里是否有一种痒痒的召唤感——我也想做这件事；当你完成某件事时，心里是否会有一种愉快的欣慰感——我还可以把这件事做得更好；你在做某类事情时，几乎是自发地、无师自通地就能将其完成得很好；你在做某类事情时不是一步一步，而是行云流水般一气呵成……这些都是重要的信号，它诠释了你的优势所在。

管理学大师汤姆·彼得斯认为，优势与年龄无关，与职位无关，与我们偶然进入的行业无关。为了在今天的竞争中生存，我们最重要的任务就是找到自我的优势能力，推销自我这个品牌。

那么，如何找到自己的优势呢？一般说来，有以下几种途径：通过比较了解，通过他人的评价了解，通过心理测试了解，通过高等级实践、拓展训练了解。

▶ 活动亲历

企业更看重我的素质，还是我的能力？

小组成员在团队领导者的带领下，进行本堂课的讨论，并由团队领导者记录发言情况，只摘录主要观点，不计分。本节内容学习结束后，需要同学们完成《大学生就业与创业指导自助式成长手册》中"环节二 就业行为测试"的"职业能力测试"任务，找到自我的优势能力，培养自我的综合素质与职业能力。

第二章

规划自我, 生涯设计

一个人无论他现在多大年龄,他真正的人生之旅是从设定目标的那一天开始的,以前的日子,只不过是在绕圈子而已。

——杨睿

在这一章中, 你将:

- 了解职业生涯的含义和职业生涯发展的基本理论。
- 知晓生涯规划对高职生的重要意义。
- 识别高职生容易出现的心态误区。
- 能够撰写系统、科学的职业生涯规划书。
- 理解职业决策的意义,并能够做出理性的职业决策。

第一节 认清生涯规划的意义

思维训练

案例 6

高职毕业后的肖启光到徐州机务段报到已经有两个月了。

突然有一天,他的大学就业指导老师接到他的短信:老师晚上好,自从来到单位报到,我最后悔的就是前期没有做好合理的职业规划,对于现在这个岗位,包括工作具体内容、工作环境等没有一个全面客观的认知,结果就是到了单位之后,我适应了两个月也没适应好,这才发现工作真的不适合自己。前几天我跟家里也商量了,是继续留在这儿？还是自己出去单干，这几天特别迷茫，我想跟您请教，您能给我指个方向吗？谢谢老师！

老师：假如时间可以重来，你将如何规划自己的大学生涯和职业发展？

肖启光：是啊，咋规划，我得好好想想，最后悔的就是没有参加职业规划大赛，规划未来真不是我想的那么简单。

老师：你说得很对，的确，职业规划不是简单的事，你现在一时半会也不要急于决定走或留，就从此刻开始，好好理理何去何从吧。

肖启光很快回复：好的，老师，听您这么一说，我心里也没那么焦虑了，我知道我该干什么了，先把您上课说的职业测评的结果好好理理，先从客观认识下自己，有不懂的我再向您请教。

肖启光在老师的引导下，意识到了职业规划的价值并找到了职业规划的思路，没有过多抱怨，而是积极寻求改变，虽然他现在是被动改变，但是规划意识的觉醒是主动规划的开始，相信肖启光从今往后会更积极地规划，把握自己的职业发展之路。

思考：

（1）肖启光入职后不适应的原因是什么？

（2）参加各类比赛，对正在大学期间学习的学生有何意义，请谈谈你的看法。

（3）第一章的五个测试结果，你是否能读懂？系列测试结果对你有何启发？

一、职业生涯概述

（一）职业生涯的诞生

随着三次工业革命的出现，社会工作发生了许多新的变革，新的工业发展迅速，如铁路运输业、纺织业、肉类加工业、造船业、汽车制造业、建筑业、木材业、医药业、银行业、钢铁业以及公用事业，等等。于是，择业成为人们不得不面临的课题。

1908年，美国波士顿大学的教授帕森斯为了帮助人们梳理日渐复杂的职业选择过程，创建了职业局，还撰写了一部名为《选择一份职业》的书。在书中，他为那些有志于在城市中发展事业的人们介绍了他的理论。其理论具体分为如下三个步骤。

（1）对自身的兴趣、技能、价值观、目标、背景和资源进行认真地自我评估。

（2）针对学校、业余培训、就业和各种职业，考察所有可供选择的机会。

（3）基于前两个阶段所发掘的信息，仔细判断何为最佳选择。

20世纪50年代以来，生涯理论家日益推崇这样一种观念：生涯不仅仅是一份职业或工作，它也是贯穿人们一生的生活过程。

云课堂

职业生涯规划的内涵

（二）职业生涯的含义

职业生涯是个人通过从事工作所创造出的一个有目的的、能够延续一定时间的生活模式。这个概念是由美国国家生涯发展协会提出的。

"生涯"，从字源看，意为古代战车，有驾驭赛马、驰骋竞技的意思。

"工作"是指一种活动，它可以为自己或他人创造价值。

"创造"是指生涯是一个人的愿望与可操作性之间、理想与现实之间的妥协和权衡的产物。没有十全十美的生涯，但有适宜的生涯。

"有目的的"是指生涯不是偶然发生或应运而生的，它需要规划、思考、制订和执行。生涯因个人的动机、抱负和目标而形成，它反映了个人的价值观和信念。

"延续一定时间"是指生涯在本质上是持续一生的过程，它受到个人内在和外在力量的影响，它不局限于某一特定的工作或职责延续的时间段。

"生活模式"是指生涯不仅仅是工作，还包括人们是如何来安排与整合其所有的生活角色的。

二、职业生涯发展的基本理论

继帕森斯 20 世纪初开创性的工作之后，心理学家、社会学家、经济学家和教育学家试图研究职业生涯的选择和发展问题。如今职业生涯发展已成为一门学科，并有一套系统的知识体系。目前，职业生涯发展理论可以分为两类：结构取向理论和过程取向理论。

（一）结构取向的理论（人职匹配理论）：关注某一特定的选择情境

云课堂

职业生涯规划的理论基础

1. 帕森斯特质-因素论

特质-因素论的起源可追溯到 18 世纪的心理学研究，其主要框架是直接建立在帕森斯关于职业指导三要素思想之上，后由美国职业心理学家威廉斯发展而形成。

特质-因素论的基本假设是：每个人均有稳定的特质，而职业也有一组稳定的条件。所谓"特质"，就是指每个人的人格特征，包括能力倾向、兴趣、价值观和人格等，这些都可以通过心理测量工具加以评测。因素则是指在工作上要取得成功所必须具备的条件或资格，这可以通过对工作的分析来了解。将个人与职业相配，个人的特质与工作的因素越接近，则个人工作成功的可能性就越大。

帕森斯被认为是结构取向的理论家。他认为在选择职业的过程中，涉及三个主要的因素，即对自我爱好和能力的认识，对工作环境及其性质的了解，以及二者之间的协调与匹配。对应这三个因素，他提出了"职业辅导三大原则"。

（1）对自我进行探索，包括了解个人兴趣、能力、资源、限制及其他特质。

（2）了解各种职业的要求、工作条件、薪酬、优缺点、机会及发展前途等。

（3）将上述两类资料进行综合，从而找出与个人特质匹配的职业。

帕森斯认为个人选择职业的关键就在于个人的特质要与特定行业的要求相匹配，只有这样，人才能适应工作，并使个人和社会同时获益。

2. 霍兰德职业兴趣类型论

约翰·霍兰德发展了一种他称之为"类型学"的理论，是关于人格类型及与之匹配的环境类型的理论。他编制的兴趣量表《职业自我探索量表》从 1970 年提出至今，已被广泛认可。他的方法也用于研究社会和工作环境，包括各种职业、职位、组织、学校和人际关系。

在人格和职业的关系方面，霍兰德提出了一系列假设。

（1）在现实的文化中，可以将人的人格分为 6 种类型：实用型（R 型）、研究型（I 型）、艺术型（A 型）、社会型（S 型）、企业型（E 型）与事务型（C 型），每一特定类型人格的人，会对相应职业类型中的工作或学习感兴趣。

（2）环境也可区分为上述六种类型。

（3）人们寻求能充分施展其能力与价值观的职业环境。

（4）个人的行为取决于个体的人格和所处的环境之间的相互作用。

在上述理论假设的基础上，霍兰德提出了人格类型与职业类型模式。不同类型人格的人需要不同的生活或工作环境，例如"实用型"的人需要"实用型"的环境或职业，因为这种环境或职业才能给予其所需要的机会与奖励，这种情况即称为"和谐"。类型与环境不和谐，则该环境或职业无法提供个人能力与兴趣所需的机会与奖励。霍兰德在其所著的《职业决策》一书中描述了六种人格类型的相应职业（表2.1）。

表 2.1　六种人格类型及相应职业表

类型	喜欢的活动	喜欢的职业
R 型	和事物打交道（工具、机械、设备），用手、工具、机器制造或修理东西；愿意从事物性的工作，喜欢户外活动或操作机器，不喜欢在办公室工作	制造业、渔业、野外生活管理业、技术贸易、机械业、农业、技术、林业和军事工作
I 型	处理信息（观点、理论），喜欢探索和理解事物，研究那些需要分析、思考的抽象问题；喜欢独立工作	实验室工作人员、生物学家、化学家、社会学家、工程设计师、物理学家和程序设计员
A 型	创造、喜欢自我表达，喜欢写作、音乐、艺术和戏剧	作家、艺术家、音乐家、诗人、漫画家、演员、戏剧导演、作曲家、乐团指挥家和室内装潢
S 型	喜欢与人合作，热情关心他人的幸福，愿意帮助别人解决困难	教师、社会工作者、心理咨询师、服务性行业人员
E 型	喜欢领导和支配别人，或为了达到个人或组织的目的而善于去说服别人，希望成就一番事业	商业管理、律师、政治运动领袖、营销人员、市场或销售经理、公关人员、采购员、投资商、电视制片人和保险代理员
C 型	组织和处理数据，喜欢固定的、有秩序的工作或活动，希望确切地知道工作的要求和标准；愿意在一个大的机构中处于从属地位	会计师、银行出纳、簿记、行政助理、秘书、档案文书、税务专家和计算机操作员

在霍兰德人格六角模型（图2.1）中，任何两种类型之间的距离越近，其职业环境及人格特质的相似程度就越高，或者说，它们的一致性就越高。例如，企业型和社会型在六角模型上的距离最近，相似性也最高，这两个类型的人比其他类型的人更喜欢与人打交道。而事务型和艺术型的差异性更明显，因为它们具有相反的特质。例如，事务型的人多墨守成规，而艺术型的人则富有创新精神。六角模型还可以帮助我们对人格类型与职业环境类型之间的适配性进行评估。例如，一个社会型人格特质占主导地位的人在一个社会型职业

环境中工作会感到更舒畅，但是如果让他在一个实用型的工作环境中工作他就会感到不舒服、不满意，因为社会型和实用型具有不同的特点。根据霍兰德人格六角模型及假设理论，适配性的高低可以用来预测个人的职业满意度、职业稳定性、职业成就感。因此，霍兰德认为：个人人格特质占主导地位的类型可以为个人在选择职业和工作环境上提供方向。

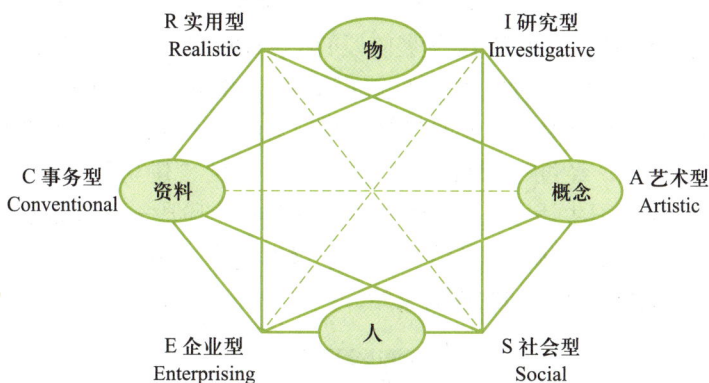

图 2.1　霍兰德人格六角模型

（二）过程取向理论：关注个人的决策模式、风格和生活情境

1. 舒伯的生涯发展循环理论

20 世纪 50 年代初，舒伯（美国著名心理学家、职业生涯规划大师）开始引入有关生涯发展的新的思考方式。20 世纪 80 年代他系统地提出了有关生涯发展的观点。他把职业生涯的发展看成是一个持续渐进的过程，从童年时代开始一直伴随着一个人的一生。

"自我概念"是舒伯理论中的核心概念，指个人对自己的兴趣、能力、价值观及人格等方面的认识。一个人的自我概念在青春期以前就开始形成，至青春期较为明朗，此后主要是自我实现。工作与生活满意与否，就在于个人能否在工作和生活中找到自我实现的机会。用舒伯的话说，"职业生涯就是对自我的实现"。而这个自我实现过程亦即职业生涯发展的过程，又可以划分为五个阶段，在每个阶段个人都有其独特的职责和角色，以及不同的发展任务（表 2.2），个人发展任务的完成程度则体现了生涯成熟度。

表 2.2　舒伯生涯发展五阶段表

阶段	年龄	特征
成长阶段	出生至 14 岁	自我概念、能力、态度、兴趣、需要的形成和发展，并对工作开始形成大致理解
探索阶段	15～24 岁	开始在课堂、工作实践中尝试，并有意地收集相关的信息；尝试性地开始选择，发展相关的技能
建立阶段	25～44 岁	开始通过工作实践接触和获得各种技能
维持阶段	45～64 岁	不断调节并在工作中得到发展的过程
衰退阶段	65 岁以上	产出开始减少，准备退休

在上述舒伯的生涯发展阶段中，每一阶段都有一些特定的发展任务需要完成，每一阶段需达到一定的发展水准或成就水准，而且前一阶段发展任务的达成与否关系到后一阶段的发展。在后来的研究岁月中，舒伯对发展任务的看法又向前跨了一步。他认为在人一生的生涯发展中，各个阶段同样要面对成长、探索、建立、维持和衰退的问题，因而形成"成长—探索—建立—维持—衰退"的循环。这个横跨一生的历程，就是舒伯所认为的"生活广度"。而在发展历程的各个阶段中个人所扮演的各种角色(如子女、学生、工作者)，舒伯命名为"生活空间"。生活广度(发展阶段)属于时间的向度，而生活空间(角色扮演)属于空间的向度。二者交汇成为生涯彩虹图(图2.2)。生涯彩虹图描绘了生涯发展阶段与角色间交互影响、多重角色生涯发展的状况。举例来说，一个大学一年级的新生，必须适应新的角色与学习环境，经过"成长"和"探索"，一旦"建立"了较固定的适应模式，同时"维持"了大学学习生活之后，又要开始面对另一个阶段——准备求职。原有的已经适应了的习惯会逐渐衰退，继而对新阶段的任务又要建立"成长""探索""建立""维持"与"衰退"的适应模式，如此周而复始。

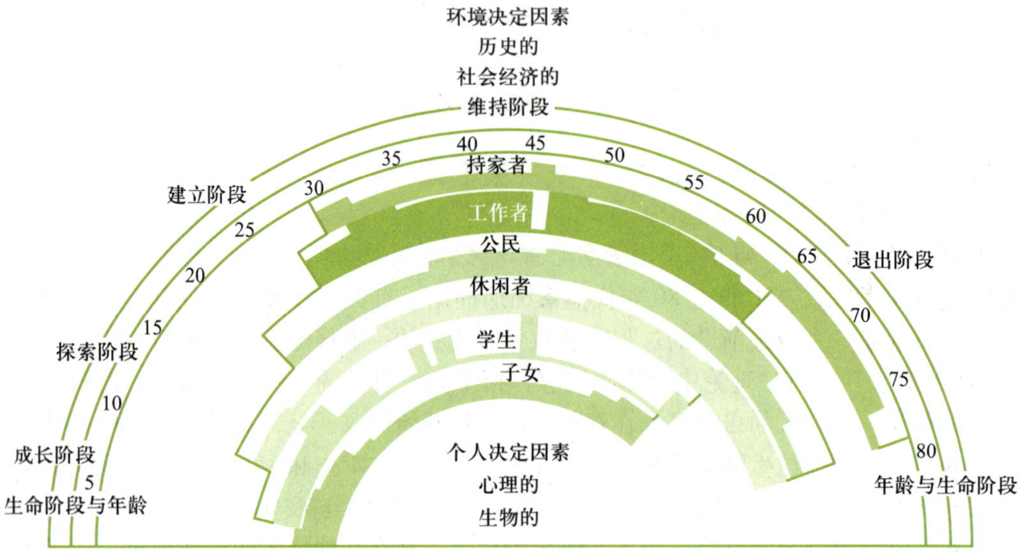

图 2.2　舒伯生涯彩虹图

2. 克朗伯兹的自我效能期望理论

克朗伯兹认为生涯发展是一个了解自身和各种选择可能性的过程。他认为过去的学习以多种方式影响着我们的生涯决策。假如我们在某些科目(比如数学、自然科学、讲演)上有过积极的经验，那么我们会倾向于更多地了解这些领域。相反，消极的经验会使我们倾向于回避。他还认为，我们也通过观察别人和想象自己在哪些情境中会如何行动起来来学习，比如角色榜样和良师益友为我们提供了多种途径来学习有关职业和生涯规划过程的知识。

另外，他和他的同事还提出了一个观点，即个人信念与期望是生涯发展的一个重要影响因素。个人信念与期望有时被称为自我效能感期望。自我效能感期望是后天习得的，它是指人们对自己组织和执行各种活动以达到特定绩效水平的能力的判断。一个很好的例子就是运动员在每场比赛前，他们都要花费时间在其头脑中精确地想象和演练比赛的过程。

另一个例子是数学的自我效能感期望，即我们相信自己能够在有关数学的问题解决中取得某种水平的成绩。生涯的自我效能感期望是指我们相信我们能成功地完成生涯决策活动的程度。在生活的许多领域，我们都能学习和改变我们的自我效能感期望。

三、学习生涯发展知识对高职生的意义

（一）提高高职生自我生涯决策的能力

著名哲学家萨特曾说过："我们的决定，决定了我们。"想想我们的成长历程，可以深刻地发现：从出生到幼儿园，再到小学、中学、大学，多少年来，我们哪次的选择是自己真正的选择？从高中毕业到升入大学以及专业选择，或是到以后的找工作、考研，等等，我们自己做出这些选择时，内心是否清楚我到底想要什么、想做什么？在珍贵的大学时光，我做些什么可以让自己更充实？我们应记住这三个问题：我想做什么？我能做什么？我准备怎么做？生涯决策的能力，不取决于专业，也不取决于学历，而是与对自我的思考和关注有关。

（二）帮助高职生完善自我

生涯发展的目标在于指导当事人"去哪里"，然而"知道你自己是谁"比"去哪里"更重要。我们不仅要知道自己的性格气质、职业兴趣、职业价值观、职业能力等，还要知道自己的思维方式、行为模式、应对事情的态度，将这些要素串起来，组成的才是一个"我"。"我"在职业发展中，需要不断地被修正，不断地完善，并且不断地认识自己的盲区，从而整合成一个最客观、最全面的自我。

（三）培养高职生自我发展的责任感

在我国目前的教育体系中，关于职业发展与职业意识的培养，在义务教育阶段依然有待加强，职业教育阶段的断层现象依旧存在，致使很多学生在职业发展问题上略显被动：等着学校找工作，等着毕业再说，不知道自己喜欢什么行业，不知自己的职业兴趣在哪方面，很多学生以迷茫被动的心态面对求职择业。越被动，职业发展的空间越小。因此，意识的觉醒远比方法的传授重要百倍，高职生在校期间，要学会主动去寻找自己的职业兴趣，去探索未知的那部分自己，去深入了解自己所喜欢的行业，去全面地收集相关的企业信息，建立起自己长期与短期的发展目标，这些都意味着你已经进入职业规划的轨道，承担起自己未来发展的责任。

（四）培养高职生对目标的管理意识

学生进入高职，如何规划、如何发展自我生涯是一个问题，是打算围绕着一个目标开始，还是说走一步看一步呢？哈佛大学曾经做过一个著名的实验。在一群智力与年龄都相近的优秀青年人之中进行了一次关于人生目标的调查，调查结果显示如下。

3%的人有自己清晰的长远目标，10%的人有清晰但比较短期的目标，60%的人只有一些模糊的目标，27%的人没有目标。25年后，哈佛大学再次对他们做了跟踪调查，结果令人吃惊。那3%的人都成了社会各界的精英、行业领袖。那10%的人也都是各专业领域的成功人士，生活在社会的中上层，事业有成。那60%的人基本上属于社会大众群体，生活在社会中下层，事业平平。那27%的人过得不如意，工作不安定，常常抱怨社会、抱怨政府、怨天尤人。

每一个积极的高职生看到这个实验都会意识到目标的重要性，会想起自己的目标，更加坚定自己对未来事业成功的信心，大胆并坚定地肩负起国家和时代的使命，脚踏实地、科学理性地设计好自己的大学生活。

拓展阅读

"中国制造" 亟须高层次应用型人才

未来的劳动力市场将因为智能制造的发展而出现新变化——部分工作岗位不再需要"人"，而一些新出现的岗位则迫切需要具有全新素质和专业能力的"新人"。在上海电机学院举行的"协同育人：第二届智能制造应用型人才培养中德论坛"上，同济大学中德工程学院副院长陈明教授援引的一组预测数据引起与会专家关注。这份由美国波士顿咨询公司就未来智能制造人才需求给出的预测分析表明，未来以生产线和装配线工人为代表、从事简单重复性任务的低技能劳动和中等技能劳动岗位将锐减或消失。而一些新的工种将应运而生，具体包括机电一体化专家、信息技术解决方案构架师、用户界面设计师、机器人协调员以及工业数据科学家等。以智能制造为核心的新一代信息技术与制造业加速融合，已经成为先进制造业的发展趋势。对大学来说，人才培养改革迫在眉睫。

活动亲历

到达成功最近的路是哪一条？

小组成员在团队领导者的带领下，进行本堂课的讨论，并由团队领导者记录发言情况，只摘录主要观点，不计分。本节内容学习结束后，需要同学们完成《大学生就业与创业指导自助式成长手册》中"环节三 就业行动实施"的"职业体验报告（图表+数据）"任务，学会用数据、图表呈现工作内容，培养数据思维和系统的规划思维。

第二节 管理规划未来的心态

思维训练

案例 7

在中国某汽车集团工作两年的一线员工李牧然辞职了，原因是他看到技术部的招聘启事后报名，却因为学历不够被拒绝。心有不甘的李牧然，在辞职半年后，潜心复习考研，最终以优异的成绩考上了上海海事大学的研究生。之后，他把这个好消息告诉他的就业指导老师。下文是他们在微信上的对话：

指导老师：祝贺你，牧然！老师很好奇你为什么会做出考研这个决定呢？

李牧然：谢谢老师。当时想得很简单，我本身就喜欢汽车，小时候就梦想当汽车工程师，我维修做得挺好，但是想再努力下，正好被技术部因为学历不够拒绝，就果断辞了职，开始了考研之路。

指导老师：这么说你是被动考研，主动上岸，挺了不起的，说明你的学习能力很强啊。

李牧然：是的老师，也可以这么说。毕业时只想着签个协议好好干活，有个工作就好了。我不像有的同学那样抱怨和封闭自己，我一直在了解这个专业，我想改变自己的生活，这只有通过改变自己的想法和行为来实现。于是，我就一边工作，一边留心学习。我发现我工作之后比上大学时更主动、更爱学习了。

指导老师：真是个有心人，知道自己学什么、怎么学，看来你规划未来时一点没有浪费当下的时光。

李牧然：谢谢老师鼓励！我也发现其实没有人可以决定我的命运，除了我自己。我就是那种特别想主宰自己命运的人。他们都说我是高职生，考不上，家里人也不同意，说这个铁饭碗不错，工资虽然不高，但毕竟还不错。我理解他们的想法，然而，我还是想走自己的路。考研的复习过程很苦，但苦中有甜。最终我实现了自己的愿望，好高兴！

思考：

（1）如果你拥有的生活不是你想要的，你会怎样来对待生活？

（2）你认为一个想主宰自己命运的人，学历、出身、性格哪个对他的影响最大？

（3）什么叫心态？你是如何理解心态的？说说你当下的心态如何？

一、高职生容易出现的职业发展心态误区

（一）静止心态

苏格拉底曾说过，没有思考的人生是没有意义的人生。思考的意义在于我们要不断地发现和总结做好事情的经验。高考之后，进入高职院校的学生，其中一部分将思考停留在为什么没有考得更好或是为什么没有进入更好的学校，从而忽视此时此刻正在发生和经历的事情。这些学生是在思考中责怪自己，在思考中降低了自信。责怪式的思考是静止的思考，其结果是在比较中自我否定，在自我否定中失去发展的信心，在迷茫中开始养成凑合学习、凑合找工作的心态。都说良好的开端是成功的一半，那么静止的心态是糟糕生活的起点。

典型的静止心态诸如：完了，到了高职，一辈子就是当工人的料了，一辈子抬不起头来了；自己再怎么学，也赶不上我读本科的同学了，他们学历比我高；上完大学，出来就是当工人，会有什么出息呢；等等。

（二）模糊心态

传统的基础教育中没有职业教育的内容，关于职业发展与职业意识的培养，只是在大学期间才得到强调和重视，因此，对于自我认知的探索与职业素质的培养，很多高职生还处于萌芽期。他们模糊地感觉到自己渴望认识自己，可是又找不到路去寻找未知的自己；他们模糊地想知道如何去做好一份工作，可是又不知该从哪里入手。再加上"车到山前必有路"的想法，让很多高职生将"等等看，再等等"的想法变得越来越明显，极大地阻碍了他们自我探索的欲望以及职业素质的形成，直接导致了毕业时许多学生不知道自己的职业目标、职业兴趣、行业企业信息，盲目择业求职，结果工作干不了多久就辞职，这样就出现了"就业-辞职-再就业"的怪圈，始终不知自己到底想做什么、到底对什么感兴趣，这是模糊心态最害人的表现。

典型的模糊心态诸如：了解自己有什么用，不还是找个工作而已；一线工作有什么好干的，操作那么简单，没有学历的人都可以做；知道那么多有什么用呢，来点实用的，知道怎么找好工作、怎么应聘求职就行了；等等。

（三）让别人承担责任的心态

究竟谁该为孩子的明天负责，这个问题一直没有得到社会、家庭和教育工作者的足够重视。当进入高职的学生埋怨学校小，甚至是打心底瞧不起高职生的时候，他们实际上正在悄悄地把成长的责任转移到外界，即因为学校不好，便认为自己将来可能没出息了；再或是学校太差了，没脸见同学等等。这种埋怨学校，推卸责任，让学校承担起自己未来发展责任的心态是不健康的。这类同学自己躲在埋怨中不敢正视自己，不去积极适应新的生活，也不能更好地发展。

此种心态的典型诸如：没想到这学校这么小，与我想象中的学校差得太远了，这几年算是完了；跟我以前的同学相比，读高职实在让我感觉不好意思再见他们，我在起点就输给他们了；什么学校，再努力有什么用，出来不还是个高职生，等等。

（四）眼高手低的心态

这种心态表现为说起来头头是道，做起来浮躁了事。本编写团队曾对三家聘用过高职生的企业做过调查访谈，企业对高职生的评价是：大多数人素质较高，但其中一部分做一线的人缺少耐性，忍受不住枯燥机械的工作，想得很高，做得很少，甚至有的高职生的生产效率不及中专技校学生。高职生不缺少技能、不缺少基本素质，他们到底缺的是什么，致使有些企业想用而不敢用高职生来做一线呢？答案是缺心态，缺平和而职业化的心态！一些学生在学校的时候是学生干部，习惯管别人了，让他们去做很多具体事情的时候，很难沉下心来亲自去做。这类学生往往看不到问题的本质是自己沉不下来的心，还总是将问题的原因归到外部，认为自己什么都是对的，什么都是好的。这类学生很容易产生委屈感，好像在这个世界上没有人可以理解自己。

此种心态的典型诸如：那工作简直太无聊了，完全没有什么价值；作业凑合交得了，反正老师也不会仔细看；那工作太简单了，我一天就学会怎么操作了，等等。

二、从职业规划者到职业管理者的过渡

当你知道未来的职业生涯是你自己的，你对自己产生了兴趣，开始学着关注自己的性

格气质、职业兴趣、职业能力、工作价值观，审视自己的职业心态、职业意识的时候，恭喜你，你已经不知不觉地进入了职业规划的轨道。任何人的关注都取代不了你对自己的关注。那下一步，还需要做些什么，可以帮助我们更好地规划自己、管理好自己的职业目标呢？

规划自己，从了解自己开始。规划未来是在"知道我自己想要什么""知道我能做什么""知道我自己该怎么做"的前提下进行的。规划未来是个不断认识自我、了解自我、完善自我的过程。因此，职业规划不是静态的，而是个动态的工作，一边反思自己做了什么，一边展望未来，思考我渴望成为什么人。在大学生活中，你需要不断地调整、发展与完善对职业目标、价值观、心态、职业化素质等的思考。

从现在开始，我们要进入大脑管理的阶段，新的信息不断地冲击着脑海中的旧经验、旧信息。或许你有些不适应，没关系，这就好像你刚穿上新鞋，脚有点不适应一样，相信很快就可以调整过来。记住，从现在开始，要学着把旧经验从脑海中搬出来，让新鲜有活力的新思路进入你的脑海，不能再重复以前对职业发展的看法。你需要对自己感兴趣，更需要对自己的职业负责。从现在开始，你就是你自己的管理者，管理好自己的职业兴趣、职业目标、职业素质、职业心态。有想法而不去实施，永远不会变成行动。

（一）职业管理者的核心观念——每个人都应管好自己

进入高职，很多学生只意识到自己还是个学生，而忽略了另一个潜在的重要角色，即准员工。高职的学生在入学两年半后都要进入企业实践实习，有的甚至更早，如果那个时候你才知道做一个员工是什么体验，恐怕已经来不及了。高职院校的目标是把学生培养成高素质、高技术含量的应用型人才，这类人才的最核心特征是高素质。高素质是指哪些方面呢？与非专科学历的一线员工相比，高职生高在自我管理意识强，能够自觉地、职业化地工作，工作效率高以及生产的产品质量好等。缺少自我管理能力的高职生，就像一只穿着溜冰鞋的章鱼，虽然动作不断，但是却搞不清楚到底是前进还是后退，抑或在原地打转。回转身，以旁观者的眼光审视一下过去，你是否克服了自己的懒惰、骄傲、固执、偏见、狭隘、自私等不良品质？在你的身上是否已经具备勤奋、谦逊、协调、客观、大度等优良品质？

研究人员发现：大部分人在成长过程中都试着改变自己的缺点，希望把缺点变为优点，但碰到了更多的困难和痛苦；而少数最快乐、最成功的人的秘诀是"加强自己的优点并管理自己的缺点"。所谓管理自己的缺点，就是在不足的地方做到足够好而不是放弃努力；加强自己的优点，就是把大部分精力花在自己感兴趣的事情上，让自己有最大的机会取得最优秀的结果，从而培养自信，走向成功。

（二）成为职业管理者的关键——培养自我管理意识

想成为一个具有良好自我管理意识的高职生，应该从哪些方面入手呢？

（1）良好的执行计划的能力。计划是实现理想不可缺少的条件。我们不能仅仅依靠自己的心情和一时兴起去做事情，做事必须要有一个计划。计划必须依靠自律精神的辅助才能成功完成。你可以把实现目标的好处都写出来，贴在一个最显眼的地方，每天都能看到它。这样，当你在执行过程中遇到了困难企图放弃时，墙上的好处会提醒你不要半途而废。你还可以把执行计划中令你半途而废的缘由都写下来，然后再大声念出来。有的缘由合理，那么就要立即找到解决的办法，不让自己有任何放弃执行的理由。

（2）让坚持执行成为一种习惯。一项任务来了，学生有时会根据自己的想法进行修改，但其实可能并不完全了解对方让自己这样做的理由。老师、学校领导、上层主管交代的工作，一定不要随意去修改，更不要有很多不必要的担心与怀疑。先做了再说，这是准员工工作的基本准则。一个学生如果总是修改计划，或是根本不按照计划行事，那么他的随意性与不确定性会很强，这将导致别人与他合作时产生不安全感。

（3）不要为自己找任何理由。我们所犯的错误，只要不去掩饰，都是值得原谅的。如果你习惯性地替自己找借口，那么你推脱责任的事情可能会时常发生；如果你总是想办法解决问题，而不是找理由放弃或是修改，那么你承担事情的责任力就会变强。愿意承担责任是做好一项工作的基本前提。

从一个职业的规划者到职业的管理者的过渡，也是从想法到行为的转变。高职生的角色意识慢慢发生转变之后，其职业竞争力也会大大增强。以上三点，需从现在开始进行实践，内化为自己的品质。否则，大多数人需要两到三年的时间进行训练。

三、高职生职业健康发展应具备的条件

健康的职业发展需要具备三个条件：职业目标、职业心态、自我价值感（职业素质与职业能力的综合）。职业目标就像巡航定速器，职业心态就像温度调控器，自我价值感就像汽油显示表，三者缺一不可。

云课堂

掌握学业规划的方法

（一）职业目标如同巡航定速器

目标的锁定是发展的基础。高职生的职业发展目标与个人成长的动力息息相关。

一个小学生努力学习，可能是因为想得到老师和父母的称赞；一个中学生努力学习可能是因为有父母的期望、高考的压力；一个大学生努力学习可能是因为学校的环境与就业的压力。高职生毕业后，努力工作，是因为有业绩的压力、生活的压力、领导的期望、良好的工作环境或是晋升的机会。然而，这些都不能成为你持续成长的动力，因为这些都是外部因素，会随时发生变化或者消失。

真正能源源不断地为你的事业成长提供动力的一定是来自你内心深处的自我需求，这种内在的需求不因外部的环境而变化。有了这种需求，你的工作不需要别人监督，遇到困难不会寻找借口，不会将命运交给环境，更不会认为事业依靠运气。你的目标越有挑战性，你对实现该目标的态度越坚定，事业成长的动力就越足。这种来自你内在的动力会使你不论在顺境还是逆境中，都能够把握自己事业成长的轨迹。

我们学习的职业兴趣与职业价值观，是在帮助我们寻找内心的那个声音：我想做什么？我能做什么？我打算怎么做？结合霍兰德的职业匹配选择以及 MBTI 性格测试，可以从理论上找到适合自己且自己感兴趣的工作。职业目标实现的过程，可以用职业发展路径来描述，如图 2.3 所示。

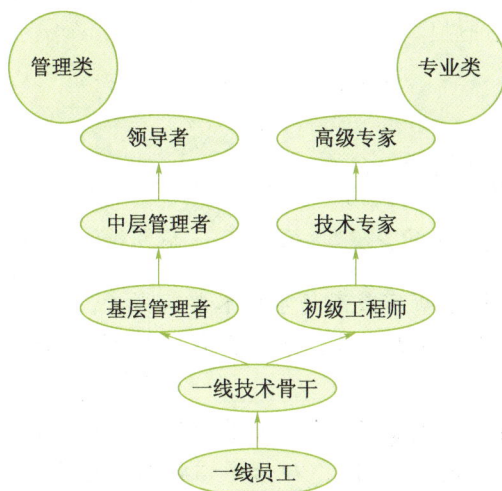

图 2.3　职业发展路径

（二）职业心态如同温度调控器

当现实与理想不符时，人们就会出现心理落差。很多高职生满怀希望来到高职院校，发现与想象中的大学差距很大，这时就需要心理调节。不管什么时候，都尽量使自己在一个合适的时间、合适的地点，做合适的事情，说合适的话。只有这样，才能将目标坚持下去，不至于偏离航向。无论将来你们想拥有什么，现实总会与目标有一定的差距，而调节差距、保持信心是船只安全到达幸福彼岸的重要保证。

（三）自我价值感如同汽油显示表

职业素质与职业能力的优劣，直接反映个体获得成功的必要的自身资源情况。自我价值感就好比汽油显示表，表的读数显示出你的自我价值感的多少，即你认为自己是否有价值，你认为自己有多大的价值，以及你可以为企业创造多大的价值、帮助企业走多远等。自我价值感并非自我感觉良好的评估。

曾经有一个心理学实验，参加实验的是一些在考试中表现糟糕的学生。第一组学生每天收到一封电子邮件，邮件中除了有几道试题回顾以外，还会有一条劝说他们以更积极的视角看待自己的鼓励语；而第二组学生每天收到的电子邮件却只有一些试题回顾。结果，在此后的考试中，经常受到鼓励的第一组学生的表现反而不如第二组。研究揭示，人们是否具有适当的自我价值感，不取决于人们如何看待自己，而取决于人们在生活中究竟做了哪些事，尤其是那些让自己感觉成功的事情。对于职业发展，我们有必要记住这个实验，你自认为自己很有价值和是否真的有价值是两回事，个人的价值是在做事情中体现的，而自我价值感又是通过别人对自己做事情的认同与肯定得到提升的。

很多高职生目前有做事情的意识，但没有把一件事情做好的意识。做与做好是两回事，唯有做好才能体现出价值。在岗位实习的时候，部分高职生眼高手低，不但没有体现出自我价值，还影响了企业对高职生的看法，让企业有想用而不敢用的顾虑。

综上所述，高职生如果能调动自身的心态调节能力、职业素质与职业能力，围绕着自己的职业目标，坚定不移地前行，即使遇到困难挫折，也愿意抬头面对，而不是低头回避，那么，明天一定阳光灿烂！

📚拓展阅读

"中国核潜艇之父"　黄旭华：　科研报国 无私无我

黄旭华，"共和国勋章"、国家最高科学技术奖获得者，我国第一代核潜艇总设计师。黄旭华为国家利益隐姓埋名、默默工作，六十多年来潜心技术攻关，为核潜艇研制和跨越式发展做出巨大贡献。

"从 1958 年开始到现在，我没有离开过核潜艇研制领域，我的一生没有虚度。"黄旭华院士的人生，曾一度"赫赫而无名"，却始终"壮心未与年俱老"，在三十年的无声岁月里成就无穷的力量，六十多年如一日为中国核潜艇事业倾心竭力奉献。以身许国，誓干惊天动地事；潜心科研，甘做隐姓埋名人。黄旭华的"深潜人生"正是中国科学家们科研报国、无私无我的生动体现。

黄旭华始终以国家为重。在抗战硝烟中求学救国，在核武威慑中受命报国，黄旭华与核潜艇的结缘，与国家的命运紧紧相连。远离家乡、杳无音信，荒岛求索、一穷二白，黄旭华和同事们变"不可能"为"可能"，边设计边施工，用一代人的艰苦奋斗，实现了核潜艇"一万年也要搞出来"的誓言。

黄旭华以报国志诠释着"科学家爱祖国"，更以赤子心践行着"科学家爱祖国"。黄旭华将多年来个人所获得的逾 2 000 万元奖金几乎全部捐献出来，用于教育、科研及科普事业。这不仅是对核潜艇事业的致敬，更不断激励科研人员为推动装备研制事业创新发展作出重要贡献。黄旭华身上的科学家精神，在大国重器从无到有的奋斗历程中闪光，在潜心钻研、不计名利的奉献人生中升华。这样的精神，也在更多的老一辈科学家身上共同书写：金属材料专家崔崑院士夫妇累计捐资助学超千万元，只说"国家培育了自己，这不是'捐'而是'还'"；内科血液学专家王振义院士放弃专利申请，让白血病患者能以较低的价格买到"救命药"；致力于我国海防科技事业的刘永坦院士捐出国家最高科学技术奖奖金，助力母校培养更多栋梁之材……老一辈科学家们一生耕耘、呕心沥血、矢志开创的科研事业和胸怀祖国、心系人民、淡泊名利的爱国情操，更需要薪火相传。

"我和我的同事们，此生属于祖国，此生无怨无悔。"黄旭华院士获得"共和国勋章"时的发言，成为他潜心科研、毕生报国的真实写照。用一生执着攻坚克难，尽显对国家的"忠"；用一生心血奖掖后学，满怀对科研的"爱"。这份"无怨无悔"的情怀，必将激励更多科技工作者将自己的科学追求融入建设社会主义现代化国家的伟大事业中去，努力实现更多"从 0 到 1"的突破，不断向科学技术广度和深度阔步进军。

活动亲历

你认为在职业发展的过程中心态能起到怎样的作用?

小组成员在团队领导者的带领下,进行本堂课的讨论,并由团队领导者记录发言情况,只摘录主要观点,不计分。从讨论中及时反思自我的心态,及时调整自身行动路径,做最好的自己。

第三节　撰写职业生涯规划书

思维训练

案例 8

在某铁路局的招聘现场。动车技术检修专业的冯时,穿着笔挺的制服(为面试自己在网上买的专门面试的衣服),此时正站在门外,等待面试官的召唤。

冯时的左手,拿着求职的基本材料,已经进行分类装订,他的右手拿着一本职业规划书和各类获奖的证书。终于轮到他进入面试教室了,他友好从容地将手里的资料递给面试官,果然,面试官对他的《做一名人工智能背景下的动车组机械师》职业规划书产生了浓厚兴趣,认认真真地翻阅起来,偶尔抬头看看眼前的这位学生。之后,面试官开始了提问。

面试官:这本职业规划书是你自己写的吗?

冯时:是的,这是我在 2020 年 10 月参加河南省大学生职业规划大赛时的作品,获得了河南省金奖。这是我用了大概 6 个月的时间,在老师的指导下独立完成的。

面试官:在你眼里,动车组机械师需要哪些素质和能力?

冯时:一名合格的动车组机械师,不仅要有良好的业务能力,而且要有过硬的心理素质。能够沉着应对突发事件,保障动车安全万无一失。

第一,围绕动车技规、运规条例惯性故障典型案例等内容定期开展研讨、分析。只有理论知识充足,才能在应急处置中处变不惊、稳妥处理。

第二,在紧急情况下,不仅要知道怎么处置,更重要的是操作准确、熟练。机车救援动车组应急处理,要求随车机械师具有很高的综合能力素质。救援时,一名随车机械师不仅要举起 40 多公斤重的过渡车钩,并连挂在车钩上,还要准确无误地引导机车司机对接、插销固定、连接风管、试拉确认……

第三,人工智能时代背景下,还需要有较强的学习能力,对智能检修、机器人检修、大数据等知识和技术都要一定的了解。

面试官:好的,你的面试先到这里,回去之后听我们的通知。

冯时:好的,谢谢您。

事后,面试官跟学校招生就业处的领导反馈:如果你们学校有更多像冯时这样在大学阶段对工作岗位就有深刻认知的学生,有多少要多少,这样的学生是我们需要的,入职后适应快，观念超前，是骨干的好苗子！

冯时顺利入职动车所后，很快成为技术骨干，成为同龄人中的佼佼者。冯时说：做好大学生涯的职业规划，没想到让自己有了一个高起点，事实证明，早规划，早受益。

思考：

（1）你认为职业规划书的价值是什么？

（2）如何才能撰写一份与求职岗位匹配的职业规划书？

（3）企业对冯时的职业规划书认可的主要原因是什么？

一、职业生涯规划书撰写的基本原则

三年的大学生活，如何充实有意义地度过，这是所有的高职生不可回避的问题。是茫然不知所措、昏昏然随波逐流，还是凑合着过一天是一天，糊涂终生……

怎么办？学习生活的动力在哪儿？如何改变？从哪里起步来改变自我？

过去的无法再回来，能抓住的只有今天。从今天开始规划，别无选择。

高职三年生涯规划，是指高职生在三年的时间内，在自我剖析（性格气质、职业兴趣、职业能力、职业价值观、职业目标），全面客观地认识主、客观因素与环境（行业、企业、职位、区域）的基础上，进行自我定位，设定与自己的职业生涯发展目标相一致的学业目标，并制订相应的教育、培训、工作实践计划，按照一定的时间安排，采取各种积极的行动去完成职业生涯目标的过程。

这一过程，应遵循以下三个原则。

（一）动态发展原则

云课堂

撰写职业规划书

高职三年是个人生涯中的一个阶段，而且是重要的阶段。它是青年人进入社会的前奏曲，更是个人职业生涯发展的关键期与储备期。如果说人生就像马拉松长跑的话，那么这三年生活仅是热身准备，真正的长跑毕业后才正式开始。谁是最后的胜利者与最初起点的站位没有直接关系。况且人生的发展本来就是螺旋式上升的，随着网络更快更广泛地普及，信息的更新越来越快，越来越便捷，个性张扬、成功成名的机会增多，职业差别越来越小，职业平等观越来越被大众坦然接受。

（二）知己知彼原则

"知己知彼"是职业生涯规则的核心思想。我是谁、我想做什么、我能做什么、我该如何做等，这些经典的职业规划问题是个体进行深入自我探索、准确把握职业发展方向的必由之路。

（1）知己。高职生需要重新探索"我是谁"，用兴趣把自己的目标与激情调动出来，让一个较为清晰的"我"呈现在三年的生活中。高职生要知道"我"是一个动态发展的主体，需要不断完善、不断丰富。"我"的目标是不断清晰的，"我"的优势是不断培养的，"我"的态度是不断坚定的，"我"的行动是不断激发的。

（2）知彼。就业处发布招聘信息—听招聘说明会—面试—录用—实习，这是高职生走向工作岗位的招聘流程。从这个流程中我们不难发现，学生与招聘单位的信息不对等。看起来学生去听了说明会，也有了一定了解企业的机会，但这些还不够，因为学生没有去深入了解过该企业的行业背景以及更详细的信息。这些信息的缺失，导致学生将招聘的条件更多地放在对薪酬与工作环境的了解上。对企业的陌生与对行业的未知，增加了学生在实习期的适应难度，造成了理想与现实的极大落差，从而导致学生快速辞职。这种工作的不稳定性给企业和个人以及学校都带来了不必要的损失。让学生主动去了解行业、企业、职位的相关信息，这是知彼的重要内容。

（三）坚决落实原则

再好的想法如果没有行动，那也只是空想。职业规划必须落实到行动层面，即在现实中不断地探索自己，修改完善自己的想法，调整自己的定位，澄清自己的选择。以兼职、假期打工为例，过去是盲目打工，现在要围绕着自己的职业目标去打工。在打工的时候，学生要有目的地去了解企业、行业、自己感兴趣的职业的相关信息，打工回来，要写一份职业发展的调研报告。以多一事不如少一事的心态，凑合打工，凑合工作，这是非常不利于职业发展的。行动不再盲目，遇到困难不再回避退缩，执行落实取代对付凑合，灵活调整保持目标不变，这是高职生职业发展的起点，我们切不可掉以轻心。

二、职业生涯规划书撰写的关键技术——SWOT 分析

SWOT 分析是用来帮助我们做成长分析的有效工具，这个工具一方面向内对自己进行分析，找出自己的优势（strength）、劣势（weakness），同时向外对环境进行分析，确定机会（opportunity）与威胁（threat）。

（一）你自己有哪些优势

不是每个人都知道自己擅长什么，找到你所擅长的，是选择职业与岗位的重要依据。根据霍兰德职业兴趣测试可知，平时的实践探索能培养和发挥自己的特长，对高职生来说，这是一件必不可少的工作。

（二）你自己有哪些劣势

很多人不知道自己的弱项，有时你的劣势已经成为你的习惯，成为一种思维定式，如果不专心去挖掘，已经很难发现。如果说一只木桶盛多少水取决于最短的那块木板，而你连哪块木板最短都不清楚的话，你想将这块木板换掉都很难。

（三）环境中有什么机会

机会永远都存在，但机会只会光顾那些有准备的人。你是否抱怨过机会太少？是否抱怨过从事的工作机械单调？是否不愿意去做分外的事？一般来说机会只会属于那些愿意多做事并把事情做好的员工。如果你的态度正确了，你在企业中将有无穷的机会。

（四）环境中有什么威胁

很多同学都看过《谁动了我的奶酪》这本书，奶酪是你的梦想，但是你知道奶酪不会永远都那么多。环境中有各种各样的威胁，这些威胁都来自变化。如果你像在温水中游荡的青蛙，危机意识已经消退，觉察不到水温在上升的话，那么在威胁来的时候，你的事业就会陷入困境。而加强学习、不断学习、保持进取的紧迫感，是化解威胁的唯一途径。

三、职业生涯规划书的具体内容

撰写职业生涯规划书是一个不断补充、不断完善的过程，需每半年进行一次修改和完善。随着对自己、对外部职业环境认识的加深，职业生涯规划书的内容也日趋接近现实与客观全面。

下面是职业生涯规划书的模板，以此为参照，试着撰写自己的规划书。

（一）引言

引言主要写明自己对未来职业发展的认识与展望。

（二）自我分析

根据测评报告，对自己进行多角度、全方位的分析，并填写表2.3。

（1）职业兴趣。表明自己喜欢干什么。根据霍兰德职业兴趣报告，找到自己适合做的职业的代码。

（2）职业能力。表明自己能够干什么。根据职业能力测试报告，找到自己最擅长的工作。

（3）个人特质。表明自己适合干什么。根据气质性格测试，找到自己气质性格中的优势与劣势，并知道如何发挥优势、抑制劣势。

（4）职业价值观。表明自己最看重什么。根据澄清价值观的工作，找到自己最重要的工作价值观和生活价值观。

（5）胜任力。即找到自己资源的优劣势。

表2.3 自我分析表

我的优势能力	我的劣势部分

自我分析小结：_____

_____

（三）职业分析

对影响职业选择的相关外部环境进行系统分析。

（1）家庭环境分析：家人期望、家族文化对本人的影响。

（2）学校环境分析：学校特色、专业学习、实践经验等。

（3）社会环境分析：就业形势、就业政策、竞争对手等。

（4）职业环境分析：

行业分析——行业现状、发展趋势、从业匹配分析。

企业分析——单位类型、企业文化、发展前景、发展阶段、产品服务、员工素质、工作氛围、人企匹配分析。

职业分析——工作职责、工作性质、工作要求、发展前景、人岗匹配分析。

地域分析——工作城市、发展前景、文化特点、气候水土、人际关系、人域匹配分析。

职业分析小结：_____

_____

（四）职业定位

结合第二部分（自我分析）、第三部分（职业分析）的主要内容，运用 SWOT 分析技术，总结出 SWOT 分析图（图 2.4）。

内部环境	优势因素（S）	劣势因素（W）
	机会因素（O）	威胁因素（T）

图 2.4　SWOT 分析图

结论（表 2.4）：

表 2.4　结　论　表

职业目标	将来从事：_____行业的_____职业
职业发展策略	进入_____类型的组织或到_____区域发展
职业发展路径	走专家路线（管理路线）
具体路径	一线员工—初级技术骨干—初级工程师—中级工程师—高级工程师
备注	如果有合适的机会，也会走管理路线

（五）计划实施

计划实施如表 2.5 所示。

表 2.5　计划实施表

计划名称	时间范围	总目标	分目标	计划内容	策略与实施	备注
短期计划（大学期间的计划）	2010 年 9 月至 2013 年 7 月	大学毕业达到的目标	大一大二大三	专业学习，职业技能培养，职业素质提升，职业实践计划	例如，大一以适应为主，大二以专业学习、技能培养为主，大三以实践动手为主	大学生涯规划重点

续表

计划名称	时间范围	总目标	分目标	计划内容	策略与实施	备注
中期计划（毕业五年的计划）	2013 年 8 月至 2018 年 7 月	毕业五年达到的目标	第一年第二年第三年第四年第五年	职场适应，三脉积累（知脉、人脉、钱脉）岗位转换及升迁	例如，走技术路线，以一技之长占一席之地	大学生涯规划重点
长期计划（毕业十年以上的计划）	2023 年 8 月至退休	毕业十年达到的目标	十年二十年三十年退休	事业发展，工作生活关系平衡，身心健康，心灵成长，子女教育	例如，先立业后成家，家为坚实的后方，努力经营，争取生活、事业、爱情三丰收	方向性规划

云课堂

地铁站务员的职业体验

（六）评估调整

职业生涯规划是一个动态过程，必须根据实施情况以及相关因素的变化进行及时地评估与修正。

1. 评估内容

（1）职业目标评估（是否需要重新选择职业），类似的想法有：

假如一直……那么我将……

（2）职业路径评估（是否需要调整发展方向），类似的想法有：

当出现……的时候，我就……

（3）职业策略评估（是否需要改变行动策略），类似的想法有：

如果……我就……

2. 评估时间

一般情况下，定期（半年或一年）评估规划一次。

当出现特殊情况时，最好随时评估并进行相应地调整。

3. 规划调整的原则

遇到障碍时，抱怨是最不应该的，光有方案是不够的，要踏踏实实做事，领导不会花时间看你的方案可行不可行，而要看你具体做了什么。

四、职业规划书撰写时应注意的事项

（一）结合自身，突出特点

职业生涯规划是建立在对自己的兴趣、特长、能力、社会需要等全面了解评估的基础上的，进行目标设定时一定要结合自身特点和情况，不能完全脱离现实。要认清自己的兴趣与能力、能力与社会需求之间都是存在一定差异的，我们所要做的是要在这诸多因素中找一个结合点，将自己的经验、专业技能、兴趣特长有机地结合起来设定职业目标，这样的职业目标才会有生命力。

（二）认真测评，了解自我

有的同学在撰写报告书时，对自我的分析仅凭自我认识及他人评价，这是不全面的，也缺乏足够的理论依据。正确的做法是将个人认识、他人评价和各种专业测评（如气质测试、职业兴趣测试、MBTI人格测试等）的结果有机结合，形成一个较为全面的自我认知，据此设定的目标的可信度才较高。

（三）措施可行，长远规划

针对职业目标制定的措施一定要具有可行性，这是评价报告书的一个重要标准。最好制订出长期、中期、短期计划，并拟订详细的执行方案和时间限制。高年级的同学可将重点放在就业3~5年内的职业规划，低年级的同学可将重点放在大学生涯的学业规划上，但都应突出为职业发展所做的准备工作。

📚 拓展阅读

我的职业目标：做一名精准维修的铁路一线探伤工

度过了懵懂的大一，如今我已然成为别人眼中的"学姐"，在自我管理方面，我严格遵守着以下几个准则。

眼中有"光"

最可怕的敌人，就是没有坚强的信念。没有信念的人生注定一事无成，庸庸碌碌也注定一世平凡，作为当代新青年，我们必须对生活充满理想。去年初秋，我怀着对铁路的敬畏与浓烈的向往考入郑州铁路职业技术学院，开启我不平凡的大学生活。我会在学习铁路专业知识时抢坐第一排，只为和老师更近距离接触。只有自己真正热爱，才会不顾一切想去靠近。就如同我与火车，倘若我的心中没有为铁路奉献毕生的信念，再多的努力也将成为无稽之谈。

眼中有事

实现明天理想的唯一障碍就是今天的疑虑。面对着大家口中"轻松"的大学时光，我要做到的是让每天都尽可能地充实起来。大一伊始我着手于自己的学习成绩，从最基本的要求抓起，不给自己留出大段的空闲时间。下学期我参加了创新创业大赛，从开始的无从下手到以最快速度完成工作任务，背后是我昼夜不停地努力：PPT不知道如何下手就去请教学长学姐，不会剪视频就上网搜教程。功夫不负有心人，我所做的所有努力都在为自己的成长铺路。因此，在得到职业生涯规划大赛即将开办的消息时，我毅然决然地报名参赛，不为名次，只为能让我离自己的梦想更近一点。结合了专业测试与自身经历，我选择了铁路探伤工作作为发展方向，较强的执行力也让我更加自信地从事探伤工作，利用周末等片段式时间，我选择参加一线工作体验，在明确了自己未来发展方向的同时，也加强了我的动手能力，更坚定了我内心深处对铁路事业的向往。

眼中有渴望

多见者博，多闻者智，拒谏者塞，专己者孤。对生活充满渴望，每天就会有无尽的动力去探索、去进步。对我而言，知识就如同一个个里程碑，激励着我不断摘星，哪怕多学习了一点知识，都让我有种攀峰登顶的喜悦。对我而言，成为一名探伤工人是我短期内最大的目标，我渴望成功，亦深知背后要付出不为人知的辛酸苦楚；我渴望成为那个嘴里喊着"人民铁路为人民"的人，亦明白这句话背后包含的是责任、担当和付出；重复性的工作往往最考验操作者的耐心，我也无时无刻不在警醒着自己要注意最微小的细节，这不是如履薄冰，而是对自己最高的要求。

坚定信念，让我秉承初心，奋力前行；持勤勉之力，能够让我坚持前进与努力的方向，开辟更为广阔的人生舞台；落实到位，让我在成长的路上一步一个脚印，让每次成长都有迹可循，让我抵制拖延，保证计划切实可行；保持热爱，让我渴望去奔赴山海，收获幸福与快乐，激励我在成长的道路上不断超越，在实现自我价值的进程中动力不断。

🔺 活动亲历

如何撰写高质量的职业规划书？

小组成员在团队领导者的带领下，进行本堂课的讨论，并由团队领导者记录发言情况，只摘录主要观点，不计分。本节内容学习结束后，需要同学们完成《大学生就业与创业指导自助式成长手册》中"环节三 就业行动实施"的"职业生涯规划书（示范模板）"任务，参考职业规划书案例模板，撰写自己的系统而科学的职业规划书。

第四节　做出理性的职业决策

📍 思维训练

案例 9

毕业季，用人单位来得频繁，但由于可选择的单位太多，很多学生迷茫了。学生们在班会上和辅导员讨论了签单选择的话题。

胡军：老师，某某铁路局是不是最后的协议签的时间很晚啊，听说别的公司都签了，他们还没签？

辅导员：你在哪里听谁说的？

胡军：在食堂，中午吃饭时听邻桌的人说的。

辅导员笑了，又问：这件事和你有关吗？我看你对这事很上心啊。

胡军：当然啦，这对于我来说是非常重要的事。我前几天才和这个铁路局签了就业意向书，面试也通过了，可是中午一听说是这样，就有点着急后悔了。

　　辅导员从讲台上下来，轻轻走到胡军身边，问道：能说说你选择这个铁路局的决策过程吗？

　　胡军：可以。就是前些日子上政治课时，偶然听老师说某某铁路局也不错，就一下子醒了，然后就和同学们一起报了。

　　辅导员听后，有点心疼地看了看胡军，然后对全班同学说：首先感谢这位同学把他的问题拿出来在班会上分享，我知道他的这个问题不是特例，相反，是个共性问题，它反映了你们决策模式存在的问题。一拍脑袋的决策，当时看起来是有了出路，但自己内心还是不太踏实，因为这一决策毕竟不是自己深思熟虑的结果。我担心的是如果你到了单位才发现有不尽如你意的地方，你会不会一拍屁股走人了？

　　胡军：不会吧，因为有协议约束啊。五年啊，走了要交违约金呢。

　　辅导员：一纸协议能约束你的身，能约束你的心吗？工作不是儿戏呀。

思考：

（1）辅导员为什么会有那样的担心呢？

（2）一个人的决策风格与哪些因素有关？

（3）你怎么看胡军的决策模式？

一、职业决策的必要性

　　根据中华人民共和国教育部（以下简称"教育部"）的统计，2023年我国高校毕业生人数达到了1 158万人，比上年增长112万人，规模和数量史无前例；考研人数也在2023年达到了创纪录的474万人，减去76万余人的计划招生人数，意味着将有近400万考生"二战"甚至"三战"，或是流入人才市场；再加上百万名海归留学生，在我国经济运行整体好转、就业形势回暖的背景下，就业竞争依旧激烈。

　　高校毕业生就业关系个人价值、民生福祉和发展大局，因此，大学毕业生进行理性职业决策分析就显得尤为重要。

（一）就业现状

　　第三方权威性数据机构——麦可思研究院基于2022年度大学毕业生跟踪数据撰写的《2022年中国大学生就业报告》（就业蓝皮书）显示，在当前依旧严峻复杂的就业形势下，大学毕业生的薪资增速在放缓，选择考研、考公务员的比例在持续上升，本科毕业生脱产备考公务员的比例更是达到5年翻一番。

　　东北师范大学李涛所作《2021年疫情背景下中国高校应届毕业生就业状况有何变化？——一项基于2021年和2020年全国调查数据的实证研究》（以下简称《实证研究》）课题研究结果显示：中国高校毕业生考虑离职率略有上升。签约后是否考虑离职与就业满意度直接相关，会直接影响到岗稳定性。2021年已就业毕业生考虑离职的比例为10.54%，高于2020年的6.70%；不考虑离职的占61%，低于2020年的68.90%；不确定的为28.47%，高于2020年的24.40%。考虑离职的原因中最重要的原因是找到更好的工作（59.11%）。随后由高到低依次是受新冠疫情影响而考虑升学（12.71%）、家庭原因（10.81%）、其他（如自身无法适应、薪酬低等因素占10.59%）、疫情影响觉得该用人单位或行业发展前景堪忧（6.78%）。

（二）企业用工情况

用人单位裁员率在上升。在李涛的《实证研究》受调样本中有 69.69% 的用人单位表示不会裁员，有 8.75%、3.13% 和 2.19% 的用人单位计划分别裁员 20% 以内、21%～50% 及 51% 以上，尚不确定的有 16.25%。事实上，这比 2020 年裁员幅度更大，2020 年调研数据中有 80.40% 企业表示不裁员，仅 4.80% 和 1.70% 的用人单位计划分别裁员在 20% 以内和 21%～50%，无企业计划裁员占比 51% 以上。

（三）企业用人标准

用人单位的招聘标准在提高。在李涛的《实证研究》受调样本中发现八成用人单位认为疫情以来自身招聘标准在提高，这主要体现在对应届毕业生从单纯"学历要求"向"学历和能力要求"并重的转变，在同一招聘岗位学历要求逐年提高的基础上，对应届毕业生的综合能力提出了更高要求，用人单位最看重的应届毕业生能力由高到低依次是：沟通表达能力（85.94%）、专业技能（65.31%）、解决问题能力（61.56%）、自我管理能力（44.69%）、创新能力（34.06%）、合作能力（34.06%）、信息搜集处理能力（27.19%）、大数据应用能力（18.19%）、外语能力（12.19%）。

不难看出，疫情之下的就业形势发生了巨大变化。即将毕业的大学生，要认清劳动力市场的需求变化，结合自身的实际情况，针对性做出理性抉择。在人生发展的关键期，每一位即将融入社会发展的大学生，都要审时度势、积极准备、科学决策，为顺利进入社会打下坚实基础。

党的二十大报告指出："青年强，则国家强。当代大学生生逢其时，施展才干的舞台无比广阔，实现梦想的前景无比光明。"新时代的中国，在进入创新型国家前列的征途上，在推动经济高质量发展的进程中，需要大批性格坚毅、执着追求、积极创新的高素质劳动者和技术技能人才。

此外，党的二十大报告指出要实施就业优先战略。党和国家高度重视大学生就业问题，为高校毕业生实现更高质量和更充分就业创造了广阔的发展空间。《"十四五"就业促进规划》专设青年就业篇章，国务院办公厅专门印发了做好高校毕业生等青年就业创业的意见，推出了一系列有针对性的政策举措，各级地方政府也是不遗余力地帮助大学生就业创业，这极大地增强了当代高职大学生"好就业""就好业"的信心。

二、职业决策的含义

云课堂

做出理性的
职业决策
（上）

（一）决策的概念

决策就是从两种或多种可能性中选一种。具体而言，决策是指为达到一定的目标，从两个以上的可行方案中选择一个合理方案的分析判断过程，即决策是决策者经过各种考虑和比较后，对应当做什么和应当怎么做所做的决定。任何决策都会受到个人能力和动机的限制。

（二）职业决策的概念

职业决策是个人根据各种条件，并经过一系列活动以后进行的目标决定，以及为实现目标而制订优选的个人行动方案。

职业决策是一个复杂的认知过程，通过此过程，决策者组织有关自我和职业环境的信息，仔细考虑各种可供选择的职业前景，做出职业行为的公开承诺。从这个概念我们可以看出：职业决策是一个过程，而不单单是一种结果。

（三）决策与解决问题的区别

大学毕业需要找个工作，这是解决问题。而职业决策则不仅仅是找个工作的问题，它是在考虑了各种可能性的基础上得到的一种令人满意的方案。在解决问题时，方案是"积极"还是"消极"并不重要，决策却是个更加复杂的过程，因为它涉及求职者的价值观、信念、兴趣和才能。

人生中有很多情况需要做决定。有些事情是容易做决定的，比如看什么电影或是如何度周末。不过对于那些对我们生活有重大影响的事情，做决定就困难了，因为你会担心如果做出错误决定，结局就不会那么圆满。在生涯决策中，下面 5 项是比较重大的人生选择：选择何种行业；选择行业中的哪一种工作；选择所适用的策略，以获得某个特定的工作；选择工作的取向，即个人的工作作风；选择生涯目标或是一系列的升迁目标。

三、职业决策的步骤

在决策之前以及制订决策的过程中通常需要以下几步。

（1）觉察。出现一种逐渐强烈的不安感以至于求职者必须改变或做决定。这种感觉来源于内在和外在的压力。

（2）评估。要对改变的情况进行评估。求职者必须知道要解决的问题是什么。在决策过程中，求职者需要对自身和外界情况进行评估，明确现状与目标之间的差距。

（3）探索。收集自己以及相关职业的准确、全面的信息。另外，列一张支持要素表格。职业决策的相关信息包括：学习能力、成就、经验、兴趣和工作经历。

（4）选择最佳方案。职场中存在诸多变化，所以适合求职者的职业不是一成不变的，要综合多方因素选择最佳方案。

（5）执行。没有执行计划的决策不是成功的决策。这一执行计划包括求职者要采取的步骤、时间安排、截止日期以及实施每步可利用的资源。

（6）再评估。允许求职者进行调整，并观察是否能实现预期的目标。我们必须乐于再检查、再调整、随机应变。

四、职业决策风格的类型

美国职业生涯专家斯科特和布鲁斯认为决策风格是在后天的学习经验中逐渐形成的，决策风格可划分为五种类型：理智型、直觉型、依赖型、回避型和自发型。

（一）理智型

理智型以周全的考虑、对选择的逻辑性评估为特征。理智型的决策者具备深思熟虑、分析、逻辑的特性。这类决策者会评估决策的长期效用并以事实为依据做出决策。理智型的决策风格是比较受推崇的决策方式，它强调全面收集信息、理智思考和冷静分析判断，是其他决策风格的个体需要培养的一种良好的思考习惯，但理智型的决策风格也并不是理想的、完美的，即使采用系统的、逻辑的方式，也会出现因为害怕承担决策的后果而不能整合自己和重要他人观点的困扰。

（二）直觉型

直觉型以依赖直觉和感觉为特征，比较关注内心的感受。直觉型的决策风格以自我判断为导向，在信息有限时能够快速做出决策，当发现错误时能迅速改变决策。由于以个人直觉而不是理性分析为基础，这类决策发生错误的可能性较大，因此易造成决策的不确定性，使他人丧失对直觉型决策者的信心。

（三）依赖型

依赖型以寻求他人的指导和建议为特征。依赖型的决策者往往不能够承担自己做决策的责任，允许他人参与决策并共同分享决策成果。虽然这也许会得到他人的正面评价，但也可能因为简单地模仿他人的行为导致负面的反应。依赖型的决策者需要理解生活中重要的人对自己的影响程度。

（四）回避型

回避型以试图回避做出决策为特征。回避型的决策风格是一种拖延、不果断的方式。决策者由于不能够承担做决策的责任，而倾向于不考虑未来的方向，不去做准备，不知道自己的目标也不思考，更不寻求帮助。这样的决策者更容易被学校等支持系统忽略。所以，此类决策者需要意识到自身的决策风格及其可能造成的危害，努力调整，增强职业生涯规划的意识和动机，才能从根本上得到帮助。

（五）自发型

自发型以渴望即刻、尽快完成决策为特征。自发型的个体往往不能够容忍决策的不确定性以及由此带来的焦虑情绪，是一种具有强烈即时性并对快速做决策的过程有兴趣的决策风格。自发型决策者常会基于一时的冲动，在缺乏深思熟虑的情况下做出决策，通常给人果断或过于冲动的感觉。

五、职业决策的注意事项

云课堂

做出理性的
职业决策
（下）

（一）要结合自己的性格、特长和兴趣

职业生涯能够成功发展的核心，就在于所从事的工作正是自己所擅长的。例如，一个人性格外向、善与人沟通，有很好的交际意识，那么这个人就更容易成为一名成功的管理人员。制订职业规划一定要认真分析出自己的优缺点。从事一项自己擅长并喜欢的工作，会很愉快，也容易脱颖而出。这正是成功的职业规划的核心。

（二）要考虑到实际情况，并具有可执行性

很多人刚开始时充满雄心壮志，一心想着出人头地。但是实际中的工作，更多的却是一种积累的过程——资历的积累、经验的积累、知识的积累，所以职业规划不能好高骛远，而要根据自身和社会情况，一步一个脚印地去成就梦想。

（三）要有可持续发展性

职业决策不能只制定一个阶段性的目标，而应该做出一连串的、可以贯穿自己整个职业发展生涯的远景展望。如果职业决策过于短浅，又没有后续职业决策的支撑，容易使人丧失奋斗的热情，且不利于长远发展。

六、职业决策的工具与方法

（一）决策平衡单

决策平衡单(表2.6)主要是将重大事件的思考方向集中到四个主题上：自我物质方面的得失，他人物质方面的得失，自我赞许与否(自我精神方面的得失)，社会赞许与否(他人精神方面的得失)。

表 2.6　职业决策平衡单

	考虑项目 （加权范围 1~5 倍）	第一方案		第二方案		第三方案	
		得(+)	失(−)	得(+)	失(−)	得(+)	失(−)
自我 物质 的得失	1. 收入						
	2. 工作的困难						
	3. 升迁的机会						
	4. 工作环境的安全						
	5. 休闲时间						
	6. 生活变化						
	7. 对健康的影响						
	8. 就业机会						
	……						
自我 精神的 得失	1. 自己的能力						
	2. 自己的兴趣						
	3. 自己的价值观						
	4. 对社会地位的感受						
	5. 对经济收入的感受						
	6. 未来的发展性						
	7. 生活方式的改变						
	8. 挑战性						
	……						
他人 物质 的得失	1. 家庭经济水平						
	2. 在家庭的地位						
	3. 与家人相处的时间						
	……						

续表

考虑项目 （加权范围1~5倍）		第一方案		第二方案		第三方案	
		得(+)	失(-)	得(+)	失(-)	得(+)	失(-)
他人 精神 的得失	1. 带给家人声望						
	2. 便于和伴侣相处						
	3. 更多时间照顾父母						
	4. 和老师的交流						
	……						
合计							
得失差数							

填表方法如下。

第一步：在方案中列出所有选择的可能性方案。

第二步：在"考虑项目"一列中，根据个人关注的内容，填入在选择中需要考虑的因素。

第三步：将表的各项加权记分。

① 每个项目的得分或失分，可以根据该方案具有的优势（得分）、缺点（失分）来回答，计分范围1~10分。

② 给每个"考虑项目"赋予权重：重要性因人、因时、因地不同而有所差异。对于此刻的你，可以根据考虑项目的重要性与迫切性，给它们乘上权重，加权范围为1~5倍。

第四步：计算。

计算该评分的加权分数。

$$加权分数 = 权重 \times 分数$$

例如，"去中国铁路西安局集团有限公司"对"自由"的分数是5分，而"自由"这个因素的权重也是5分，那么"去中国铁路西安局集团有限公司"对"自由"的加权分数为：5×5＝25，据此计算所有的评分。

第五步：计算总分。

将选项的加权分数累加起来，就是该选项的总分。比较每个选项的分数差别。

第六步：反思。

现在，对着已经评分完的选项，你对自己的选择更清晰了吗？

问自己以下三个问题。

① 这个结果是不是明晰了我原先模糊的选择？

② 还有什么因素是我最初没有考虑，但是测评结果使我想到了？

③ 这些因素的重要程度需要重新考虑吗？

同学们可以细细思考，或者再调整自己的决策平衡单，直到你对这三个问题没有疑问为止。

（二）职业生涯幻游

职业生涯幻游是结合适当的语言引导、音乐背景，透过想象的画面，让个体去参与和体验自己未来的状况。幻游结束后，还要与大家分享幻游的情景，最终帮助你了解自己的期望和价值观，启发自己对未来进行合理规划。

找同伴给你读下面这段导语，要读得缓慢而温柔，最好是伴以轻柔的音乐，在有停顿标注的地方要停顿。

好，现在请你尽可能放松。在你的位置躺下或调整到你觉得最舒服的姿势，现在，闭上眼睛，尽可能放松自己(停顿)，调整你的呼吸，呼气(停顿)、吸气(停顿)、呼气(停顿)、吸气(停顿)。好，保持这样平稳的呼吸，接下来，放松身体每一块肌肉，放松(停顿)、放松(停顿)、放松(停顿)。

想象一下现在你已经坐上时空穿梭机，目的地是五年后的某一天。正好是清晨你刚醒来，是睡到自然醒还是被闹钟吵醒的？醒来是几点钟？你在哪儿？观察下四周是什么样子，你看到了什么？闻到了什么？听到了什么(停顿)？起床后的第一件事情是什么？(停顿)洗漱完你正在考虑要穿什么衣服去上班，你最后决定穿什么衣服？(停顿)，想象下你正站在镜子前面装扮自己，当你想到今天的工作时你的感觉怎样？是平静、激动、厌倦还是害怕？(停顿)你现在正在吃早饭，有人和你一起吃吗？还是你一个人吃？(停顿)现在你准备去上班，出门后回头看看你住的房子，它是什么样子的？(停顿)

好，现在出发。你乘坐什么交通工具去单位？有人和你一起吗？如果有的话，是谁呢？当你走时注意周围的一切。(停顿)单位有多远？(停顿)到达单位了，想象一下单位是什么样子的，它在哪里？看起来怎么样？(停顿)现在你走进工作的地方，那儿都有些什么人？多少人跟你一起工作？他们在做什么？单位的人都是怎么称呼你的？(停顿)你的办公室是什么样子的？接下来你要做什么？(停顿)想象一下你上午都做了些什么？你是用你的思想在工作还是做一些简单的事务性工作？你是跟别人一起工作，还是主要是独自工作？是在户外还是室内工作？(停顿)

现在上午的工作结束了，你该吃午饭了。你去哪里吃饭？跟谁一起吃饭？你们谈些什么？(停顿)现在回到工作中来，下午的工作与上午的工作有什么不同吗？(停顿)你一天的工作结束了，这一天让你感觉到满足还是沮丧？为什么？(停顿)今天你还想去别的地方吗？(停顿)在这一天当中，你还想做的是什么？(停顿)

现在，你回家了，有人欢迎你吗？(停顿)回家的感觉怎样？(停顿)你如何与家人分享这一天所做的事？(停顿)你准备去睡了。回想这一天，你感觉如何？(停顿)你希望明天也是如此吗？(停顿)你对这种生活感觉究竟如何？(停顿)过一会儿，我将要求你回到现在。好了，你回来了……看看周围的一切，欢迎你旅游归来。喜欢你幻游的生活吗？喜欢的话可以分享你的经历。

如果参与者不想分享幻游的生活，可以花些时间思考下列问题。

(1) 我对五年后典型一天的描述。

① 我对五年后从事的工作的描述。

工作是_____。

工作内容是_____。

工作的场所在_____。

工作场所周围的环境_____。

工作场所周边的人群_____。

② 我对五年后的生活状态的描述。

婚姻状况　□已婚　□未婚　□其他＿＿＿＿＿＿＿＿＿＿＿＿＿＿＿。

家庭成员有子女＿＿＿＿＿＿＿人。

是否与父母住在一起＿＿＿＿＿＿＿＿＿。

居住的场所在＿＿＿＿＿＿＿＿＿。

居住场所周围的环境＿＿＿＿＿＿＿＿＿。

居住场所周围的人群＿＿＿＿＿＿＿＿＿。

（2）请说明下列问题。

我在进行幻游过程中，印象最深刻的画面是＿＿＿＿＿＿＿＿＿。

我在进行幻游后，对比与现在环境最大的不同点是＿＿＿＿＿＿＿＿＿。

我在进行幻游后，最深的感受是＿＿＿＿＿＿＿＿＿＿＿＿＿＿＿＿＿＿＿＿＿。

（3）在进行幻游后，我觉得未来的生涯发展会是怎样的。

我认为我未来会从事＿＿＿＿＿＿＿＿＿＿＿＿＿职业。

我认为我的未来会与幻游过程相关吗？

□是　　　□不是　　　□其他＿＿＿＿＿＿＿＿＿＿＿＿＿＿。

活动亲历

如何为理性职业决策打下基础?

小组成员在团队领导者的带领下，进行本堂课的讨论，并由团队领导者记录发言情况，只摘录主要观点，不计分。本节内容学习结束后，需要同学们完成《大学生就业与创业指导自助式成长手册》中"环节三 就业行动实施"的"职业生涯人物访谈（示范模板）"任务，选取适合自己职业目标的人物，按要求进行科学访谈，为理性客观的职业决策打下基础。

第三章

了解企业，权益知晓

时代到处是惊涛骇浪，你埋下头，甘心做沉默的砥柱；一穷二白的年代，你挺起胸，成为国家最大的财富。你的人生，正如深海中的潜艇，无声，但有无穷的力量。

——2013年感动中国年度人物"中国核潜艇之父"黄旭华颁奖词

在这一章中，你将：

- 了解当前的就业形势。
- 了解企业文化与企业雇主情况。
- 了解企业用人标准。
- 了解有关就业的政策法规。
- 了解如何签订就业劳动合同和社会保险。
- 了解如何防范求职陷阱。

第一节 分析劳动力市场的信息

思维训练

案例 10

经过三年的大学生活，王子奇认识了不少好朋友，比他高一届的杨超就是其中之一。

毕业前，杨超语重心长地对王子奇说："现在想找一份合适的工作很难，我这次找工作动手太迟，你以后要多吸取我的教训啊！我这有一些找工作的资料，是我收集的，留给你，你一定用得着。"

王子奇接过一看，高兴坏了，不仅有近几年的人才招聘信息，还有学长自己动手整理的应聘技巧和求职攻略。他非常庆幸在大学里认识了这样一位好朋友，也深知好朋友对他的期望。于是，他利用课余时间反复研究这些资料，结合自身情况和最新招聘信息总结出适合自己的就业方案，并在之后有限的时间内严格执行这套方案。最后，当别的同学都急于找用人单位的时候，他已经制作了针对性很强的个人简历，投递给 10 家有最适合他的岗位的用人单位。

2023 年春节后，各种渠道的信息慢慢反馈回来了，出乎他的意料的是，同时有 7 家单位愿意接收他或邀请他去面试，用人单位对他如此熟悉该公司的情况惊讶不已。

经过多轮面试和反复权衡，王子奇最终选择了一家最适合自己的公司，决定先去那里实习。经过一段时间的接触，他和公司都非常满意。就这样，当其他同学还在毫无头绪地忙着找工作的时候，他已在计划着如何更好地在自己的岗位上发挥潜力了。

思考：

（1）王子奇的求职准备与其他同学有何不同？

（2）为什么 10 家单位有 7 家都愿意面试王子奇？

（3）成功求职需要我们做哪些准备？

一、劳动力的含义

劳动力在劳动力经济学层面的含义主要有三种：一是指人的劳动能力；二是指有劳动能力并从事劳动活动的人，也就是提供劳动能力的劳动者；三是指一个国家、一个地区或一个部门的劳动者的总和。

在市场经济中，劳动力市场交换的对象是劳动能力，而非具有劳动力的劳动者本人。劳动者只是付出自己的劳动能力，而非劳动者自身，劳动者自身仍然享有自由、公平、健康等基本权利。

二、劳动力市场的含义及类型

（一）劳动力市场的含义

在经济学层面，劳动力市场也称作劳动市场、人才市场。具体来说，一是市场经济运行中劳动力供求双方自愿地进行劳动力使用权的转让、购买等活动的总和；二是劳动力交换的场所与空间；三是按照市场规律对劳动力资源进行配置和调节的一种运行机制。

（二）劳动力市场的类型

劳动力市场的类型多种多样，根据不同的标准，有不同的划分结果。

1. 按市场的竞争自由度划分

按市场的竞争自由度划分，劳动力市场可以划分为完全竞争市场、垄断市场、不完全竞争市场。

完全竞争市场是一种理论型市场，其特点是完全由市场自身规律进行调节，不受市场以外的其他因素影响。该市场具备完全的市场信息，供求信息基本匹配，而且具有充分的流动性。

垄断市场是一种与完全竞争市场相对立的极端形式的市场类型。垄断又分为买方垄断和卖方垄断。买方垄断指的是在面对众多的劳动力供给者时，就业机会由一家或者少数几家劳动力需求方所掌握。卖方垄断指的是少数劳动力供给者掌握了主动权，拥有与劳动力需求方谈判的能力，使得劳动力市场的交易倾向于劳动力供给者。

不完全竞争市场是介于完全竞争市场与垄断市场之间、市场力量与非市场力量相互作用而形成的一种市场类型。买卖双方不仅受到市场因素的引导，还受到行政因素的限制，其竞争强度是有限的。不完全竞争市场是现实中比较常见的一种市场类型。

2. 按劳动力交易的社会条件划分

按劳动力交易的社会条件划分，劳动力市场可以划分为一级劳动力市场和二级劳动力市场。

一级劳动力市场，是指就业条件好、员工福利待遇好、拥有较为完善的就业培训体系和晋升制度以及劳动关系比较规范的市场类型。在该种市场上，劳动力需求方一般为实力雄厚、规模较大的企业单位，能为劳动力供给者提供好的就业环境、待遇等；而劳动力供给者相对地拥有较强的实力，有着一定的专业技能、道德素养，符合一级市场的需求。

二级劳动力市场，指的是就业条件比较差、交易质量比较低、工资普遍不高、劳动关系不够规范的市场类型。在该市场上，劳动力需求方的规模一般不大，利润有限，不能支付高工资；劳动力供给者，由于缺乏一定的人力资本投入，没有专门的技能，专业素养不够高。

三、高校毕业生就业形势

我国人口基数大、劳动力供给过剩的总体格局决定了就业问题在当下将是一个比较突出的社会问题，这主要表现在以下几个方面。

云课堂

融入时代
担当使命

（一）高校毕业生数量逐年上升

国家统计局人口和就业统计司有关领导表示，我国就业形势虽然保持稳定，但仍面临着挑战和压力。2023 年高校毕业生规模达到 1 158 万人，比上年增加 112 万人；2023 年考研人数达 474 万人，比上年增加 17 万人。招聘平台数据显示，2023 年春节后的第一周，"海归"优先职位数和"海归"求职人数均呈现上升的态势，留学生回国就业已成为发展趋势。不难预见，未来，我国就业人数的规模和增量会不断刷新历史。

（二）传统保守的就业理念加剧就业难

中国人民大学中国就业研究所与智联招聘联合发布的《2022 年二季度高校毕业生就业市场景气报告》显示，在高校毕业生破千万人的就业压力之下，高校毕业生纷纷将国企和公务员作为求职首选，求稳求编制的心态进一步增加其就业的难度。

（三）行业性人才供需不平衡

随着国家政策的调整及监管力度的不断加强，直播、教培、房地产等曾经"野蛮生长"的行业，在2021年进入规范化时代；另一方面，之前的疫情让旅游、餐饮等行业受到不小的冲击。在就业形势依旧严峻、就业环境复杂多变的情况下，"求稳"成了部分高校毕业生择业心态的真实写照。

（四）企业转型需要的人才能力结构变化

云课堂

国家政策性
就业内容

云课堂

政策性就业
——三支一
扶岗位简介

知识坊

高校毕业生
应征入伍
政策

之前的疫情加速了产业结构转型升级，不少产业通过转型升级或兼并、重组、联合、股份化等方式增强自身竞争力。这在一定程度上对学生的综合素质提出了更高的要求，比如网络应用能力、自学能力、语言表达能力、创新能力、团队合作能力、独立工作素质、心理素质等。

综上，未来一段时期内，人岗不匹配的结构性矛盾仍将成为就业领域的主要矛盾，"招工难"与"就业难"并存。同时，受外部环境因素影响，企业生产经营仍面临困难，加上生产方式变革和劳动生产效率提高，都会直接或间接导致劳动力需求增长缓慢。

面对此种情况，为推进高校毕业生就业，我国积极拓宽就业渠道。党的二十大报告针对就业的难点和焦点，部署实施就业优先战略，强化支持、加强保障，为劳动者端好"饭碗"注入强大的力量。

目前，国家通过政策性就业措施，鼓励各类学生奔赴祖国最需要的地方，具体政策如下：作为高校毕业生，毕业时可参加"三支一扶"项目、"选调生"计划、农村义务教育阶段学校教师特设岗位计划、大学生志愿服务西部计划、大学生志愿服务乡村振兴计划、科研助理岗政策、高校毕业生就业城乡社区专项计划，可享受特招医学院校毕业生政策、大学生应征入伍服义务兵政策、访企拓岗专项相关政策等。同时国家还为高校毕业生提供毕业生就业市场三级服务体系介绍和查询就业信息的网络平台，更加便捷高效地推动高校毕业生施展才华，成才成长。

四、高职生的就业优势

云课堂

判断行业
发展趋势
（上）

（一）高职教育发展的经济背景优势

目前，我国高等学校分为研究型、教学研究型、教学型和技能教学型四类。高职院校属技能教学型高校，社会服务的特征与高职教育的特征紧密结合。高职教育具有鲜明的区域性和行业性特征，它的主要任务是为区域和行业提供技术应用型和高素质技术技能人才。当前，我国提出进入创新型国家前列的目标，这将助推高职教育的新发展。从总体上分析，随着我国经济社会的发展，高职教育的质量和水平将有较大提高，应用型研究和开发的功能将逐步强化，师资水平尤其是实践能力将有较大提升，管理体制改革也将得到进一步深化，由此进入一个持续稳定发展的新时期。

（二）高素质技术技能人才的严重不足

党的二十大报告明确把大国工匠和高技能人才作为人才强国战略的重要组成部分。可见，技能人才特别是高素质技术技能人才已成为中国式现代化建设的人力资源的刚性需求。加快建设国家战略人才力量，既要努力培养更多"大师、战略科学家、一流科技领军人才和创新团队、青年科技人才、卓越工程师"，也要努力造就更多"大国工匠、高技能人才"。

高素质技术技能人才被人们形象地称为"灰领"，显然是因为这一类型的人才介于决策管理型的"白领"和操作执行型的"蓝领"之间。一般认为，高素质技术技能人才是在生产和服务等领域一线岗位上熟练掌握专门知识与技术、具备精湛的操作技能、在生产的关键环节发挥作用、能够解决生产操作难题的人员，主要包括获得国家职业资格证书的高级技工、技师、高级技师或具备相应技能水平和职业资格的劳动者。

产业工人的素质直接影响产品的质量、事故发生率和科技成果的转化率。技术创新也将更多来自基层，尤其是一线技工的实践。那些亲身参与实践的一线技术工人、高级技术工人是技术自主创新的重要源泉。

（三）高职教育的特色优势

（1）高职的人才培养模式。目前我国高职院校根据社会的需求，培养的是"理论知识够用，有比较强的实际操作能力"的应用型、技能型人才，毕业即达到职业上岗的综合素质要求。

（2）高职生的知识结构。高职院校的职业教育模式一般是就业教育：将按人才成长规律设置的专业与社会的需求紧密结合，并按用人单位对职业岗位的知识与能力要求开设课程，把基本技能与应用能力的培养培训摆在突出的位置。毕业生在就业岗位用得上、留得住这些高职期间掌握的知识。

（3）高职生的心理预期。高职生很清楚自己在就业市场的定位，他们一般比较务实，心理预期接近市场现状，很少有好高骛远的想法。

所以在就业大军中，高职生一般面向三个愿意：面向西部、面向基层、面向中小私营企业。这就显出了他们的优势所在。

（四）社会用人单位对高职生的需求优势

社会的长远发展除了需要专门人才，还需要更多高素质的普通岗位的技术应用人才，即社会用人单位需要用得上、用得起、留得住的人才。高职的培养目标正是定位在培养高级技术应用型人才的社会需求上，因此高职毕业生在就业时具有较为明显的优势。

五、高职生的就业劣势

高职生在就业大军中也有劣势，其就业存在一定的不利因素。影响高职生就业的不利因素有以下几点。

（一）职业教育本身的不成熟、不完善

我国高等职业教育的发展历程与普通高等教育的发展历程有较大区别，在社会认同方面存在相当的差距。普通高等教育注重理论，讲究基础全面；相比之下，高职教育则注重实践、强调操作。

高等职业教育是我国高等教育的一个类型，具有明显的中国特色和时代特征。它既有高等教育的属性，又有职业教育的特色。在中国高等教育领域中，"学科型"教育在相当长的时间内是人才培养的唯一模式，许多人一直视其为"正

云课堂

判断行业
发展趋势
（下）

统"，从而对其他教育模式持怀疑态度。

（二）社会价值观对技术型人才的忽视

几千年来，我们的文化形成了"劳心者治人，劳力者治于人""学而优则仕"等观念，体现在唯仕唯学、重仕轻工、重学历轻技能等方面。人们普遍认为只有管理岗位才能算作人才，从事体力劳动的工人，即使是技术工人也不能称之为人才，社会地位较低。这种扭曲的价值观念是导致我国技术型人才严重短缺的思想根源和社会根源。这种观念深深植根于中国社会，影响了人们教育与就业的选择。

（三）高职生自身在就业过程中存在一些错误的思想和误区

一是"等、靠、要"的依赖思想很普遍；二是急功近利，片面强调短期待遇，忽视长远发展；三是对自身认识不足，对求职准备不充分，遇到困难不知应如何解决，心理波动大。

拓展阅读

工匠精神——中国制造在呼唤，职业教育应担当

什么是工匠精神？工匠精神是指精益求精，追求完美和极致的一种理念。工匠们喜欢不断雕琢自己的产品，不断改善自己的工艺，享受着产品在双手中升华的过程；工匠们对细节有很高的追求，对精品有着执着的坚持和追求，把品质从99%提高到99.99%，其利虽微，却长久造福于世；工匠们热爱自己所做的事，胜过爱这些事所带来的收益和好处；工匠们不跟别人较劲，永远跟自己较劲。

当今各国，职业教育水平最为人称道的无疑是德国和日本。这两个国家都是制造业，尤其是高端制造业极为发达的国家。一定意义上，制造业文化就是工匠文化，尤其是高端制造业，往往需要从业者具备很强的"工匠精神"。

其实德国的"工匠精神"也不是与生俱来的，而是衡量在现代国际竞争中的比较优势而做出的一种主动选择。德国最擅长的在于较传统的汽车、机电、机械、仪表等产业，而在计算机、互联网、生物科技、金融等高科技、前沿创新领域并不突出。制造业，尤其是高端制造业，正是他们在国际竞争协作体系中的最佳落点。

由此可知，一个国家的人力资源结构必须与其产业结构相适应。在人力资源结构中，德国技能型人才占78%，学术型人才占了22%，瑞士技能型人才占82%，学术型人才占了18%，正是这样的人力资源结构支撑了它的经济结构，才让这些国家的核心竞争力排在世界前10位，才让他们在每次金融危机中没有倒下。

习近平总书记就加快职业教育发展作出重要指示。他强调，职业教育肩负着培养多样化人才、传承技术技能、促进就业创业的重要职责，必须高度重视、加快发展。习近平总书记指出，要着力提高人才培养质量，弘扬劳动光荣、技能宝贵、创造伟大的时代风尚，营造人人皆可成才、人人尽展其才的良好环境，努力培养数以亿计的高素质劳动者和技能人才。要努力建设中国特色职业教育体系。要努力让每个人都有人生出彩的机会。要把提高职业技能和培养职业精神高度融合，不仅要培养大批怀有一技之长的劳动者，而且要让受教育者牢固树立敬业守信、精益求精等职业精神，使"中国制造"更多走向"优

质制造"和"精品制造"。

习近平总书记讲传承技术技能和劳动光荣、技能宝贵、创造伟大的时代风尚，就是要寻找中国的"工匠精神"。职业学校是教育改革发展的前沿阵地，需要以工匠精神为感召，开拓创新，奋勇拼搏，努力推动职业教育为经济发展、社会进步做出新的更大的贡献！

📢 活动亲历

如何将自我发展融入时代大潮？

小组成员在团队领导者的带领下，进行本堂课的讨论，并由团队领导者记录发言情况，只摘录主要观点，不计分。

第二节 探索企业认知的路径

📍 思维训练

案例 11

某高校举办的一次"听师哥师姐聊工作"的座谈会上，在中国铁路上海局集团有限公司工作的已有两年工龄的小李被邀请回学校，与同学们进行了一场了解职场的近距离交流。

主持人：师兄，在铁路系统工作两年了，您最大的感受是什么？

小李：最大的感受就是工作不容易，想要做好车辆检修工作更不容易。一是工作时间需要适应，适应上夜班和白天睡觉。二是铁路工作是个非常严谨、不能出一点差错的工作，安全教育与安全考核是经常的事，压力大。两年时间，自己过去比较随意的性格被改变了许多，工作一点点地磨砺人。

主持人：铁路文化，不同于其他企业文化的地方，您感觉体现在哪里呢？

小李：一是严，二是严，三还是严。因为这是和人民的生命息息相关的行业，我们每天检修的车辆不能出一点差错，每天自己检修哪个部分，怎么检修，检修到什么程度，单位和师傅都会不停地培训我们，直到我们熟练并且准确地掌握如何独立保质保量地完成工作。

主持人：有没有后悔过到铁路上工作？您今后有什么打算吗？

小李：有过迷茫。但单位是自己选的，不后悔，选了就好好干，否则当初就不要选。我想以后考个本科，继续学习。不管以后怎么样，我还是想再多学点，尤其是在工作中，总是感觉自己知道得太少，当初在学校应该再努力些。你们可要珍惜现在的学习机会啊。

69

思考：

（1）企业文化对小李的职业发展有何影响？

（2）你最渴望了解哪个行业或哪家企业？

（3）如何更快地适应企业文化，让自己有一个良好的职业开端？

一、企业文化概述

云课堂

掌握企业
用人标准
（上）

（一）企业文化的含义

企业文化是企业为解决生存和发展问题而形成的，集中体现企业经营管理的价值观念和行为规范。企业积极向员工宣传企业文化并在日常工作中引导和约束员工的观念和行为，员工的观念和行为也会反作用于企业文化，对企业文化的发展、变化产生影响。

高职生在选择未来的雇主时，公司特有的企业文化是需要考虑的因素之一。许多学生没有注重企业文化，他们的个人观念和工作方法与他们选择的公司的企业文化之间有明显的冲突，结果在做第一份工作时就感到失望和不快。

（二）企业文化的构成

1. 经营哲学

经营哲学也称企业哲学，是指导企业行为的基础，也是一个企业特有的从事生产经营活动的方法论原则。在激烈的市场竞争环境中，企业需要受科学的方法论的指导，用一套逻辑严密的程序来决定自己的行为，这就是经营哲学。例如，日本松下公司"讲求经济效益，重视生存意志，谋求生存和发展"的战略决策哲学。

2. 价值观念

企业的价值观念，是企业全体职工共同的价值准则。只有在共同的价值准则基础上，才能产生企业正确的价值目标。只顾企业自身经济效益的价值观，会让企业偏离发展方向，不仅会损害国家和人民的利益，还会影响企业形象。例如"三鹿毒奶粉事件"，就是典型的只顾眼前利益的短视行为，它使企业失去信誉，导致企业最终灭亡。我国老一代的民族企业家卢作孚（民生轮船公司的创始人）提倡"个人为事业服务，事业为社会服务，个人的服务是超报酬的，事业的服务是超经济的"，从而树立起"服务社会，便利人群，开发产业，富强国家"的价值观念。这一为民为国的价值观念促进了民生轮船公司的发展。

3. 企业精神

企业精神是企业文化的核心，通常用一些既富于哲理又简洁明快的语言予以表达，便于职工铭记于心，时刻激励自己；也便于对外宣传，在人们脑海里迅速形成印象，从而在社会上形成个性鲜明的企业形象。海尔集团的企业精神不断迭代：第一代（1984—2005年），无私奉献、追求卓越；第二代（2005—2012年），创造资源、美誉全球；第三代（2012—2019年），诚信生态、共享平台；第四代（2019—现在），诚信生态、共赢进化。

4. 企业道德

企业道德是指调整本企业与其他企业之间、企业与顾客之间、企业内部职工之间关系的伦理标准和行为规范的总和。它从伦理关系的角度，以善与恶、公与私、荣与辱、诚实与虚伪等道德范畴为标准来评价和规范企业。

中国老字号同仁堂药店三百多年长盛不衰的原因，就在于它把中华民族传统美德融于企业的生产经营过程之中，形成了具有行业特色的职业道德，即"济世养身、精益求精、童叟无欺、一视同仁"。

二、高职生第一位雇主的选择

（一）选择雇主中的常见问题

1. 职业信息不对等

云课堂

掌握企业
用人标准
（下）

企业的人力资源主管是职场老手，在鉴别学生是否适合企业方面有相当丰富的经验。同时，他们会从学校就业指导部门、各系部、学生简历、招聘面试等渠道，获得较为全面的学生信息。被挑选的一方，大多是从一个校门到另一个校门的学生，他们没有工作经验，也没有见过多少世面，更不知如何挑选企业，有些学生被动到"只要你选择我，我就跟你走，不管你是谁"的程度。

一项针对高职生毕业找工作的调查显示，在回答"你了解想要进入的行业的发展前景吗"问题时，有29.6%的人曾经向业内人士咨询过该行业的情况；有17.9%的人认为自己进入的行业是个热门行业，前景乐观；选"没有研究过"的比例高达52.5%。大多数学生并不了解自己想要进入的公司的发展前景、用人制度、企业文化、人际关系等。有一部分学生对自己即将在一个什么样的平台上迈出人生第一步只有模糊的概念，甚至根本没有目标。调查发现25.6%的人"不清楚求职目标公司的选才要求和用人标准"，32.6%的人表示"大概能想象"，而在目标公司实习过并深入了解企业情况的人只有8.9%。在职业信息极为不对等的情况下，盲目选择、从众选择导致不少学生进入用人单位后少则一周、多则三个月就离职，给企业、学校、个人都带来不同程度的负面影响。

因此，提高高职生对职业信息的收集处理能力相当重要。

2. 决策方式不完善

高职生的决策方式通常分为四类：理智型、冲动直觉型、依赖型、拖延犹豫型。在不知己、也不知彼的情况下，高职生的决策模式往往是后面三种，这也是有些学生被录用了却又反悔的主要原因。独立思考问题能力的欠缺，不去规划未来，不去设定奋斗目标，自然会让他们在面临人生重大问题的选择时充满焦虑和担心，冲动、依赖、犹豫成为主要的决策状态，且直接影响到了他们的就业稳定性。

3. 职业目标不清晰

目标感缺失，无法做到高瞻远瞩，只想今天怎么办，不为明天做打算，这种想法以接受现实为由，让不少高职生越来越迷茫。不知哪个雇主更适合他，也不知哪类雇主有更适合他的职业兴趣领域，在盲目中选择，又在盲目中跳槽，再盲目选择，进入到一个恶性循环的怪圈。不知不觉中，高职生们为此付出了时间、精力、心态、经验、财富等惨重代价。

4. 职业心态理想化

刚步入社会的高职生工作经验相对较少，对未来生活充满期待与理想。有些毕业生进入企业就业前，对企业、社会期待过高，对一切环境理想化，对企业的管理文化了解不够。

（二）选择潜在雇主的路径

（1）思考"我想为什么样的雇主工作？"政府机关、外企、国企、知名企业、中小企业，还是自己创业？

我想为＿＿＿＿＿工作。理由是：＿＿＿＿＿＿＿＿＿＿＿＿＿＿＿。

当你决定了工作的大致领域，就应该想想准备加入什么样的机构。当然，不一定要加入一个机构，你也可能创业，为自己打工。

（2）当你决定了求职方向后，接下来就是选择雇主，并决定去哪家公司工作。有那么多的企业、机构供你选择，而各个企业、机构在企业文化、企业规模、地理位置、产品种类、行业前景等方面又各不相同，你该如何选择适合你的企业呢？表3.1为你提供了一个评估未来就业企业的方法。

表 3.1 对未来就业企业的评估

品质	对你是否重要	评分等级				
		极差	较差	一般	好	优秀
优秀的组织能力/市场营销素质	是/否	1	2	3	4	5
良好的企业声誉						
有吸引力的工作地点						
良好的职业发展前景						
多样化的工作任务						
成为专家的概率						
培训计划						
晋升制度						
职业发展支持体系						
有发展前景的产品						
优秀的企业文化						
工作环境及待遇						
工作与生活的平衡体系						
令人愉快的工作团队						
其他方面						

（3）了解获取雇主真实信息的途径。

① 行业发展前景。行业信息的获取是相当重要的，可以通过互联网或相关专业资料查询，了解行业发展的区域特点、技术优势等。

② 公司介绍。各校就业指导部门会为毕业生准备招工单位的相关资料，包括公司简介、空缺职位、招聘对象、福利待遇等。各大招聘服务平台网站给求职者提供了信息筛选和横向比较的便利。另外，求职者还可查阅近期与公司有关的新闻报道或文章。

③ 晋升机制。通过公司网站、学校就业服务中心、招聘会、直接工作经历或与在公司工作的人直接接触进行了解或考察。

④ 雇主情况。要知道是谁在领导这个公司。要尽可能查到企业经营者与管理者或实际所有者的背景、经历等重要雇主信息。

（4）学会鉴别信息真伪。

学会鉴别信息的真伪本身就是一种信息获取的能力。一些机构或公司的宣传资料有问题。虽然这些机构没有必要故意给人以假象，但是信息造假的成本很低，每一个求职者都应该提高警惕。

（5）客观、全面地看待所获得的雇主信息。

具体包括以下几个方面。

① 认识到宣传资料的宣传功能。招聘说明会、企业宣传手册等，是展示公司外部形象的重要手段。现在许多企业意识到对毕业生夸大期望会给个人和企业带来很多后患，于是开始转为实事求是地介绍情况，但是一些毕业生及求职者仍旧不知道哪些是经过修饰加工的介绍，哪些是企业的实际情况。

② 敢于打破常规。不要只靠毕业时由学校提供的信息来了解雇主，还要利用其他的信息媒介，如互联网、图书馆等，尽可能找到更多有关的公司情况。

③ 了解内幕。了解一家公司情况的最好方法是亲自在那儿工作。如果你是在岗位实习或是寒暑假实习，那你可以把你的毕业论文选题确定在这家公司。另外，你也可以与在那工作过的人交流、了解信息。你还可以听取你的就业指导老师或是与该公司有过交往的人的建议。全面了解信息，是必不可少的准备环节。

④ 通过调查获得更详细的资料。带着一些尖锐的问题去招聘会，直接向企业人力资源部门了解公司的状况，不要脑子里一片空白就与对方签了就业协议，这是对自己、对企业都不负责任的表现。

如果你可以很好地领会以上五个部分的内容，那么，你就是在做有效的准备，不是盲目"上战场"。

拓展阅读

新员工如何理解企业文化?

企业文化的最高境界不是要求员工做到什么，而是企业能为员工提供什么；不是要求员工如何提升企业，而是要求企业如何提升员工。对于新员工来讲，一个刚参加工作的人是要先去做一些不起眼的事情，从基础性工作中积累经验。当他勤勤恳恳地工作一段时间后，这些经验必然会转化为成果，他也会逐渐受到关注。

企业管理者要想使新员工认同企业文化，取决于两方面的工作：第一，选择具有与企业相同或相近价值标准的员工；第二，开展培训使新员工适应企业的价值标准要求。从这个角度讲，规范化是企业文化的先行保障。

企业文化的最基本要求就是"规范"人。只有每一个员工都愿意承认并接受这种规范，企业文化才能真正发挥作用。但是，这种规范不同于企业制定的各种规范。规范和文化的区别就在于组织对个体的不同引导上：规范强制人达到最低标准，而文化引导人达到最高标准。规范的目的是让人们遵守，达不到或者违反了这种要求就要受到惩罚。而文化的目的是让人们实现更高的追求，让人们认同自己从属于某种文化并感到光荣和自豪，并且愿意为维护这份荣誉而自觉自愿地做得更好。

惩罚的目的在于让人们达到最低标准，奖励的目的在于让人们追求最高标准。这就是规范和文化的区别。你要避免某种行为，就惩罚这种行为，这就是企业规范；你要提倡某种行为，就奖励这种行为，这就是企业文化。对于企业而言，"追求最好"还是"避免最坏"，就成了区分企业文化和企业规范的出发点。因此，企业文化体现个体和组织的价值、意义和追求，企业文化的最终目的在于提升员工的生命质量和价值。

因此，作为一个职场新人，你可以选择为一个员工士气低迷的企业工作，也可以选择为一个员工士气高昂的企业工作，但最重要的是你必须明白自己的发展目标。另一方面，针对新员工，企业管理者首先要做的不是急着去发挥新人的工作效能，而是先让他们融入组织。

◢ 活动亲历

如何挑选第一位企业雇主？

小组成员在团队领导者的带领下，进行本堂课的讨论，并由团队领导者记录发言情况，只摘录主要观点，不计分。

第三节 掌握企业用人的标准

◉ 思维训练

案例 12

用人不完全看毕业院校

许多互联网公司选用人才时，基本遵循两条标准。

有没有能力和潜力胜任工作？一般情况下，新人不一定能顺利完成工作任务。新人可以犯错，但是经过点拨之后，不能再犯同样的错误。"一点就通"显示出新人的能力和潜力。

认同不认同公司文化？互联网公司普遍推崇保持创业激情、愿意学习、富有创新的公司文化。但是有些人求稳，不愿意冒险，不愿意在高速成长的环境中工作，希望有一份稳定的工作和生活，那么这类人就不太适合互联网行业。

一般互联网公司内部的晋升基本分为两条道路，分别为技术晋升道路和管理晋升道路。技术人员可以按照技术职称一步一步提升，最高可以到副总裁级别。如果更擅长管理，可以从管理角度发展。

天生我材必有用。高职生只要有过硬的本领，依旧可以在互联网时代展翅高飞。要提前准备、积极适应、努力拼搏、高效工作，用实力敲开优秀公司的大门。

会做人，会做事，是现代职场所看重的。做人包括做一个好下属，做一个好同事，做一个好领导；做事就是不断学习，提高业务技能。虽然不同企业的企业文化不同、用人标准也不尽相同，但它们之间还是有相同之处。那么，企业到底喜欢什么样的员工呢？

一、企业的用人标准

云课堂

厘清岗位
工作标准
（上）

（一）修身做人，"品格"至上

品格是人性中很重要的东西。职场上，真正的成功之士，必是品德高尚之人。让人品熠熠生辉的八个因素有：正直如山、善良如水、宽容似海、仁爱在心、诚实守信、自律自制、学会感恩、知足常乐。微软公司中国区前总裁李开复强调"我把人品排在所有素质的第一，超过了智慧、创新、情商、激情等"，他认为一个人的人品如果有了问题，公司就不值得去考虑是否雇用他。一个人学问再好，能力再强，如果人品不好，将会对企业造成极大的损害。

（二）了解自我，注重健康

通过对自我的了解，选择适合自己的工作。职业目标明确，自我管理能力强的人不会人云亦云、随波逐流，即使他们面临挫折，也会努力投身其中并为之奋斗，对财富、家庭、社交、休闲等进行切实规划，在工作中充分发挥主观能动性。

一个身体健康的人，做起事来精力充沛、干劲十足，并能担负较繁重的工作，不会因体力不支而无法完成任务。一个心理健康的人，能够更好地调节和适应工作环境、人际环境。

（三）踏实认真，敬业乐业

对用人需求的调查结果表明，做事踏实认真是职场遴选人才优先考虑的条件。工作积极主动、做事不计较得失、不为自己找借口、敬业乐业、责任感强的人在职场中是最受欢迎的；而那些动辄想跳槽、耐心不足、不虚心、办事不踏实的人，则是在职场中最不受欢迎的。一般来说，工作成效的高低往往取决于对工作的态度，与人的智力相关不大，此项标准也备受职场人的认同。

（四）善于沟通，合作和谐

个人即使再优秀、再突出，仅凭自己的力量也难以取得事业上的成功。凡是能够顺利完成工作的人，必定具有合作精神和团队意识。个性极端或太富理想的人，较难与人和谐相处，即使满腹才学，也难以施展。因此想做好一件事情，不能仅凭个人爱好独断专行。只有通过不断沟通、协调、讨论，从整体利益优先考虑，集合众人的智慧和力量，才能做出为大家所接受和支持的决定，才能把事情办好，才能在职场中从容行走。

（五）知识专精，"职感"敏锐

现代社会分工越来越细，各行各业所需的知识越来越专业且精深。因此，专业知识的水平已成为职场中重点考虑的问题。

"职感"敏锐是指职业敏感性，包括职业人对自己的兴趣、优势和不足的自知能力；包括对组织结构的变化、经营环境的变化、新技术的采用以及对自己从事的工作岗位和职业影响的感知能力。职业敏感性强的人能及时收集各种信息，做好职业应对的准备。专业能力高、分析能力强、反应敏捷、能快速有效地解决问题的职场中人，将备受重视。

（六）潜力无限，开拓创新

拥有较强的学习意愿、善于开拓创新的职业人，在行业中的发展将会比较迅速。在注重专业的同时，有越来越多的行业在选择人员时，更倾向于有学习潜力的人。近来，各行业流行的做法是在招聘人员时，增加智力方面的试题，其目的在于测验应聘者的学习潜力。

云课堂

厘清岗位
工作标准
（下）

二、高职生在上学期间应储备好的职业素养

（一）培养自己为企业负责的职业精神

1. 工作需要我们尽职尽责

工作意味着责任，需要我们去尽职尽责地完成。社会学家戴维斯认为，放弃了自己对社会的责任，就意味着放弃了自身在这个社会中更好的生存机会，放弃了自身的价值。无论你所做的是什么样的工作，只要你能够尽职尽责地去做好，你所做的事情就是充满意义的，你就会获得尊重和敬意。

2. 糊弄工作就是糊弄自己

工作就像一面镜子，你怎样对待它，它就怎样对待你。在工作中，没有可以随意打发糊弄的事情。种下什么种子，将来必定收获什么样的果子。不负责、不认真或者是自以为是的行为会造成一系列不良的影响或后果，会让你追悔不已。

云课堂

如何做好
第一份工作

3. 机会就在每一份工作中

不要抱怨自己没有机会，每个人都应该扪心自问：当机会来临的时候，我在干什么？我认真思考过把这份普通的工作做到最好，成为班组的第一吗？我是不是常常在羡慕别人的职位和薪水，而忘记了自己的工作呢？"通往失败的路上，处处是错失了的机会，坐待幸运从前门进来的人，往往忽略了从后窗进入的机会。"这话不无道理。

4. 不要为自己的失误辩解

常言道："智者千虑，必有一失。"出现失误，当务之急是干什么？是急于解释失误的原因、撇清自己，还是赶紧弥补失误、亡羊补牢呢？一个人做错了事，最好的办法就是老老实实认错，而不是为自己辩护和开脱。与其振振有词、头头是道地掩盖自己的错误，把责任推个一干二净，不如勇敢地承认自己的错误，坦诚地面对、改正。

（二）培养自己为企业创造财富的工作意识

一项对进驻上海的全球 500 强公司的调查表明，这些公司对人才的要求有三个：知

识、能力和业绩。其中，能力和业绩是最重要的。一个公司要赢得核心竞争力，需要的是优秀的业绩，而这要靠员工的努力来实现。每一位员工都要认识到，自己存在的价值就是为公司带来业绩。主管或许可以庇护员工，但市场不会庇护公司，所以公司总裁只能辞退那些没有业绩的员工。

如何创造更高的价值？通过什么途径来实现自己的人生目标？

1. 更新工作观念

为企业创造利润就是在实现自我价值。在现代企业中，无论是生产车间的普通工人，还是活跃在市场一线的销售人员，或是一名总经理，他们都是凭借自己的价值来获得报酬的。因此，高职生必须把目光放在如何为公司创造价值、增加财富上。

当你向公司提供价值并让其受益时，其实受益的不仅是公司，你同时也是在为自己创造财富。如果你对自己的工作敷衍了事，对公司不负责，个人也会一事无成。

2. 学会用业绩为自己加分

我们拿什么来赢得企业领导的青睐？那就是自己在公司创造的业绩。你的业绩最有说服力、影响力，也最能证明你的能力，所以我们要用一流的业绩为自己加分。

3. 善于解决工作中的问题

工作的过程，就是不断发现问题、解决问题的过程。职场中，很多人为了保住工作，只是故步自封、按部就班地做上司吩咐过的事情，他们可能认为自己"正在工作"或者"已经工作了"。但实际上，问题却原封不动地留给了别人。我们必须明确的是，问题不可能因为我们的回避而自动消失，推卸责任只能使问题更复杂。最好的办法，就是做个有心人，勇敢地承担起自己的责任，积极寻找有效的解决途径。

拓展阅读

写给所有职场年轻人的三条建议

职场中，总有一些"相见恨晚"的道理和规则。对于年轻人来说，如果能尽早了解，就能避开那些"坑"。"得到"专栏作者吴军，作为硅谷投资人、谷歌高级工程师、原腾讯副总裁、畅销书作者，更作为懂生活、爱旅游、爱摄影的过来人，他结合自己多年在谷歌和腾讯的工作经验，总结出三条建议，希望对每位大学生有帮助。

区别工作和职业

工作是谋生的手段，你完成任务，公司付你工资，互不亏欠；职业则是我们一辈子要从事的事业。想要把当下的工作作为一生的职业发展，就要换一种思路。首先要有选择地做事情，凡是对职业有利的事，不论是否有报酬，都要做。反之，只是为了钱，和职业发展分道扬镳的事情，则尽可能不做。同时，对待自己的职业，需要专业的工作态度。工作中少受负面情绪和个人喜好的影响，一切以工作目标的达成为重。

凡事做记录，避免简单重复

工作中，经常会遇到同样的难题，很多时候解决方法可以借鉴。但大部分人过分相信自己的记忆力，很快把这些问题忘记了。因此，第二次，第三次……遇到同一个问题时，还是束手无策，或者花很多时间来解决。学会做记录，会让下次再遇到这种问题时有法可循，快速解决。记录的同时，我们又把问题思考了一遍，会进步更快，而不是在低水平上重复。

抬头看路，关注全局

沉浸于每日的具体工作，缺乏对整个工作和行业的了解，是很多人工作中的问题。这样会导致一个后果——只见树木，不见森林。如同画画，只盯着眼前的色块，不愿意后退看看整个画面，就会失去对全局的掌控，也就没法验证自己的想法、优化自己的工作。一定要克服这种心态，既要在工作上做到专业，又要有跳出工作、关注全局的能力。

◀ 活动亲历

新员工如何做可以让雇主更加满意？

小组成员在团队领导者的带领下，进行本堂课的讨论，并由团队领导者记录发言情况，只摘录主要观点，不计分。

第四节　维护就业的合法权益

⦿ 思维训练

案例 13

齐羽于 2020 年 12 月签了某家单位的三方就业协议。协议规定，她将于 2021 年 7 月正式上班。可是过年与家人进一步商量后，齐羽准备去另一家公司上班。于是，2021 年 3 月一返校她到就业处咨询毁约事宜。就业处张老师耐心给她讲了与毁约相关的法律问题并分析了毁约的利弊。

三方协议的内容既包括学校对学生的就业过程进行行政管理的内容，例如移转学生档案等内容，也包括用人单位和学生平等自愿协商的内容，其中关于违约金的内容就是双方平等协商后约定的内容。违反这些内容的行为就是违约行为，应当承担违约责任。《中华人民共和国民法典》第五百七十七条规定："当事人一方不履行合同义务或者履行合同义务不符合约定的，应当承担继续履行、采取补救措施或者赔偿损失等违约责任。"

对于用人单位，毕业生违约不仅会使单位为录取该毕业生花费的精力和费用付之东流，还会打乱单位的用人计划。对于在就业中处于弱势地位的毕业生而言，遭遇用人单位违约损失更大，毕业生往往会因此而错失就业的时间和其他机会，严重影响毕业生的顺利就业。对于学校来说，学生违约使用人单位对学校整体信誉产生负面评价，可能会导致对其他毕业生就业的不良影响；而用人单位违约不仅损害学生的利益也给学校的就业指导工作带来困难。

毕业生在签订三方协议前要熟悉就业的有关法律、法规和政策，要清楚用人单位的情况和自己的权利、义务，要认识到违约行为是对自己乃至学校诚信度的减损，而不仅仅是双向选择的问题，应慎重签约。

听完张老师的讲解，齐羽知道了原来自己轻率签约是一个很严重的问题。如今又想轻率毁约，看来要好好考虑考虑自己的问题了。

思考：

（1）三方就业协议的性质是什么？

（2）三方就业协议是受法律保护的合同吗？为什么？

（3）你如何看待齐羽的轻率行为？

一、关于就业的政策法规

云课堂

大学生就业权益保护

近年来，随着高校扩招，党和国家越来越重视高校毕业生的就业问题。国务院多次专题研究并强调：普通高校毕业生是国家宝贵的人才资源，实现其就业、发挥好这部分人才的作用，是实现科教兴国战略和可持续发展、全面建成小康社会的重要力量。目前，国家对各级政府、高等学校、用人单位和毕业生在就业问题上做出了全新的政策规定。归纳起来，现行的主要就业政策如下。

（1）鼓励高校毕业生到基层和艰苦地区工作。各级政府要为高校毕业生创造工作条件，引导他们到城市社区和农村乡镇基层单位，从事教育、卫生、公安、农技、扶贫和其他社会公益事业。在艰苦地区工作 2 年或 2 年以上者，报考研究生的，应予以优先推荐、录取；报考党政机关和应聘国有企事业单位的，同等条件下，应优先录用。

（2）党政机关录用公务员和国有企事业单位新增专业技术人员和管理人员，应主要面向高校毕业生，公开招考或招聘，择优录用。

（3）鼓励各类企事业单位特别是中小企业和民营企事业单位聘用高校毕业生，政府有关部门要为其提供便利条件和相应服务。对企业跨地区聘用的高校毕业生，省会及省会以下城市要认真落实有关政策，取消落户限制。

（4）鼓励高校毕业生自主创业和灵活就业。凡高校毕业生从事个体经营的，除国家限制的行业，自市场监督管理部门批准其经营之日起 1 年内免交登记类和管理类的各项行政事业性收费。有条件的地区由地方政府确定，在现有渠道中为高校毕业生提供创业小额贷款和担保。

（5）为高校毕业生办理户口和人事档案手续提供便利。对毕业离校时未落实工作单位的高校毕业生，本人要求户口和人事档案保留在学校的，按规定保留两年。在此期间，档案管理机构对保管其档案免收服务费用；本人要求将户口转回入学前户籍所在地的，公安机关应当按照户籍管理规定为其办理落户手续，人事、教育部门所属人才交流服务机构负责办理相关手续，人事部门所属人才交流服务机构免费提供人事代理服务。本人落实工作单位后，公安机关按有关规定办理户口迁移手续。

（6）毕业半年以上未能就业并要求就业的高校毕业生，可持学校证明到入学前户籍所在城市或县劳动保障部门办理失业登记。劳动保障部门所属的公共职业介绍机构和街道劳动保障机构应免费为其提供就业服务。对已进行失业登记的高校毕业生，有条件的城市、社区可组织其参加临时性的社会工作、社会公益活动，或到用人单位见习，给予一定报酬。对于因患病等原因短期无法工作并确无生活来源者，由民政部门参照当地城市低保标准，给予临时救助。此项费用由地方财政列支。

（7）鼓励中小企业和民营企事业单位聘用高等职业学校（大专）毕业生，对就业困难的应届高职（大专）毕业生，由劳动保障、人事和教育部门共同实施"高职（大专）毕业生职业资格培训工程"，对需要培训的应届高职（大专）毕业生进行职业技能培训和职业技能鉴定。培训费由教育系统承担，职业技能鉴定费由劳动保障部门适当减免。

二、灵活就业政策

（一）什么是灵活就业

灵活就业是指企业根据用工需求灵活地雇佣人才，双方不建立正式的全职劳动关系的就业形式。灵活就业因为自主性强、灵活自由、门槛低等特点，在国家政策的大力扶持下，成为部分毕业生新的就业选择。

（二）灵活就业的四种形态

（1）以非全日制用工为代表的时间上的灵活。
（2）以劳务派遣为代表的雇佣形式上的灵活。
（3）以业务外包为代表的服务形态上的灵活。
（4）以平台型用工为代表的就业形式上的灵活。

（三）离校未就业帮扶政策

1. 提供实名制就业创业服务

（1）支持异地登记和离校未就业毕业生实名登记。离校未就业毕业生（包括非本地户籍）到求职地（或创业地）公共就业和人才服务机构进行实名制求职登记（或就业创业登记）可按规定获得一次性300元的求职创业补贴。

（2）提供人事代理服务。公共人事代理服务除档案接收、转递，还包括人事档案材料的收集、鉴别和归档，依据档案记载出具相关证明、为相关单位提供政审（考察）服务、接转递党员组织关系、代办集体户口、代办社会保险、职称初聘和职称评审等服务。

2. 就业技能培训补贴

毕业学年及离校未就业高校毕业生参加线上培训的，按规定给予在线培训补贴。

三、如何签订就业劳动合同

（一）劳动合同的概念及其内容

1. 劳动合同的概念

劳动合同，是指劳动者与用人单位之间确立劳动关系，明确双方权利和义务的协议。订立和变更劳动合同，应当遵循平等自愿、协商一致的原则，不得违反法律、行政法规的规定。劳动合同依法订立即具有法律约束力，当事人必须履行劳动合同规定的义务。

2. 劳动合同的内容

根据《中华人民共和国劳动法》（以下简称《劳动法》）第十九条，劳动合同的法定条款包括以下七项。

（1）劳动合同期限。劳动合同期限是指劳动合同的有效时间，是双方当事人所订立的劳动合同起始和终止时间，也是劳动关系具有法律效力的时间。劳动合同期限是订立劳动合同必须明确的内容。

（2）工作内容。工作内容是针对劳动者而言的，是对劳动者设立的义务条款。工作内容包括劳动者从事劳动的工种、岗位以及在生产或工作中应当达到的数量和质量或应当完成的任务。

（3）劳动保护和劳动条件。这是针对用人单位设定的义务条款。劳动保护和劳动条件是为了保障劳动者在劳动过程中获得适当的劳动条件而采取的各项保护措施，如工作时间和休息休假、劳动安全和劳动卫生方面的措施和设备，以及对女职工和未成年职工的特殊劳动保护等。

（4）劳动报酬。劳动报酬是劳动者劳动的成果返还和劳动者履行劳动义务后必须享受的劳动权利。从另一方面讲，则是用人单位根据法律、法规以及劳动合同的约定支付劳动者的工资、奖金、津贴等。

（5）劳动纪律。劳动纪律是指劳动者在生产（工作）过程中必须遵守的工作秩序和劳动规则。劳动纪律是用人单位组织生产经营活动、完成工作任务的保证条件，是规范劳动行为的一项重要内容，也是劳动者必须履行的义务。

（6）劳动合同终止的条件。劳动合同终止的条件是通过一定法律事实（包括行为和事件）中断劳动关系的条件，劳动合同终止的条件除劳动合同期限届满或者双方约定的工作任务完成等条件，订立无固定期限的劳动合同还应当约定其他劳动合同终止条件，如职工退休、退职，职工应征入伍或出国定居，用人单位宣告破产，用人单位被政府管理机关命令撤销等，都可以在劳动合同中约定为终止条件。

（7）违反劳动合同的责任。违反劳动合同的责任，按照法律、法规和劳动合同的约定应当由过错方承担的行政、经济或司法责任。

劳动合同的内容，除了以上七项法定条款，双方当事人还可以协商约定其他内容，即约定条款。如用人单位是否为职工提供居住条件、居住的期限；职工是否享受单位托儿所、幼儿园和其他生活福利设施；发生劳动争议时解决的途径；等等。双方当事人在协商约定条款时，应当符合国家的有关法律、法规的规定。

（二）劳动合同订立的原则

《劳动法》第十七条规定：订立和变更劳动合同，应当遵循平等自愿、协商一致的原则，不得违反法律、行政法规的规定。

1. 平等自愿的原则

平等是指订立劳动合同的双方当事人具有相同的法律地位。在订立劳动合同时，双方当事人是以劳动关系的平等主体资格出现，不存在命令与服从的关系。自愿是指劳动合同的订立完全是出自双方当事人自己的真实意愿，是在充分表达各自意见的基础上，经过平等协商而达成的协议。

2. 协商一致的原则

协商一致是指劳动合同的内容，必须由当事人双方在法律、法规允许的范围内协商讨论，取得完全一致后确定。协商一致的原则是维护双方当事人合法权益的基础。

3. 不得违反法律和行政法规的原则

订立劳动合同的合法原则，是劳动合同有效并受国家法律保护的前提条件，它的基本内涵有以下三点：一是订立劳动合同的主体必须合法，是指双方当事人必须具备订立劳动合同的主体资格。二是订立劳动合同的内容必须合法，是指双方当事人在劳动合同中订立的具体劳动权利与义务条款必须符合法律、法规和政策的规定。三是订立劳动合同的程序与形式必须合法。根据《劳动法》，建立劳动关系应当签订劳动合同。

（三）劳动合同的形式与期限

《劳动法》第十九条规定：劳动合同应以书面形式订立。《劳动法》第二十条规定：劳动合同的期限分为有固定期限、无固定期限和以完成一定的工作为期限。

1. 有固定期限的劳动合同

有固定期限的劳动合同是指双方当事人在订立的合同中，对劳动合同履行的起始时间和终止时间有具体明确的规定。时间可长可短，如半年、5 年、10 年或者更长，这种有期限的合同，应用范围较广。

2. 无固定期限的劳动合同

无固定期限的劳动合同是指双方当事人在订立劳动合同时，没有约定有效期限，只要不出现法定或约定的终止条件，合同一直有效。这种合同一般适用于技术复杂、生产工作又长期需要保证人员稳定的工作岗位，用人单位可以与劳动者协商签订这类合同。

3. 以完成一定的工作为期限的劳动合同

以完成一定的工作为期限的劳动合同是指双方当事人把完成某一项工作或工程作为确定劳动合同起始和终止的期限。这是定期劳动合同的一种，该项工作完成时，劳动合同也就期满终止。这类合同一般适用于建筑行业。

（四）劳动合同的变更、解除和终止

1. 劳动合同的变更

劳动合同的变更是指劳动者和用人单位就已订立的劳动合同条款进行修改、补充的法律行为。劳动合同变更的条件有以下几个。

（1）订立合同时依据的法律法规已经修改。

（2）企业转产。

（3）企业严重亏损或发生自然灾害，确实无法履行义务。

（4）当事人双方协商同意。

（5）法律允许的其他情况。

2. 劳动合同终止的条件

劳动合同的终止是指由于劳动合同规定的期限已满或者双方当事人约定的终止条件出现而丧失效力。但是，在劳动关系存续期间遗留下来的问题，仍应按照劳动合同和《劳动法》的规定予以妥善处理。

具备下列条件之一，劳动合同终止。

（1）劳动合同期限届满。

（2）企业宣告破产或撤销。

（3）劳动者达到法定的退休年龄。

（4）劳动者完全丧失劳动能力或死亡。

（5）法律规定的其他情况。

四、我国主要社会保险项目的内容

（一）住房公积金制度

住房公积金是职工及其所在单位按规定缴存的具有保障性、互助性、长期性的属于职工个人所有的住房储金。我国住房公积金制度是 1991 年由上海市率先建立的。1994 年 11 月 23 日，财政部、国务院住房制度改革领导小组，中国人民银行联合下发了《建立住房公积金制度的暂行规定》，标志着我国住房公积金制度的建立。

职工个人缴存的住房公积金和职工所在单位为职工缴存的住房公积金，属于职工个人所有。住房公积金应当用于职工购买、建造、翻建、大修自住住房，任何单位和个人不得挪作他用。单位为职工缴存的住房公积金的月缴存额为职工本人上一年度月平均工资乘以单位住房公积金缴存比例。一般情况下，缴存比例是根据经济发展状况和职工生活水平来确定和调整的。目前，考虑到单位和个人的承受能力有限，我国已实行公积金的地区如北京和上海，一般将缴存率均确定为5%。

职工个人缴存的住房公积金，由所在单位每月从其工资中代扣代缴。单位应当于每月发放职工工资之日起 5 日内将单位缴存的和为职工代缴的住房公积金汇缴到住房公积金专户内，由受委托银行计入职工住房公积金账户。

职工有下列情形之一的，可以提取职工住房公积金账户内的存储余额。

（1）购买、建造、翻建、大修自住住房的。

（2）职工离休、退休的。

（3）完全丧失劳动能力，并与单位终止劳动关系的。

（4）出境定居的。

（5）偿还购房贷款本息的。

（6）房租超出家庭工资收入的规定比例的。

（7）职工死亡或宣告死亡的。

（二）养老保险制度

基本养老保险亦称国家基本养老保险。它是按国家统一政策强制实施的，为保障广大离退休人员基本生活需要的一种养老保险制度。在我国，20 世纪 90 年代之前，企业职工实行的是单一的养老保险制度。

基本养老保险制度实行社会统筹与个人账户相结合的模式。基本养老保险覆盖城镇各类企业的职工，城镇所有企业及其职工必须履行缴纳基本养老保险费的义务。城镇职工缴纳的基本养老保险费，由所在企业从其本人工资中代扣代缴。企业以货币形式全额缴纳基本养老保险费。个体工商户和灵活就业人员按照本规定确定的缴费基数和缴费比例按月缴纳。

城镇职工以本人上一年度月平均工资为缴费工资基数，按照 8% 的比例缴纳基本养老保险费，全额计入个人账户。企业以全部城镇职工缴费工资基数之和作为企业缴费工资基数，按照 20% 的比例缴纳基本养老保险费。企业缴纳的基本养老保险费在企业所得税前列支。城镇个体工商户和灵活就业人员以本市上一年度职工月平均工资作为缴费基数，按照 20% 的比例缴纳基本养老保险费，其中 8% 计入个人账户。

个人账户储存额只能用于被保险人养老，不得提前支取。被保险人死亡后，个人账户储存额或者余额中个人缴纳的基本养老保险费及其利息可以依法继承，其余部分并入基本养老保险基金。

被保险人在本市统筹范围内或者跨统筹范围流动时，其基本养老保险关系和个人账户的转移，按照国家和本市有关规定办理。

（三）医疗保险制度

1998 年底下发的《国务院关于建立城镇职工基本医疗保险制度的决定》，标志着医疗保险制度改革的全面推进。

基本医疗保障制度是社会保障体系的重要组成部分，是用人单位和职工共同参与的一种社会保险。基本医疗保险实行个人账户与统筹基金相结合，保障广大参保人的基本医疗需求，主要用于支付一般的门诊、急诊、住院等费用。

基本医疗保险使参保人员能够自己做主选择定点医院或社区医疗机构就医，选择范围广，尊重参保人在就医时的自主权和选择权。

基本医疗保险费由用人单位和职工共同缴纳。用人单位缴费率应控制在职工工资总额的 6% 左右，职工缴费率一般为本人工资收入的 2%。随着经济发展，用人单位和职工缴费率可相应调整。

基本医疗保险基金由统筹基金和个人账户构成。职工个人缴纳的基本医疗保险费，全部计入个人账户。用人单位缴纳的基本医疗保险费分为两部分，一部分用于建立统筹基金，另一部分划入个人账户。划入个人账户的比例一般为用人单位缴费的 30% 左右，具体比例由统筹地区根据个人账户的支付范围和职工年龄等因素确定。

（四）工伤保险

工伤保险是指劳动者在工作中或在规定的特殊情况下，遭受意外伤害或患职业病导致暂时或永久丧失劳动能力以及死亡时，劳动者或其遗属从国家和社会获得物质帮助的一种社会保险制度。工伤保险作为社会保险制度的一个组成部分，是国家通过立法强制实施的，是国家对职工履行的社会责任，也是职工应该享受的基本权利。

（五）失业保险

失业保险是指国家通过立法强制实行的，由社会集中建立基金，对因失业而暂时中断生活来源的劳动者提供物质帮助的制度。它是社会保障体系的重要组成部分，是社会保险的主要项目之一。失业保险是指劳动者由于非本人原因暂时失去工作，致使工资收入中断而失去维持生计来源，并在重新寻找新的就业机会时，从国家或社会获得物质帮助以保障其基本生活的一种社会保险制度。

（六）生育保险

生育保险是国家通过立法，在怀孕和分娩的妇女劳动者暂时中断劳动时，由国家和社会提供医疗服务、生育津贴和产假的一种社会保险制度，国家或社会对生育的职工给予必要的经济补偿和医疗保健的社会保险制度。

五、求职陷阱的防范

大学生就业竞争日趋激烈。对大部分毕业生来说，不管工作好坏，能找到一份工作就是胜利。这种思想导致许多毕业生在就业过程中丧失了应有的警惕性，忽视了对自身权益的保护，从而坠入到各种求职陷阱中。轻者损失钱财或劳而无酬，重者被不法分子利用乃至受到人身侵害。大学生加强对自身就业权益的保护已经刻不容缓，而首要的就是识别和规避各种求职陷阱。

（一）巧立名目，收取费用

《就业服务与就业管理规定》指出，用人单位在招聘时不得向求职者收取任何招聘费用；不得向被录用者收取保证金或抵押金；不得扣押被录用者的身份证等证件；不得以招聘人员为名牟取不正当利益或进行其他违法活动，等等。

这些所谓的费用主要有三类，分别是风险押金、报名费和培训费。

（二）假借试用，榨取人力

用人单位以试用期为由，不与毕业生签订正式劳动合同的做法是违反我国《劳动法》和《劳动合同法》的。试用期是针对劳动合同而言的，它是包含在劳动合同中的，应当在具体的劳动合同中约定试用期，并且试用期最长不得超过六个月。为了规避这方面的风险，建议毕业生们在确定工作前，最好向该公司的员工询问那里的工作情况。

（三）招聘为名，窃取成果

有些招聘单位借着招聘考试的名义，窃取应聘者的智力成果，这就是所谓的"智力陷阱"。用人单位的这种做法是一种侵犯知识产权的违法行为。具体防范措施如：提交方案或设计的同时，交上一份声明或协议，要求用人单位对自己的劳动成果给予保护，声明未经作者同意不得用于商业目的和用途，不得擅自使用或者允许第三方使用，违反协议应承担损害赔偿责任等，并要求招聘单位签收，如果该单位拒绝毕业生此要求的话，则说明这次招聘很可能有问题。

（四）偷梁换柱，克扣工资

所谓薪酬陷阱，是指用人单位在招聘时以优厚的待遇吸引前来求职的毕业生，等到其正式上班时，招聘时的承诺则以种种理由不予以兑现；或是针对薪水中的一些不确定收入，进行虚假或模糊的承诺，由于没有以明确的合同或协议形式固定下来，其变动的空间和额度难以预估，就无法受到法律的相关保护。

（五）学会规避就业陷阱

在就业市场上，大学生是一个弱势群体。由于对就业法规、就业市场不了解，加上自身素质的缺乏，大学毕业生们在找工作的过程中容易遭遇各种各样的就业陷阱。因此，毕业生在就业过程中，有必要采取一定的措施，来防范和应对就业陷阱。

云课堂

避免求职
陷阱

1. 仔细鉴别各类就业信息，有效识别就业陷阱

毕业生对来自不同渠道的招聘信息，要有一定的真伪辨别能力，有效地识别潜在的就业信息陷阱。一般来自学校就业网站和校园招聘会的信息是最可信赖的，但学校就业部门毕竟只能起一道"防火墙"的作用。要真正甄别真假，还要自己多了解。对信息量最大的网上招聘不能轻信，真正比较权威的网站应该是与政府人事部门、教委有链接的官方网站；对社会上举办的招聘会不能"漫天撒网"，应该有的放矢，否则会有让自己的简历落入非法中介机构的风险。

2. 了解国家有关就业的政策和法律法规，切实提高自身法律意识

毕业生应了解目前国家关于毕业生就业的有关方针、政策和法律法规，以及它们之间的关系，熟悉毕业生在就业过程中的权利和义务。如果在就业过程中因为所谓的公司规定或部门规定与国家政策法规有抵触，侵犯了自己的权益，则可以依据法规办事，维护自己的合法权益。一般来说，《普通高等学校毕业生就业工作暂行规定》《劳动法》《劳动合同法》《中华人民共和国公务员法》及高校所在省（市）就业政策、地方性法规等，毕业生都应该有所了解和熟悉。

3. 端正就业态度，平等地与用人单位交往

尽管面临严峻复杂的就业形势，毕业生在求职中，也决不能唯唯诺诺、任人摆布，更不应怨天尤人、听天由命。毕业生应积极主动，有尊严、有信心地与招聘单位进行平等交往。求职与招聘是一个双向选择的过程，双方是平等的。在招聘过程中毕业生一定要尽可能地了解用人单位的情况，特别是自己所关心的薪酬标准、岗位安排、住房保险、试用期等具体问题，不清楚的地方一定要问明白，尽量减少用人单位承诺中的"不确定成分"。

4. 慎重签订就业协议书，注意约定条款的合理性

协议书是学校、学生、企业三方的协议书，是国家教育行政主管部门规定的统一格式的文本，属意向性协议。应该注意的是，协议虽然不是劳动合同，但也牵涉违约金的问题，所以签订协议之前也要三思。在签协议前，毕业生除了要了解和掌握国家就业政策和规定、明确就业单位的具体工作部门和工作岗位、全面了解用人单位，还应该进一步明确双方的权利和义务。注意约定条款的合理性。有些单位与毕业生签订就业协议书时会附加补充协议或增加某些条款，进一步明确用人单位与毕业生之间的权利和义务。毕业生在签订这些条款时，一定要仔细研究，力求了解条款的内容和含义，以免日后发生争议。

另外，毕业生签订协议书时，也要注意与劳动合同的衔接。毕业生在签订就业协议时，应尽量将劳动合同的内容体现在就业协议的约定条款中，并明确表示会在今后订立劳动合同的同时予以确认。在无事先约定的情况下，毕业生对劳动合同的有关内容与用人单位达不成一致意见而不愿到该单位工作时，毕业生就要承担违约责任。

📚 **拓展阅读**

大学生如何防范传销?

近年来，关于大学生误入传销组织的新闻不断曝光。那么，大学生如何才能避免传销陷阱呢？

"从历年破获的案件来看，传销组织大多数是以找工作为幌子，少部分以网友会见为借口来骗取受害人的信任，这也是传销计划的第一步"，婺城公安分局城西派出所的教导员介绍，"传销组织最重要的维系方式就是拉人头。这种方式，骗陌生人成功率不高，所以多数传销组织成员都会找熟悉的人下手。"

对大学生来说，如果好久没有联系、关系不怎么熟悉的同学、朋友或者能力不怎么强的同学、朋友突然给你打电话或者写信联系，说有很好的工作机会，你就要提高警惕了。另外，一些年轻人喜欢交"网友"，而这些网友就有可能是传销组织人员假扮的，通过"网络情侣"的方式邀请你去"工作"或者"观光"。

当你决定出发，你就已经落入圈套。抵达目标城市后，刚见面时，对方都会很"客气"，来接站的除了你的朋友外，还会有一两个陌生人。此时，如果你能够及时醒悟，在公众场合求助，对方还不会拿你怎么样。如果你还没反应过来，就会直接进入"虎穴"，也就是他们的窝点了。对方接你去的地方一般是偏远的居民楼，租房以二居室、三居室为主，甚至6人以上合住，主要是为了省钱。到了地点以后，你会发现房间里有很多人，门已经锁上了，多数人对你防范很严。他们会以"借去玩玩"等借口将你的通信工具没收，目的是防止你跟外界联系和报警。

落入传销组织该怎么办？外出时寻求时机求助，被困要利用屋内物品。"限制新人人身自由后，传销组织头目会来跟你聊天，貌似关心，实则摸你的底细。"办案民警介绍，"如果你有一定的社会经验，不妨假装透露你在周边地区有社会关系，这样他们会很害怕，一定程度上不会对你怎么样。"

一般到了第二天，传销组织人员就会对你"洗脑"。这时候你不要轻易做出承诺，不要与他们争论或讨论，在保障自身安全的前提下，只需态度温和地表示自己坚决不参加传销。由于传销组织也需要花费，在没办法"洗脑"的情况下，一般来说，半个月后，一些传销组织就会让受害人承诺不报警，将其"送"走。

24小时的监视，让受骗者脱身很困难，但是并非没有可能。如果是外出换地点"洗脑"，你要注意周边环境和标志，比如路名、商店或主要建筑特征。在传销人员带你外出的时候，寻找时机逃跑或报警求助。在之前办理的一起案件中，传销组织控制受害人去银行汇款，受害人在汇款时在单子上写下"求救"两个字，银行工作人员很快会意并报警，受害人成功获救。

如果就在房间内，不允许外出，受骗者要利用房间内物品求救。比如，之前办理的一起案件中，被传销组织控制在市区的男子孙某想出了扔"救命钱"的办法，一市民扫地时捡到钱，上面写着"救命"，立即报警。警方根据线索，很快捣毁了传销窝点。

如何才能避免落入传销陷阱？需要大学生求职时要擦亮眼睛。

"对大学生来说，社会经验少，要尽量避免从不规范的网站、App寻找工作"，警方人员表示，大学生在求职过程中，应当擦亮眼睛，注意甄别招聘信息的真伪，特别是对招聘企业的具体地址、电话号码、经营性质、资质信用等情况更要仔细核实，确认其合法性和真实性后再做决定也不迟。如果发现招聘信息是虚假的，应在第一时间举报，让非法传销组织无机可乘、无处遁形。对亲戚朋友、同乡同学提供的不合常理的用工信息，也要多留个心眼，多加分析，谨防掉进非法传销的"温柔陷阱"。

对于工作，不要抱有"一夜暴富"的心理。当你听到这工作能在短时间有很大一笔收入的时候，你就要小心是不是传销了。一些在人才市场、网络平台、微信、抖音上发布的虚假招聘信息，看似手法高明、手段隐蔽，其实不然，无外乎抓住大学生求职心切的心理，利诱上当。比如，聘用职位不限学历、不限专业、不限经验，但月薪却很高，对于这种"天上掉馅饼"的事，一定要远离。

活动亲历

如何识破求职中的陷阱？

小组成员在团队领导者的带领下，进行本堂课的讨论，并由团队领导者记录发言情况，只摘录主要观点，不计分。

第四章

求职行动，入职准备

对人以诚信，人不欺我；对事以诚信，事无不成。

——冯玉祥

在这一章中，你将：

- 学习如何制作简历。
- 掌握面试中的技巧。
- 掌握求职前应该做的准备。
- 了解毕业手续的办理过程。
- 了解如何签订就业协议。

第一节　制作简历的步骤

思维训练

案例 14

简历一为本校毕业生马某的视频简历（其求职方向是多媒体后期制作工作）。

简历二为有着三年物流工作经验的王某的纸质简历。

简历三为本校去年毕业生李某的简历（列明获奖及实践经历）。

讨论：哪个简历的"含金量"高？高在哪里？用人单位通过简历最想看到什么？

学生甲：简历一的"含金量"最高，因为马某用作品的方式告诉用人单位他能做什么，可以做成什么样。

学生乙：简历二的"含金量"最高，在于王某具有三年工作经验，有工作经验就意味着有技术含量。

学生丙：简历一的"含金量"最高，体现在其专业性和技术性，让人一看就知道马某懂技术，制作的画面很专业，一个刚毕业的学生能做成这样，相当有技术含量了。

学生丁：简历三看起来有获奖、有实践经验，但是和前两个相比，看不出他在哪方面擅长，以及擅长到何种程度，所以技术含量偏低。

教师总结：大家讨论得很精彩，你们把简历"含金量"的要素都总结出来了。是的，简历制作有三个要点——专业性、技术性、经验性。专业性，是指从专业方面讲你擅长做什么；技术性，是指你的专业能力精进到何种程度；经验性，是指你曾经做过什么，在做人做事方面积累了哪些失败和成功的经验。不管什么样的简历，用人单位都会从中去发现德才兼备的人才。

思考：

（1）如何通过简历呈现你的技术含量？

（2）应届毕业生如何积累自己的工作经验？

（3）如何从大一开始进行简历规划？

一、简历概述

（一）简历的含义

简历就是应聘者针对用人单位的招聘要求和自己的求职意向而精心设计的关于自己生活、学习、工作、经历、成绩的概括介绍。

（二）简历的作用

简历的真正作用是为了让用人单位了解求职者在学习、工作、性格和经验等方面的综合能力，是用人单位对求职者进行分析、比较、筛选，以决定是否录用的主要依据。

（三）简历的基本类型

如果能在不同的时间、场合投递类型合适的简历，肯定有助于你的求职。这里介绍几种个人简历的常见类型。

（1）完全表格式简历。适用于大多数求职者，用表格的形式列出自己的基本情况，使人一目了然。

（2）半文章式简历。适用于资历丰富的应聘者，这种格式使用较多的文字表述，可根据自己应聘的主攻目标和具体情况而定。

（3）小册子式简历。这是一种多页的、半文章式的活页格式简历，其主要优点是提供一种可以表述更多资料的方式。

（4）时序式简历。这种简历是按日期顺序，列出自己的学习、工作经历，条理清楚。这是最普通也是最直接的简历类型。

（5）职务式简历。这种简历按职务或职能编写，即按个人的职务，包括专业、成就或职业性质等编写。按这一方式编写简历，由于突出介绍了自己曾担任过相同或相似的职务，因而具有较强的针对性。

（6）视频简历。顾名思义，视频简历就是把个人情况和才艺通过电视图像的方式录制下来，作为影视资料提供给招聘者。视频简历的优点是能直接传递应聘者的言谈举止、态度仪表、语言能力等。这不但形象地展示了应聘者的才华，能够让招聘者感受到应聘者的风采，还能够进行第一传递和保留，给招聘单位进一步分析的机会。视频简历的权威性要比普通简历高，已经有越来越多的大学生应聘时开始使用视频简历。

二、制作简历

（一）简历的格式

个人简历一般有两种格式：一种是按时间顺序，列出自己的学习、工作经历；另一种是根据需要有选择地列出自己的学习、工作经历，充分展示自己的才能和品行。

（二）简历的主要内容

个人简历的写法不要求千篇一律，但不管如何布局，都要层次分明，简洁明了，突出重点。一份完整的简历应该包括以下几方面的内容。

第一部分：个人基本情况。一般要写明姓名、性别、户籍所在地区、出生年月、健康状况、联系地址、手机号、E-mail 等基本信息。民族、身高和政治面貌等其他信息可以根据实际情况决定是否向用人单位提供。

第二部分：求职意向。对自己希望从事职业的地域、行业、岗位等方面的描述。这是在个人求职简历中必须写明的内容，并且尽可能是具体的。对那些不写自己的求职意向或是全能的求职意向，招聘单位往往会因应聘者目标不明确而不予考虑。

第三部分：教育背景。一般只列出自己曾接受的最高教育，包括毕业院校和专业等，接着可以写出所学的课程，课程最好针对招聘岗位的要求按门类进行归纳、罗列，而不是一股脑儿地全部堆在简历上；如果你觉得自己的学习成绩不错，还可以在列出的课程后标明成绩；同时还要列出英语和计算机的水平。

第四部分：个人经历。大学生一般都没有正式的工作经验，但是有利用假期等课余时间兼职或积极参与各类性质的社团活动的经历。大学生可以用文字充分说明在校的打工经历、社团经验，说明自己通过担任工作、组织活动所获得的能力和积累的经验。这些经验或多或少突出了个人的一些特性，如志趣、团队精神、组织能力、协调能力、领导能力、成熟度等，所以个人经历也备受企业的重视。

第五部分：所获奖项。所获奖项即获奖情况，可填写在大学期间获得的各种奖励，奖励必须是对应聘很有价值的，最好是反映外界对自己过去的评价和认可程度的。

第六部分：个人专长。无论是与所学专业有关或是单纯从个人兴趣出发的专长，只要是与工作内容有关系的才艺，都应在履历表上列出。这将有利于企业评估应聘者的所长与应聘工作的要求是否相符，个人专长是否能给工作的顺利开展带来推动作用。例如，同样来应聘总经理助理这一职位的两个人，其中驾龄 2 年的人就比另一位没有"驾驶执照"的人占有优势。对于个人专长而言，每位求职者应清楚地列出，但要注意实事求是，不要夸大其词，也不要因害羞而掩饰自己的长处。每个人都有自己的长处和特点，写简历之前要花较多的时间认真总结自己的专长，以增加自己的求职砝码。

第七部分：自我评价。总结自己良好的个性特点和品质，但不要全面罗列，要根据用人单位招聘岗位的性质和岗位对人才的具体要求，有侧重地列出几条。

（三）外文简历的制作

随着我国经济的高质量发展，越来越多的跨国公司落户中国。外资企业、合资企业越来越多。这些公司在招聘员工时，都会要求应聘者提供中英文简历，一方面可以方便管理者选拔人才，另一方面可以初步了解应聘者的外语水平。

撰写中、外文简历的基本原则是一样的。一份好的外文简历，切忌拖泥带水，词不达意。

第一部分：个人资料。包括求职者的姓名、性别、出生年月等，与中文简历保持一致。

第二部分：教育背景。必须注意的是，在外文简历中，求职者受教育的时间排列是逆时间顺序排列的，也就是说，外文简历是从求职者的最高教育层次倒序安排。另外，大多数外企对英语(或其他语种)及计算机水平都有一定的要求，个人的语言水平、程度可以在此单列说明。

第三部分：工作经验。在时间排列顺序上亦遵循由后至前这一规则，即从当前的工作岗位写起，直至求职者的第一个工作岗位为止。另外，外企很重视求职者的实际工作经验，所以，提及自己"工作时的培训"时，要着重强调。

第四部分：所获奖励和作品。将自己所获奖项及所发表的作品列举一二，可以从另一方面证实自己的工作能力和取得的成绩。

第五部分：自己感兴趣的领域。将自己的工作意愿展示给用人单位，对于大多数求职者，尤其是搞技术研究工作的求职者，这一点必不可少。

三、打造一份出色的简历

云课堂

制作金简历
（上）

（一）优秀简历的七个要点

1. 真实

简历最重要、最基本的要求就是真实。诚实地记录和描述能够让阅读者先对你产生信任感，而企业对于求职应聘者的基本要求就是诚实。企业阅历丰富的人力资源专员对简历有敏锐的分析能力，遮遮掩掩或夸大其词终究会露出破绽，何况还有面试的考验。

2. 全面

简历的作用在于使一个陌生人在很短的时间内了解你的基本情况，就好像一个故事的梗概，要吸引招聘人员继续看下去。因此，要特别注意内容的完整性和全面性，以使对方对你有尽可能了解全面。

3. 简练

招聘人员每天都会面对大量的简历，工作非常繁忙。冗长啰唆的简历不但会让人觉得你是在浪费他的时间，还会得出求职者做事不干练的结论。言简意赅、流畅简练、令人一目了然的简历，在哪里都是最受欢迎的，这也是求职者工作能力最直接的反映。

4. 重点突出

对于不同的企业、不同的职位和不同的要求，求职者应当事先进行必要的分析，有针对性地设计简历。盲目拷贝别人的简历，效果会大打折扣。简历要求全面，但并不是不分主次，而是要根据企业和职位的要求，巧妙突出自己的优势，给人留下鲜明深刻的印象，这是整份简历的点睛之笔，也是最能表现个性的地方，应当深思熟虑，不落俗套，简洁清晰，有说服力，又合乎情理。注意不能简单重复。

5. 语言准确

不要使用拗口的语句和生僻的字词，更不要有病句、错别字。外文要特别注意不要出现拼写和语法错误。同时行文也要注意准确、规范。大多数情况下，作为实用型文体，句式以简明的短句为好，文风要平实、沉稳、严肃，以叙述、说明为主，动辄引经据典、抒情议论是不可取的。

6. 版面美观

一份好的简历，除了对内容方面有要求，版面美观也是一个非常重要的因素。它是真正的“第一印象”。简历要条理清楚、标志明显，段落不要过长，字体大小适中、疏密得当，这些也能体现出求职者的基本职业素养。

目前，主要使用计算机打印的简历(图 4.1)，如果你的字写得不错，不妨再附上一篇工整、漂亮、简短的手写求职信，效果会更好。

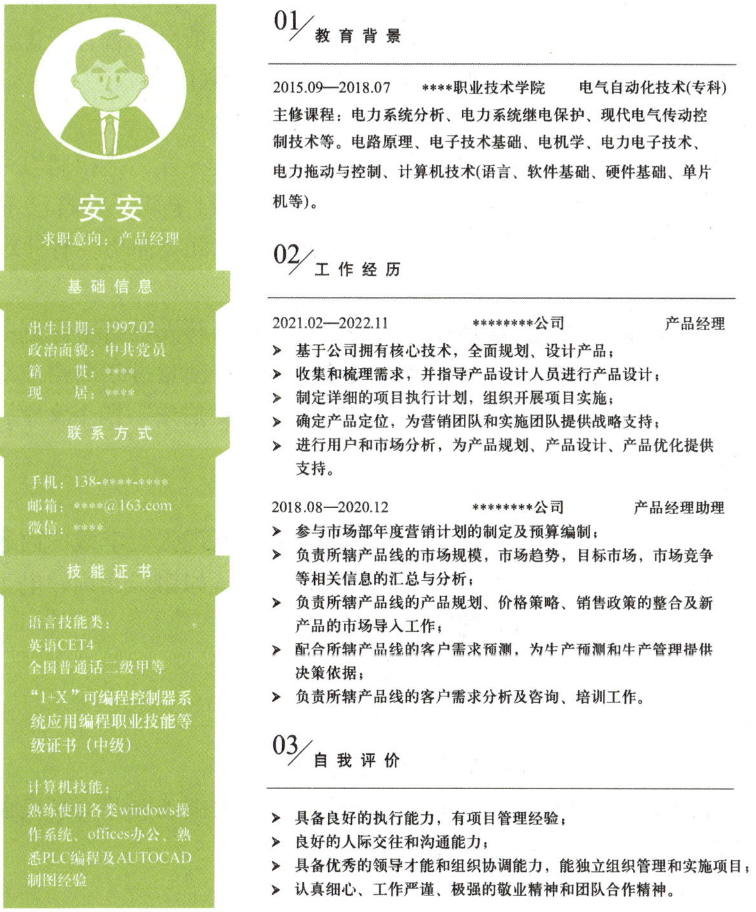

安安
求职意向：产品经理

基础信息
出生日期：1997.02
政治面貌：中共党员
籍　　贯：****
现　　居：****

联系方式
手机：138-****-****
邮箱：****@163.com
微信：****

技能证书
语言技能类：
英语CET4
全国普通话二级甲等
“1+X”可编程控制器系统应用编程职业技能等级证书（中级）

计算机技能：
熟练使用各类windows操作系统、offices办公，熟悉PLC编程及AUTOCAD制图经验

01/ 教育背景

2015.09—2018.07　****职业技术学院　电气自动化技术(专科)
主修课程：电力系统分析、电力系统继电保护、现代电气传动控制技术等。电路原理、电子技术基础、电机学、电力电子技术、电力拖动与控制、计算机技术(语言、软件基础、硬件基础、单片机等)。

02/ 工作经历

2021.02—2022.11　********公司　产品经理
- 基于公司拥有核心技术，全面规划、设计产品；
- 收集和梳理需求，并指导产品设计人员进行产品设计；
- 制定详细的项目执行计划，组织开展项目实施；
- 确定产品定位，为营销团队和实施团队提供战略支持；
- 进行用户和市场分析，为产品规划、产品设计、产品优化提供支持。

2018.08—2020.12　********公司　产品经理助理
- 参与市场部年度营销计划的制定及预算编制；
- 负责所辖产品线的市场规模，市场趋势，目标市场，市场竞争等相关信息的汇总与分析；
- 负责所辖产品线的产品规划、价格策略、销售政策的整合及新产品的市场导入工作；
- 配合所辖产品线的客户需求预测，为生产预测和生产管理提供决策依据；
- 负责所辖产品线的客户需求分析及咨询、培训工作。

03/ 自我评价

- 具备良好的执行能力，有项目管理经验；
- 良好的人际交往和沟通能力；
- 具备优秀的领导才能和组织协调能力，能独立组织管理和实施项目；
- 认真细心、工作严谨、极强的敬业精神和团队合作精神。

图 4.1　优秀简历样例

7. 评价客观

简历中通常都会涉及对自己的评价，应当力求客观公正，包括行文中所表现出的语气。要做到八个字：诚恳、谦虚、自信、礼貌。这样会令招聘者对你的人品和素质产生良好的印象。

准备好这样一份简历可能需要花费不少的心思和精力，但当你拿着自己满意的简历前去应聘时，一定会增添不少自信。

云课堂

制作金简历
（下）

（二）个人简历常见的"硬伤"

1. 篇幅过长或过短

篇幅过长显得内容不精练，表达不切题意，会让挑选简历的人失去耐心，从而失去面试的机会；篇幅过短会缺乏必要的信息，使挑选简历的人对求职者认识不全面，也会使求职者失去面试机会。

2. 条理不清

简历版面布置不合理（如版面过于压缩、将行距与段落之间压缩得太密、字号太小等），结构层次混乱，逻辑重复，这些将增加阅读与理解的难度。

3. 虚假不真实

简历的内容不是自己亲身经历的，而是由其他人捏造或夸张出来的或者自己写简历时虚假成分太多，内容不真实。这些简历即使包装得再好，也难免"智者千虑，必有一失"。一旦被对方发现，给对方留下虚假夸张的印象，反而更加不好。

4. 千篇一律

简单套用网上的简历模板，写出的简历与其他人的一模一样，给招聘方一种随便、平庸的感觉。同时，用一份简历应聘所有的工作，是一种盲目求职、对自己不负责任的表现。应该有针对性地撰写简历，最好根据求职的意向撰写出几类简历，有针对性地投送。

5. 求新求异

毕业生希望简历做得有创意，能够在大量的简历中给招聘人员留下深刻的印象。但要注意，给简历设置封面既浪费阅读人的时间，又浪费纸张；创意过于离谱或夸张，令人好气又好笑。例如，有一份简历，在第一页上赫然写着"通辑伯乐"四个大字，在简历里面又配上各种卡通图案，让人不知所云。

6. 错别字及语法错误

错别字及语法错误是简历制作的大忌，如错别字或是出现张冠李戴的内容。有的同学职业技能部分不知如何填写，就随意写上自己的实训科目，如钳工实训、电工实训等，这样会给用人单位留下不严谨、不认真的印象。

活动亲历

如何制作一份出色的简历？

本节内容学习结束后，需要同学们完成《大学生就业与创业指导自助式成长手册》中"环节三　就业行动实施"的"金简历制作"任务。

第二节　掌握面试的技巧

📍 思维训练

案例 15

求职者刘艳的面试开始了。

面试官：你认为什么样的沟通才是有效的沟通？

求职者刘艳：我认为有效的沟通应具备以下三个特点。

（1）有理有据。也就是在和别人沟通之前要收集合理的事实和数据来支持自己，并且沟通要合理准确，态度不能咄咄逼人。

（2）因人而异。每个人的性格、气质各不相同，要根据他们的特点来采取不同的沟通手段和方式方法。只有一种沟通方式是远远不够的。

（3）换位思考。人常常会站在自己的角度去看问题，只考虑自己的利益而忽视了别人的感受。我们需要学会站在别人的立场上看问题，以期达到双赢的效果。

面试官点评：该求职者思路清晰、有逻辑性，从沟通能力的三个方面抓住了沟通的要点，全面表现了自己是一个了解沟通内涵并且会沟通的人。此回答能够非常有效地让面试官了解求职者在沟通方面的能力。

思考：

（1）你知道面试官提问的动机吗？

（2）刘艳的回答有什么特点？为什么会得到面试官的好评？

（3）面试中的沟通需要注意什么？

一、面试概述

（一）面试的含义

面试是由用人单位设计，通过多种方法，在特定场景下面对面地科学测评应试者的基本素质、发展潜力、实际技能以及其与拟录用单位的匹配性，为人员聘用提供重要依据的一种考查方式。

面试是一个互动过程。对于招聘单位来讲，有利于更深入地考查和了解求职者的素质，为录用决策提供依据；对求职者来说，要善于通过自己的言谈举止来展现自己的才能和素质，突出自己的长处，在竞争中获胜。

云课堂

面试的概念
及种类

（二）面试的特点

作为用人单位录用考试的重要环节之一，面试与笔试、心理素质测评等其他考试环节相比，具有以下显著的特点。

（1）面试以谈话和交流为主要手段。在面试过程中，主考官运用自己的感官，特别是视觉和听觉，观察应试者的语言、行为，进而通过人的表象层面推断其深层心理。

（2）面试交流具有直接互动性。面试的这种直接性提高了主考官与应试者之间相互沟通的效果，同时，双方也能了解许多笔试了解不到的信息。

（3）面试内容灵活多样。主考官采取不同的方式去考查应试者，应试者最好能灵活应对面试内容。

（4）面试是一个双向沟通的过程。面试不仅是考官对应试者的一种考察，也是主客体之间的一种沟通、情感交流和能力的较量。考官通过面试，从应试者身上获取尽可能多的、有价值的信息。应试者也应抓住面试机会，获取关于应聘单位及职位等自己关心的信息。

（三）面试测评的主要内容

虽然从理论上讲，面试几乎可以测评应试者的任何一种素质，但是在实践中，并不需要用面试去测评一个人的所有素质，而是应当有选择地去测评面试组织方需要测评的应试者的某些特定素质。

一般来说，面试测评的主要内容涉及以下一些方面。

1. 仪表风度

这是指应试者的体形、外貌、气质、衣着举止、精神状态等。研究表明，仪表端庄、衣着整洁、举止文明的人，一般做事有规律，注意自我约束，责任心强。

2. 专业知识

主考官要了解应试者掌握专业知识的深度和广度，看他的专业知识是否符合所要录用职位的要求，以其作为对专业知识笔试的补充。面试对专业知识的考察更具灵活性和深度，所提问题也更接近空缺岗位对专业知识的需求。

3. 工作实践经验

主考官一般根据查阅应试者的个人简历或求职登记表的结果，做些相关的提问，查询应试者的有关背景及过去工作的情况，以补充、证实其所具有的实践经验。通过对应试者的工作经历与实践经验的了解，还可以考察他们的责任感、主动性、思维能力、口头表达能力及遇事的理智状况等。

4. 口头表达能力

面试中主考官会考查应试者是否能够将自己的思想、观点、意见或建议顺畅地用语言表达出来。考查的具体内容包括表达的逻辑性、准确性、感染力、音质、音色、音量、音调等。

5. 综合分析能力

面试中考查应试者是否能对主考官所提出的问题通过分析抓住本质，并且说理透彻、分析全面、条理清晰。

6. 反应能力与应变能力

主要考查应试者对主考官所提的问题是否理解准确、贴切，回答的迅速性、准确性等；对于突发问题的反应是否机智敏捷、回答恰当；对于意外事情的处理是否妥当等。

7. 人际交往能力

在面试中，通过询问应试者经常参与哪些社团活动，喜欢同哪种类型的人打交道，在各种社交场合所扮演的角色，可以了解应试者的人际交往倾向和与人相处的技巧。

8. 自我控制能力与情绪稳定性

自我控制能力对国家公务员及许多其他类型的工作人员（如企业的管理人员）显得尤为重要。一方面在遇到上级批评指责、工作有压力或是个人利益受到冲击时，能够克制、容忍、理智，不因情绪波动而影响工作；另一方面工作要有耐心和韧劲。

9. 工作态度

一是了解应试者对过去学习工作的态度，二是了解其对现应聘职位的态度。在过去学习或工作中态度不认真，做什么、做好做坏都无所谓的人，在新的工作岗位也很难做到勤勤恳恳、认真负责。

10. 上进心、进取心

上进心、进取心强烈的人，一般都有事业上的奋斗目标，并为之努力。其表现在努力把现有工作做好，且不安于现状，工作中常有创新。上进心不强的人一般安于现状，无所事事，不求有功，但求敷衍了事，因此对什么事都不热心。

11. 求职动机

了解应试者为何希望来本单位工作，对哪类工作最感兴趣，在工作中追求什么，判断本单位所能提供的职位或工作条件等能否满足其工作要求和期望。

12. 业余兴趣与爱好

应试者休闲时间喜欢从事哪些运动，喜欢阅读哪些书以及喜欢什么样的节目，有什么样的喜好等，据此可以了解一个人的兴趣与爱好，这对录用后的工作安排非常有好处。

二、面试类型

面试的种类很多，可以概括为以下几种。

（一）模拟化面试

模拟化面试又称结构化面试，是指面试前就面试所涉及的内容、评分标准及有关细节等问题进行了系统地结构化设计的面试方式。

模拟化面试的目的是更全面、更真实地了解应试者的情况，观察应试者的仪表、谈吐、行为及沟通能力等。

（二）情景面试

情景面试是面试形式发展的新趋势。情景模拟就是招聘单位根据毕业生应聘的职位虚拟一个工作环境，让毕业生直接进入工作角色，从而测试其能力，或者由招聘单位根据招聘岗位在实际中存在的问题提问，希望毕业生能对问题进行分析并提出解决方案。

（三）无领导小组讨论

无领导小组讨论是由一组毕业生组成一个临时的工作小组，讨论给定的问题，并做出决策。目的在于考察毕业生的各种能力和性格特征，如领导能力、协调能力、决策能力等。这时候毕业生应该根据自己应聘的职位特点来展示自己，同时还要注意观察小组成员的表现、倾听他们的谈话，适时做好记录。

（四）压力式面试

压力式面试是由主考官有意识地对求职者施加压力，针对某一问题或某一时间开展的提问来进行面试。在进行压力式面试的时候，主考官提出的问题不仅详细，而且刨根问底，无法直接回答，甚至会有意识刺激求职者。这主要考察求职者在突如其来的压力下能否做出恰当反应，以观察其涵养、机智程度和应变能力。

（五）非引导式面试

非引导式面试又称自由式面试，是指主考官与求职者通过自由式的交谈来考察求职者的面试。主考官与求职者漫无边际地进行交谈，气氛轻松活跃、无拘无束，双方自由发表言论，各抒己见。非引导式面试的目的在于通过闲聊来观察求职者的谈吐、举止、知识、能力、气质和风度，对其做全方位的综合素质考察。

（六）综合式面试

综合式面试是指考官通过多种方式来考察求职者的综合能力和素质。例如，用外语与求职者对话以考察其口语表达能力，让求职者抄写一段文字以考察其书法，甚至要求求职者现场操作计算机等都属于综合式面试。

在实际面试过程中，用人单位可能综合采取几种面试方式，也可能就某一方面的问题对求职者进行更广泛、更深刻地考察，从而达到选拔优秀求职者的目的。

拓展阅读

自由化面谈的常见问题

如果不能获得到这个职位，你会有什么想法呢？

思路点拨：如果我不能获得到这个职位，我也不感到遗憾。既然是应聘，那么就有人上，也有人不能上，这是非常正常的事，我早就有了思想准备。不过如果贵公司能把我不能获得这个职位的原因反馈给我，使我以后在竞争中做得更好一些，那么我将非常感谢。

能谈谈你的个性吗？

思路点拨：我的个性可以用"执着"这两个字来概括。我认为执着是人的立身之本，执着的人能经得住时间和历史的考验。因此，我将永远保持执着的个性特点。

可以谈谈你学生时代班集体的情况吗？

思路点拨：我大学四年的班集体是一个非常团结和睦的大家庭。同学们都互相关心、互相爱护，相处非常融洽。而且无论是学习还是搞活动，大家都有一种你追我赶的精神，在我的印象中几乎没有一个偷懒的人。尤其是大家相处时都能开诚布公、坦诚相待。在我大学的这几年中，很少发现同学们有过争吵、打架的情况。即使学生时代再好，我们终究要走上社会，但同学们已经相约，毕业后每年搞一次聚会。

你认为最理想的工作集体应该具有哪些条件？

思路点拨：最理想的工作集体应该具备下列条件。

（1）这个集体的成员应该具有较高的素质，也就是说应该具备较高政治素质、道德素质、业务素质。

（2）这个集体所有的成员能把心扑在工作上，而且工作都能认真负责，都能为这个集体创造一流的成绩，都能为这个集体贡献自己的力量。

（3）这个集体所有成员都能互相尊重、互相学习、互相爱护、互相关心，而不是互相拆台、互相攻击。

（4）这个集体所有的成员都有集体主义精神，爱惜集体的荣誉像爱惜自己的生命一样。只有这样，这个集体才能拥有极强的凝聚力。

三、面试的策略和方法

（一）面试的准备

"机遇只垂青于有准备的人"，求职者应根据求职岗位的特点，并结合面试单位的态度和要求来进行以下几方面的准备。

1. 信息准备

毕业生可以通过网络搜索、电话咨询等方式了解情况，掌握用人单位的性质、规模、经营业绩、发展前景、企业信誉等情况；掌握用人单位对员工的工作要求、工作职责以及给予员工的报酬、培训等情况。

2. 心理准备

心态对于面试来说至关重要，紧张的心态会抑制思维的活跃，不利于面试。如果保持放松而平静的心态，就会思维稳定，不仅能够发挥出自己的真实水平，甚至还能创造性地应答意外性的问题。应聘者对面试要充满信心，及时调整自己的心态，积极、乐观地面对。

3. 资料准备

要熟知与应聘岗位相关的专业知识和业务技能，准备一套求职材料。

比如与应聘职位相关的资格证书、社会实践经历的证明材料、参加学校社团证明的材料等，以供招聘单位查阅参考。许多用人单位在面试时，都要求求职者作一个自我介绍。因为招考单位的招考人员提问哪些内容、时间长短都不一定，所以必须练习控制时间，将自我介绍说得明确得体，给招考人员留下良好的第一印象。

4. 问题准备

仔细研究和推敲面试时可能会问到的问题，必须为一些典型提问准备答案，以便能够在面试现场清晰地表达自我。准备工作做得越充分，面试结果就会越好。应聘者也应该准备几个问题来问对方，使招聘者知道求职者的水准及想了解的问题，给对方留下深刻的印象。

5. 形象准备

第一印象往往会影响面试效果，有不少人因为第一印象不好而失去理想的就业机会。因此，在准备面试时必须事先整理一下自己的形象，注意

云课堂

面试的技巧
与方法

云课堂

面试礼仪

穿着和精神面貌，给对方留下良好的第一印象。一个人的良好形象不仅仅表现在相貌和身材等方面，穿着打扮和举止在很大程度上也反映出一个人的修养。在面试中，恰到好处的表情和举止，代表着求职者良好的个人素养，会给主考官留下较好的印象。

（二）面试技巧

1. 倾听和观察的技巧

倾听是一种重要的交流信息的技巧。倾听表示自己对话题很感兴趣，使对方获得心理上的满足，倾听也能够使自己获得更多的信息，以便随时调整自己谈话的内容。在面试中倾听主试者谈话时要做到以下几点：一是目光要专注，并不时地与之进行目光交流，千万不要东张西望；二是面带微笑，适时以点头的方式表示赞同对方；三是身体要稍稍前倾，手脚不要有太多的动作；四是注意察言观色，根据主试者的体态变化，判断主试者的内心活动及对自己的认识和态度，有针对性地应对，变被动为主动。

2. 语言表达的技巧

在面试时能否恰当地运用语言进行表达，标志着大学毕业生的成熟程度和综合素养。语言表达技巧有两方面的要求，一是要做到表达清楚、准确；二是要做到动听，富有美感和吸引力。

（1）口齿清晰，语言流利。交谈时要注意发音准确，吐字清晰。还要注意控制说话速度，以免磕磕绊绊，影响说话的流畅。为了增添语言的魅力，应注意修辞美妙，忌用"口头禅"，更不能用不文明的语言。

（2）语气平和，语调恰当，音量适中。面试时要注意语言、语调、语气的正确运用。打招呼时宜用上声调，加重语气并带着拖音，以引起对方的注意。自我介绍时，最好用平缓的陈述语气，不宜使用感叹语气和祈使句。声音过大令人生烦，声音过小则难以听清。音量的大小要以每位主考官都能听清讲话的内容为原则。

云课堂

职场礼仪

（3）语言要含蓄、幽默、机智。说话时除了表达清晰，适当的时候可以使用幽默的语言，为谈话增加轻松愉快的气氛，也有利于展示自己的优雅气质和从容风度。当遇到难以回答的问题时，机智、幽默的语言会显示出自己的聪明才智，有助于化险为夷，并给人以良好的印象。但使用时也要适度，避免给对方留下随意调侃的印象。

活动亲历

求职过程中遇到挫折，倍感焦虑，如何调节？

小组成员在团队领导者的带领下，进行本堂课的讨论，并由团队领导者记录发言情况，只摘录主要观点，不计分。

第三节　做好入职的准备

思维训练

案例 16

　　经过某银行的笔试、初试后，面试现场只剩下两名求职者——李留华和张大勇，然而只有一个名额。他俩的个人条件都很好：一个成绩优秀、工作能力强；另一个是学生干部，多次获奖。主考官此时让他们分别进面试室。

　　李留华进到面试室后，主考官进来对他说："对不起，我们公司的计算机出了故障，参加面试的名单里没有你，非常抱歉！"自信满满的李留华听完主考官的话后，表情和声音都变了。他激动地说："为什么是这样？你们耍人吧，我在学校里每次考试都是第一名，怎么可能没有进面试？"

　　主考官微笑着说："你先别生气，我们的计算机没有出错，刚才是最后一道测试题。银行的工作并不轻松，需要很强的心理承受能力。市场营销部是银行中最有可能经历风险的部门，我们需要有良好心理承受能力的员工。"李留华愣住了：胜券在握的机会就这样错过了，他心里后悔不已。

　　而在另一间面试室，张大勇听完同样的问题，面带微笑十分镇定地说："我对贵银行发生这样的事故深表遗憾，但是我今天既然来了，我想请您再给我一次机会，对贵银行来说，或许能够意外地获得一个优秀的员工。"主考官露出满意的神情："你真是一个心理承受能力强的小伙子！我们愿意把机会给你！"

思考：

（1）李留华为何应聘失败？

（2）张大勇成功应聘的原因是什么？

（3）你怎么看待心理承受能力与工作之间的关系？

一、职前心理准备及作用

　　职前心理准备，是指求职者在就业前对求职择业过程中可能发生的各种情况做出估计和评价，并为解决这些问题而建立某种思想观念和强化某些心理品质的心理活动过程。良好的心理准备能够使求职者面对各种择业机会时能充分发挥自己的聪明才智和能力，面对各种挫折时心理平衡并迅速帮自己找回重心，达到"猝然临之而不惊"的境界。可以说，健康的心理准备是求职成功的基石。

（一）职前心理准备

　　面对严峻的就业形势，作为求职者的高职毕业生最需要做好的心理准备有什么呢？一是增强自信，二是敢于竞争。

1. 增强自信

哈佛大学著名行为策划学家皮鲁克斯有一段精彩之至的论述："人必须要有自信与自尊，才能够让我们感觉到自己的能力。其作用是其他任何东西都无法替代的。而那些软弱无力、犹豫不决、凡事总是指望别人的人，正如莎士比亚所说，他们体会不到也永远不能体会到自立者身上焕发出的那种荣光，因为认识自己的目的就是自信和自立"。

"自信人生二百年，会当水击三千里"，树立自信的最根本途径还是提高自己的能力水平，根据自己的职业定位有目的地提升自己的能力，通过多种渠道和机会锻炼自己。只有搞好学业，发展特长，全面提高自己的综合素质，面对招聘面试时才可能信心十足。

2. 敢于竞争

鲁迅先生有一句话很切合高职毕业生的实际，"我们目下的当务之急，是：一要生存，二要温饱，三要发展"。而这三者都与竞争有关。百舸争流勇者胜，高职毕业生应该正视现实，抓住机遇，扬起理想的风帆，在竞争的激流中奋力拼搏。

高职生就业提升竞争力，就要提升自我认知、提升专业技能、提升就业技能。高职生要根据现代社会的发展需要，塑造自己、发展自己。一进校门就要自觉地把自己的专业学习与以后的就业联系起来，建立合理的知识结构，培养自己的实践操作能力、组织协调能力等，以便在未来的竞争中走向成功。

（二）求职心理准备的作用

（1）有利于高职生在择业中客观地分析自我、认识自我，客观地分析现实和社会的需求，从而使自己的理想与现实、抱负与职业有机地结合起来，做出恰到好处的选择。

（2）有利于高职生以健全的意志使自己的行动既有自觉性，又有果断性，从而避免盲目草率和优柔寡断，并以顽强的意志克服各种困难和挫折，使择业目标得以正确落实。

（3）有利于高职生充分发挥自己的聪明才智，挖掘自己的潜力，综合自己的优势，扬长避短，经过顽强努力实现自己的择业目标。

（4）有利于高职生顺利完成由学校走向社会的身份角色转变，并有准备地应对转变过程中可能会遇到的种种事件，防止过度紧张和其他异常心理反应。

（5）有利于高职生就业后适应职业，入职后的适应过程时间有长有短，有快有慢，顺利或曲折固然受多方面因素的影响，但是否具有良好的择业心态无疑是一个重要的前提条件。

综上所述，良好的心态对于高职生择业前后的各个环节都有着十分重要的作用，尤其是在面临重大抉择时，其作用更为明显。

二、高职学生常见就业心理问题

（一）焦虑心理

在面对择业这一重大人生课题时，高职生产生焦虑心理并不奇怪。适度的焦虑能产生压力，产生求胜的心理和行动；但过度焦虑会影响积极参与就业竞争，也会影响其个人职业生涯的发展。要克服焦虑、急躁的心理，就需要增强竞争意识。建议同学们采用合理的情绪宣泄和放松的方法来减轻焦虑。但是，宣泄一定要注意场合、身份、气氛，要适度，无破坏性。

（二）自卑心理

自卑心理是指在求职择业中过低估计自己，缺乏自信和勇气，自愧不如别人的心理，表现在就业过程中不敢主动参与竞争。那些性格内向，在校期间没有经过各种社会工作、社会活动锻炼的学生在这方面显得尤为突出。因此，择业时首先要战胜的是自己，纠正过低的自我评价。"你之所以感到巨人高不可攀，只是因为自己跪着，不信你站起来试一试，你一定能发现，自己并不比别人矮一截。许多事情别人能做到的，你经过努力一样能做到。"

（三）自负心理

高职生求职时不能没有自信，但是自信过了头，就成了自负。部分毕业生自以为学了很多知识和技能，各方面条件都很好，不怕没有用人单位录用自己，在"双向选择"的过程中，恃才傲物，对就业的期望值过高，严重脱离实际，结果常常是"高不成，低不就"，错过择业良机。自负的人不能客观看待自己的优势，夸大了自己的优势，因此当心目中的高目标不能得到满足时，便会产生失望、挫折的心理。克服盲目自信的核心是正确认识和评价自我。

（四）依赖心理

依赖心理表现在就业中就是不愿承担责任，缺乏独立意识，没有个人独立的决策能力。或者是把希望寄托在父母或亲戚身上，让别人来为自己做选择，自己缺乏主动的竞争意识；或者是把希望寄托在学校身上，希望学校做好"全职保姆"，消极等待；或者是在找工作时喜欢与同学结伴，共同应聘一个单位，希望日后互相照应。

要克服依赖心理：一方面，要充分认识到依赖心理的危害，提高自己的动手能力，不要什么事情都指望别人，遇到问题要做出属于自己的选择和判断，增强自主性和创造性，学会独立思考问题；另一方面，要在生活中树立行动的勇气，自己能做的事一定要自己做，自己没做过的事一定要锻炼做，通过行动上的不断累积来强化自己动手的习惯。

（五）从众心理

从众心理表现为毕业生在择业洪流中，期望水平会受到其他择业者的影响后，改变原有的自我期望而采取不切实际的从众行为。适度的从众指的是认为多数人的行为和意见是正确的而怀疑自己的判断，在一定程度上有助于人们遵从一定的规范，形成一致的行为，完成群体目标。但它的消极影响不容忽视，因为它倾向于形成标准统一的行为模式，排斥与众不同，有时会扼杀创新精神，也不利于个性的发展。

在就业问题上，克服从众心理从根本上说还是要认清自我，了解自己的价值观，弄清自己的条件（优势和劣势），摆正自己的位置，根据自己的实际情况，形成一种脚踏实地的务实态度，而不是盲目随大流；其次，克服从众心理需要适当表现自己，做回自己，跨越"从众"的矮墙，告别平庸，走向卓越。

（六）就业心理期望与失落感

许多高职生对择业的期望值相当高，他们大多数人希望到生活条件好、福利待遇高的大城市、大机关、大公司工作，过多地考虑择业的地域、职位的高低和单位的经济效益，高期望值驱使他们总是向往高薪水、高职位、高起点的工作，将自己就业的目标定得太高，即使找不到合适的单位也不肯降低期望值。一旦出现实际与理想差距较大时，反而弄得上不去、下不来，如果再出现偏执、自卑、幻想等心理问题，就可能导致择业行为的偏差。

避免这种状况的发生，可以尝试用生活中的哲理、榜样的事迹或明智的思想观念激励自己，同各种不良情绪进行斗争。我们应该坚信未来是美好的，因为失败挫折已成过去，要勇敢地面对。高职生在择业过程中，要相信自己的实力，通过自我激励，增强自信心，消除自卑感，保持良好的情绪和心态。

三、高职生求职心理调适

求职择业本身就是高职毕业生认识和适应社会的一个过程。高职生在求职过程中遇到困难，甚至经过几次挫折才成功是正常的；在就业中遇到心理冲突、困惑，产生一些不良情绪也是正常的。大学毕业生在遇到就业问题时，应及时调整心态，从容、冷静地面对就业这一人生的重大课题，并做出正确、理智的选择。

（一）调整就业期望值，树立正确的择业观

高职生宜采取"先就业，后择业，再立业"的办法。先选择一个职业，在工作中不断提高自己的社会生存能力，增加实际经验，然后凭借自己的努力，通过合理的职业流动，逐步实现自我价值。要加强择业观教育，引导学生正确处理国家、集体、个人之间的关系，把个人职业发展与社会要求有机地结合起来，树立自尊、自强、自立、自爱意识，发扬艰苦创业的精神，在正确的择业观指导下促进大学生素质的全面提高。

（二）正确认识和评价自己

在就业中，高职生要正确认识和评价自己，即认真客观地分析自己的兴趣特长、性格、气质、能力水平等，思考自己适合做什么，竞争力如何。面对择业，高职生除了要客观地分析就业环境，最主要的是要全面地自我评价。高职生应当明确自己的专业发展方向是什么，自己的爱好特点是什么，自己的性格气质是什么，自己最适合干什么工作，自己的优势和劣势是什么等，这样才能使自己在职业中处于积极主动的位置，克服劣势，发扬优势，找到自己满意的职业。

（三）树立自信心，增强竞争意识

人们时常把当今的世界称为竞争的时代，大到国与国之间的较量，小到人与人之间的比拼。竞争冲击着人们的事业和生活，冲击着人们的思想，在求职和择业上亦是如此。

高职生强化择业的竞争意识，首先要在正确评价自我的基础上，充分相信自己的实力，敢于通过竞争去达到理想的目标。其次，必须在心理上与"铁饭碗"的就业思想告别，必须从社会进步和深化改革的角度来加深对竞争机制的认识，强化自身的竞争意识，自觉地正视社会现实，转变观念，做好参加竞争的心理准备。

要想在求职择业中取得成功，仅仅敢于竞争还不够，还必须善于竞争。善于竞争体现在具备良好的心理素质、实力和良好的竞技状态上。

（四）积极调整心态，促进人格完善

在求职择业的过程中，高职生应当自觉提高自我心理调适的主动性，当自身心理平衡难以维持，即将产生或已经产生心理障碍时，应当根据自己心态的实际情况，选择诸如自我静思法、自我转化法、自我适度宣泄法及理性宣泄法等心理调适方法来调节自身心态，重新建立心理平衡。首先，可以进行积极的自我心理暗示，鼓励自己、相信自己，帮助自己渡过难关。其次，可以向朋友、老师倾诉，寻求他们的安慰与支持。最后，还可以通过体育锻炼、听音乐、郊游等方式转移自己的注意力，排解心中的烦闷，放松自己的心情。通过分析自己

就业时出现的种种不良心态，可以发现自己平时不容易察觉的一些人格缺陷。

（五）正确对待挫折

人们在求职择业中遇到挫折是正常的，切不可因此而自卑。一个心理健康的人对人生总保持着高昂的自信心，如果丧失了自信心，就失去了开拓新生活的勇气。顺境中有自信心不足为奇，逆境中更需要自信心的支持。生活中的挫折是造就强者的必由之路，挫折是锻炼意志、增强能力的好机会。遇到挫折后应放下心理包袱，仔细寻找失利的原因，调整好目标，脚踏实地地前进，从而争取新的机会。挫折是一种鞭策。双向选择的本质意义是一种激励手段，对优胜者是这样，对失败者也是如此。它对失败者并不是淘汰和鄙视，相反，能促使失败者振作起来，彻底摆脱"等、靠、要"的就业心态，使自己变得更加自立、自强，成为新时代的开拓者。

拓展阅读

心态调节之克服焦虑的方法

介绍减轻焦虑的九条建议，这些建议将帮你解决恐惧思维、回避行为和身体紧张三方面的问题。最终效果取决于你的焦虑类型和当前问题的严重性。

（1）如果你的担忧是"如果……怎么办？"，那么请把你的答案列成一张清单，写出有助于解决问题的可操作性行为和方案。

（2）把想法写下来，不要在脑海中反复思考。例如，你因担忧而无法入睡，那就把忧虑写在床头的笔记本上。当你做好准备，随时可以重新思考。

（3）努力不去担心、告诉自己没问题只会让你更焦虑。当你感到过度担忧，认为某个问题无法控制时，问自己几个问题，预测一下事情发生的可能性以及应对方案。比如"这件糟糕的事情的发生概率有多大？""一旦发生，最坏的结果是什么？最好的结果是什么？什么是最可能的结果？""怎样做可以避免最坏的结果？""一旦发生，我可以如何应对？"

（4）学会忍受不确定性很重要。无论你准备得多么充分，意外事件和突发状况仍会出现。接受这种必然性，你会更轻松地面对意外情况。

（5）持续接触让你害怕的场景是减轻回避行为的最好途径。如果你有社交恐惧，那就制造更多机会认识朋友，让这个过程变得令你舒服。跟不认识的人问好，参加一场聚会，学习一项课程或加入一个俱乐部都是很好的实践。这种暴露疗法起初可能让你不适，坚持一段时间后，你的焦虑感将会减少。

（6）记录你的进度。保持追踪，监控这些策略成果如何。注意焦虑的诱因、思维、行为、缓解策略和症状的改变，你会知道哪些策略奏效。借助电子表格、笔记本或手机App。

（7）渐进式肌肉放松练习会帮你重新认识身体放松。当你遇到焦虑导致的肌肉紧张问题时，学会放松对身体十分有益。

（8）膈肌呼吸是压力状况下的另一个对策。尝试向下放松双肩，采用腹式呼吸法，吸气时扩张腹部，而不是胸部。

（9）运动可以减轻特征性焦虑，尤其是超过 20 分钟的有氧运动或心肺锻炼。但这需要耐心，你会在几个月后看到显著效果。

活动亲历

面试中如何做到更加自信？

小组成员在团队领导者的带领下，进行本堂课的讨论，并由团队领导者记录发言情况，只摘录主要观点，不计分。

第四节 办理离校的手续

思维训练

案例 17

以下是一段关于高校毕业生办理离校手续的问答。

问：张笑研，宁波市生源毕业生，毕业后未落实单位，他该如何办理报到与落户手续？

答：宁波市生源的毕业生毕业后未落实工作的，应先将户口落回家中，在当年度的 12 月份仍未落实工作的，持户口本到当地人才服务机构报到并进行未就业登记。

问：吴帆，杭州某职业学院应届毕业生，宁波市奉化区生源，毕业后因一直未落实单位，学校签发的户口迁移证一直在自己口袋里，他该如何办理报到与落户手续？

答：吴帆应将户口落回生源地，并于毕业当年的 12 月份持空白的就业协议书和户口本到奉化人才中心办理报到手续，户口应在当年年底前落实完毕。若为超过时限仍未办理报到落户的人员，应向户籍部门咨询有关户口办理手续。

问：黄怡，宁波市区生源，在外省高校就读，刚毕业 1 个月。办理毕业手续时档案是"派遣回家"的，学校就直接给了本人，现放在身边。黄怡现在已经落实工作，但还没正式签约，在签约前是否要把档案放到人才中心托管？如果签约时单位不接收档案，他应该怎么办？

答：按照中组部《关于进一步加强流动人员人事档案管理服务工作的通知》规定，流动人员人事档案具体由县级以上（含县级）公共就业和人才服务机构以及经人力资源社会保障部门授权的单位管理，其他单位未经授权不得管理流动人员人事档案。严禁个人保管本人或他人档案。未落实工作单位的毕业生档案由户口所在地人才服务机构管理，已落实工作单位的毕业生档案，由工作单位（单位没有档案管理权的由单位主管部门）管理。据此，黄怡应该把档案交至户口所在地的人才服务机构管理，而不应该自己保管。签约时，若单位不接收档案，毕业生应该对用人单位提出要求。若单位不管档案，则毕业生在该单位工作的工作关系档案就无法记录，对将来的工龄认定、职称评审、转正定级等方面都会产生影响。

思考：
（1）毕业生档案为什么不能放在个人手里？
（2）大学生毕业办理户口落户，应该与哪个部门联系？
（3）档案对个人来说有什么作用？

一、办理求职就业手续

根据《国务院办公厅关于进一步做好高校毕业生等青年就业创业工作的通知》（国办发〔2022〕13 号），从 2023 年起，不再发放《全国普通高等学校本专科毕业生就业报到证》和《全国毕业研究生就业报到证》（以下统称就业报到证）。

（一）稳妥有序推动取消就业报到证

知识坊

取消就业报到证补办改派手续，不再将就业报到证作为办理高校毕业生招聘、录用、落户、档案接收转递等手续的必需材料。

（二）提供求职就业便利

五部门发文取消高校毕业生就业报到证

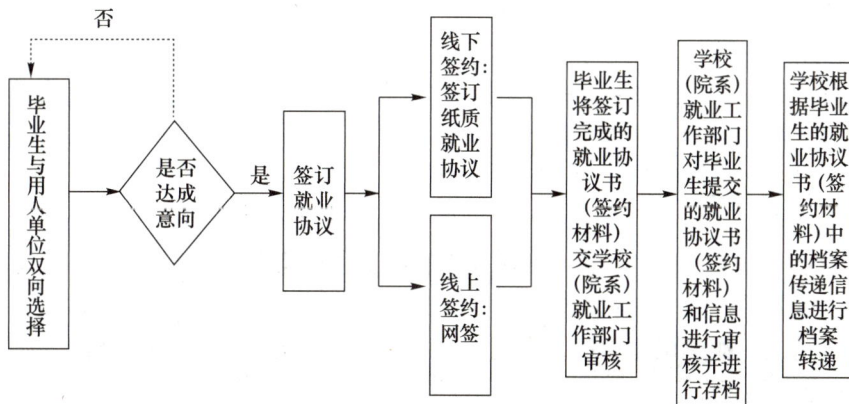

取消高校毕业生离校前公共就业人才服务机构在就业协议书上签章环节，取消高校毕业生离校后到公共就业人才服务机构办理报到手续的环节。应届高校毕业生可凭普通高等教育学历证书、与用人单位签订的劳动（聘用）合同或就业协议书，在就业地办理落户手续（超大城市按现有规定执行）；可凭普通高等教育学历证书，在原户籍地办理落户手续。教育部门要健全高校毕业生网上签约系统，方便用人单位与高校毕业生网上签约，鼓励受疫情影响地区的用人单位与高校毕业生实行网上签约。对延迟离校的应届高校毕业生，相应延长其报到入职档案转递、落户办理时限。具体流程如图 4.2 所示。

图 4.2　毕业生办理就业手续流程图

（三）积极稳妥转递档案

高校要及时将毕业生登记表、成绩单等重要材料归入学生档案，按照有关规定有序转递。到机关、国有企事业单位就业或定向招生就业的，转递至就业单位或定向单位；到非公单位就业的，转递至就业地或户籍地公共就业人才服务机构；暂未就业的，转递至户籍地公共就业人才服务机构。档案涉密的应通过机要通信或派专人转递。公共就业人才服务机构要主动加强与高校的沟通衔接，动态更新机构服务信息，积极推进档案政策宣传服务进校园，及时接收符合转递规定的学生档案。档案管理部门要及时向社会公布服务机构名录和联系方式。

（四）完善毕业去向登记

从 2023 年起，教育部门建立高校毕业生毕业去向登记制度，作为高校为毕业生办理离校手续的必要环节。高校要指导毕业生（含结业生）及时完成毕业去向登记，核实信息后及时报省级教育部门备案。实行定向招生就业办法的高校毕业生，省级教育部门和高校要指导其严格按照定向协议就业并登记去向信息。高校毕业生到户籍和档案接收管理部门办理相关手续时，教育部门应根据有关部门需要和毕业生本人授权，提供毕业生离校时相应去向登记信息查询核验服务。

（五）推进体检结果互认

用人单位应根据工作岗位实际，合理确定入职体检项目，不得违法违规开展乙肝、孕检等检测。对于外科、内科、胸透 X 线片等基本健康体检项目，高校毕业生在近 6 个月内已在合规医疗机构进行体检的，用人单位应当认可其结果，原则上不得要求其重复体检，法律法规另有规定的从其规定。用人单位或高校毕业生对体检结果有疑问的，经协商可提出复检、补检要求。高校可不再组织毕业体检。

二、档案、党团组织关系的转递及常见问题

（一）毕业生档案转递

高校毕业生的学生档案由高校档案管理部门按照相关规定负责转递。工作单位属于机关事业单位的，转递到单位组织人事部门；属于国有企业的，转递到单位人力资源部门；属于民营企业、社会组织等没有人事档案管理权限的，或自主创业的，转递到单位所在地或创业地的流动人员人事档案管理服务机构（一般为县级以上人社部门所属公共就业和人才服务机构）。

（二）党团关系转接

1. 党组织关系转接

（1）落实工作单位的党员，将组织关系转移到单位党组织。工作单位尚未建立党组织的党员，组织关系转移到单位所在地或本人居住地的街道、乡镇党组织。

（2）未落实工作单位的党员，将组织关系保留在原就读高校党组织或转移到本人居住地的街道、乡镇党组织。

（3）出国留学和出境学习的党员，组织关系保留在转入个人档案所在单位或转回户籍所在地的党组织部门。

（4）升学的党员组织关系按照相关规定办理。

2. 团组织关系转接

（1）升学的毕业学生团员，团组织关系转入录取学校。

（2）已落实工作单位（含自主创业）的毕业学生团员，将组织关系转至工作单位团组织；工作单位未建立团组织的，转至其经常居住地或工作单位所在地乡镇、街道团组织。

（3）参军入伍的毕业学生团员进入特殊单位专属库集中进行管理。

（4）未升学或未落实就业去向的毕业学生团员，可在原学校保留组织关系6个月至1年，也可将组织关系转至居住地或户籍地所在乡镇街道团组织。

（5）出国（境）学习生活的毕业学生团员，由出国（境）前所属学校团组织保留其组织关系。

（三）档案常见问题解答

1. 什么是档案?

在校时叫学籍档案，毕业后叫人事档案。它是个人经历的记录，也是人事管理和服务的依据。

2. 档案有什么用?

档案是用人单位考察录用人员的参考，也是维护个人权益和福利的凭证。无论是工作调动、考研、公务员招考，还是职称评审、考证、工龄认定社保办理、住房补贴发放、入党、办理退休等事宜，都要用到它，所以大家可千万不能大意!

3. 档案管理服务包括转正定级吗? 工龄怎么计算?

根据人社部发〔2016〕44号文件，不再对初次就业流动人员办理转正定级手续。机关事业单位和国有企业招考、聘用、招用流动人员时，可参考档案中的劳动合同等材料及就业登记、社会保险缴费记录认定参加工作时间和工作年限。

4. 档案保管费怎么收取?

根据人社部发〔2014〕90号文件，自2015年1月1日起，不再收取档案保管费。

5. 我今年大学毕业了，准备复习考研，不参加工作，我的档案怎么存放?

根据国家相关政策，你的档案可以在学校保存两年，也可以存放到你户籍所在地县级以上公共就业和人才服务机构。

6. 人事档案在人才服务机构管理的毕业生怎样参加社会保险?

单位统一参保的，可通过单位办理新增投保手续;单位不统一参保或暂无工作单位的，本人可到存档的人才服务机构或居住地社保机构咨询灵活就业的社会保险及灵活就业的医疗保险相关业务。

7. 学校直接将密封好的档案交给我了，怎么办?

根据《流动人员人事档案管理服务规定》（人社部发〔2021〕112号），流动人员人事档案转递应当通过机要通信、专人送取或邮政特快专递等给据邮件方式进行。严禁个人自带档案，请不要从学校老师手中直接接收并自己转递档案。

三、如何签订《就业协议书》

（一）《就业协议书》概述

《就业协议书》的全称是《全国普通高等学校毕业生就业协议书》，是明确毕业生、

知识坊

全国普通
高等学校
毕业生就
业协议书

用人单位和学校在毕业生就业工作中权利和义务的书面表现形式，一般由教育部或各省、自治区、直辖市就业主管部门统一制表。作为学校列入派遣计划依据的《就业协议书》，由学校发放，毕业生签字，用人单位盖章，毕业生本人保存一份作为办理报到和接转行政和户口关系的依据。作为三方之间的一份意向性协议，《就业协议书》不仅能为毕业生解决工作问题，保障毕业生在寻找工作阶段的权利与义务，同时也为用人单位能够从不同学校找到合适、优秀的毕业生提供保障。

（二）《就业协议书》的主要内容

（1）毕业生应按国家法规就业，向用人单位如实介绍自己的情况，了解用人单位的使用意图，表明自己的就业意见，在规定的时间内到用人单位报到，若遇特殊情况不能按时报到，须征得用人单位同意。

（2）用人单位要如实介绍本单位的情况，明确对毕业生的要求及雇佣意图，做好各项接收工作。

（3）学校要如实向用人单位介绍毕业生的情况，做好推荐工作，用人单位同意录用后，经学校审核列入建议就业计划，报主管部门批准，学校负责办理派遣手续。

（4）各方应严格履行协议，任何一方违反协议，应承担违约责任。

（5）其他补充协议。

（三）《就业协议书》的签订原则

《就业协议书》的签订原则是指三方在签订就业协议时必须遵循的基本准则。

1. 主体合法原则

签订就业协议的当事人必须具备合法的主体资格。对毕业生而言，就是必须要取得毕业资格，如果学生在派遣时未取得毕业资格，用人单位可以不予接收而无须承担法律责任。对用人单位而言，必须具有从事各项经营或管理活动的能力，单位应有录用毕业生的计划和录用自主权，否则毕业生可解除协议而无须承担违约责任。对高校而言，应根据用人单位的要求如实介绍毕业生的在校表现，也应如实将所掌握的用人单位的信息发布给毕业生。

2. 平等协商原则

就业协议的三方在签订就业协议时的法律地位是平等的，任一方不得将自己的意志强加给其余两方。学校不得采用行政手段要求毕业生到指定单位就业（不包括有特殊情况的毕业生），用人单位亦不应在签订就业协议时要求毕业生提交风险金、保证金。三方当事人的权利和义务应是一致的。除协议书规定内容外，三方如有其他约定事项，可在协议书"备注"内容中加以补充确定。

（四）签订协议书应注意的几个问题

1. 认真审查协议书的内容

协议书的内容是整个协议书的关键部分，毕业生一定要认真审查。首先审查协议内容是否合法，是否符合国家相关法律和政策；其次审查和仔细推敲双方权利和义务是否合理；第三要审查清楚除主协议（即主合同）外是否有附件（即补充协议），并审查清楚其内容。

2. 写清补充协议内容

由于现在使用的协议书内容简单，毕业生可以和用人单位协商，就原协议书中未能体现的具体权利和义务用补充协议形式表达出来。按照《劳动法》《合同法》及相关法律的规定，《就业协议书》协议内容至少应具备以下条款才能具有法律效力：服务期，工作岗位，工资报酬，福利待遇，协议变更和终止条款，违约责任。必须指出，补充协议书和主协议书具有同等法律效力。

3. 审查单位主体资格是否合格

协议双方的资格是否合格是协议书是否具有法律效力的前提（这里主要是指用人单位的资格）。用人单位不管是机关、事业单位还是企业（不包括私营企业），必须要有招聘职员的权力，如果其本身不具备自主招聘的权力，则必须经其具有招聘权力的上级主管部门批准同意。因此，毕业生签约前，一定要先审查用人单位的主体资格。

4. 写明违约责任

违约责任是指协议当事人因过错而不履行或不完全履行协议规定的义务，而应承担的法律责任，是保证协议履行的有效手段。鉴于毕业生及用人单位违约率有所增加的实践状况，协议书中的违约条款就显得尤为重要。因此，在协议内容中，应详细表述当事人双方的违约情形及违约后应负的责任，同时还应写明当事人违约后通过何种方式、途径来承担责任。这样，才能更有利于当事人双方履行协议，也有利于以后违约纠纷的解决。

5. 审查用人单位及上级主管机关签署的具体意见

用人单位及上级主管机关签署的意见应具体准确，应和协议书的内容相一致。

6. 保证协议形式的合法性

毕业生和用人单位协商一致后，签约时要注意完整地履行手续。首先，毕业生要签名并写清签字时间；其次，用人单位以及其上级主管部门必须加盖单位公章并注明时间，不能用个人签字代替单位公章；再次，毕业生和用人单位签字后需将协议书交给学校毕业生分配主管部门履行相关手续，以便及时制订就业计划和顺利派遣。

（五）《就业协议书》的签订程序

毕业生与用人单位达成一致后的签约程序如下。

第一步：毕业生领取协议书后，填写个人基本信息并签署应聘意见。

第二步：毕业生与用人单位在友好协商，达成一致的基础上，签订就业协议书。用人单位及其上级主管部门填写基本信息，签署意见并盖章。

第三步：毕业生持用人单位已盖章的《就业协议书》到所在院系签署意见并盖章。

第四步：毕业生持《就业协议书》到学校就业主管部门审核，签署意见并盖章。同时正式列入当年毕业生就业计划，并上报省教育厅大中专学生就业服务中心申请办理《就业报到证》。

需要说明的是，按程序到学校签章，由学校最后把关，更有利于维护毕业生的合法利益。有些毕业生图方便，要求学校先签章，再交用人单位，用人单位可能添加有损毕业生权益的条款，产生不利后果。学校把关的意义还在于确认签约手续是否完备，否则若由于手续不齐等原因，导致报方案时通不过，或派走后到用人单位无法报到，会加大毕业生的心理负担。

（六）违约责任及毕业生违约的后果

《就业协议书》一经毕业生、用人单位和学校签署即具有法律效力，任何一方不得擅自解除，否则违约方应向权利受损方支付协议条款所规定的违约金。从实际情况来看，就业违约多为毕业生违约。毕业生违约，除本人应承担违约责任、支付违约金外，往往还会造成其他不良的后果，主要表现在以下几个方面。

（1）就用人单位而言，往往为录用毕业生做了大量的工作，有的甚至对毕业生将要从事的具体工作也有所安排。同时毕业生就业工作的时间相对比较集中，一旦毕业生因某种原因违约，势必使用人单位的录用工作付之东流。用人单位者若要另起炉灶，选择其他毕业生，在时间上也不允许，从而给用人单位工作造成消极后果。

（2）就学校而言，用人单位往往将毕业生违约行为认为是学校的行为，从而影响学校和用人单位的长期合作关系。用人单位由于毕业生存在违约现象，而对学校的推荐工作表示怀疑。从历年的情况来看，一旦毕业生违约，该用人单位在几年之内都不愿到学校来挑选毕业生。面对激烈的就业竞争，用人单位的需求是毕业生择业成功的前提，这样一来，毕业生违约必定影响今后学校毕业生的就业工作，同时影响学校就业计划方案的制订和上报，并影响学校的正常派遣工作。

（3）就其他毕业生而言，用人单位到校挑选毕业生，一旦与某毕业生签订就业协议，就不再录用其他毕业生。若日后该毕业生违约，有些当初希望到该用人单位工作的其他毕业生受录用时间等限制，也无法补缺，造成就业资源的浪费，影响其他毕业生就业。

因此，毕业生在就业过程中应慎重选择，要讲诚信、讲法治，认真履约。

毕业生一旦违约，必须承担违约责任，在征得用人单位同意并交纳违约金后才可重新签约。毕业生违约时，必须办理完毕与原签约单位的解约手续(包括原签约单位的书面退函,交纳违约金)，然后将原协议书上交给招生就业工作处，并换取新的协议书。

（七）其他注意事项

（1）毕业生回生源地自主择业或二次就业的，可不签就业协议书。

（2）到省辖市管或区管单位就业的，须经省辖市毕业生就业主管部门(非师范类经市人事局,师范类经市教育局)盖章同意；到县及其以下单位就业的，只需经县毕业生就业主管部门盖章同意。

（3）到省直部属单位就业的，须经其主管部门盖章同意，在省工商局注册的非国有单位接收毕业生，须到省人才交流中心实行人事代理并到省大中专学生就业服务中心审核备案。

（4）在省外落实接收单位的，按有关省、市县(区)毕业生就业主管部门的规定办理。省外主管部门没有规定的，须经市(地)以上毕业就业主管部门盖章同意。

（5）到在京中央单位的，需经国家人力资源和社会保障部同意。

活动亲历

大学生如何高效办理求职手续?

小组成员在团队领导者的带领下，进行本堂课的讨论，并由团队领导者记录发言情况，只摘录主要观点，不计分。

第五章

职场适应，工作胜任

周文王尊贤礼士，贤才济济，所以国势强盛。千秋基业，人才为先。实现中华民族伟大复兴，人才越多越好，本事越大越好。

——习近平

在这一章中，你将：

- 了解如何完成职业身份角色的转换。
- 了解加强职业道德修养的途径。
- 掌握建立和谐的人际关系的方法。
- 把握好第一份工作，走好职业生涯的第一步。

第一节　转换职场角色

🔘 思维训练

案例 18

岗位实习结束了。学校机电系负责实习的黄老师与某制造企业的人力资源毕主管在一起交流学生实习的情况。

毕主管：来的这些学生，大部分不错，有一小部分我们不是太满意。

黄老师：是的，希望您对我们的学生多提一些建议，我会把您的意见带回学校，从学校的教育抓起，让学生将来毕业的时候更受企业欢迎。

毕主管：表现不错的学生，主要是适应得快，无论是作息时间、工作状态、人际关系等，都可以让自己由学生角色进入一个工作者的角色。相反，有个别学生总爱比较。曾经有一个学生向我反馈说不喜欢这里，因为不习惯12人一间的宿舍，受不了天天吃大米，尤其是车间师傅跟他说话时一点也不客气，一想起学校的生活，就感觉这里的日子不是人过的，想中断实习。

黄老师：是啊，学生爱拿公司与学校做对比，我也听到不少这样的抱怨。这些学生忘了自己的角色，拿着学生的角色干着一线员工的工作，肯定干不好。

毕主管：越是适应慢的，越是爱抱怨的。其实，工作就是工作，把自己当成一个工作者，尽职尽责做到最好，心态放正，接受现实。你是一线员工，你的工作就是天天和机器打交道，就是需要重复工作，工作环境就是有噪声，需要了解和接受工作的状况，而不是抱怨啊。年轻人，心太脆，一碰就碎，就离职走人。哎，吃亏的在后面啊。

黄老师：您说得很有道理，学生的角色转换是个内功，回校后我们要引导学生好好修炼啊。

思考：

（1）在角色转换过程中，你常遇到的障碍有哪些？

（2）一个爱抱怨的员工是如何看待工作的？一个积极努力工作的员工是如何看待工作的？

（3）接受现实与角色转换之间有什么关系？

通过前几章的学习，我们期望高职生在校时就开始为成为合格的职业人，充分做好各项准备工作，顺利地把自己从"学校人"转换为"社会人""职业人"。看起来这是个转换角色的问题，实际上归根到底还是要把自己塑造成一个什么样的人的问题。那么，三年的高职生活过后，你是一个善于适应、积极调整、目标坚定、踏实肯干的人，还是一个被动适应、怨天尤人、沉溺迷茫、心浮气躁的人？是一个遇到困难会陷入无助、困惑的人，还是会相信办法总比困难多，并去积极尝试寻找办法的人？是一个可以认清自我角色并主动适应的人，还是一个对自我角色认知模糊而不知所措的人？

一、社会角色的含义

社会心理学认为，社会角色是个人在特定社会群体中的身份及其身份所规定的行为规范和行为模式的总和，即个人的社会责任与权利、应做什么与不该做什么。

心理学家萨尔宾(T. R. Sarbin)把社会角色划分为三个层次：角色期待、角色知觉、角色实现。角色期待是指社会对某一社会角色的期望和要求，没有角色期待，就无所谓社会角色。角色知觉是个体在社会情境中对角色及其有关角色现象的整体反映，是个人对角色的综合理解，一种角色的行为只有在角色知觉清晰的情况下才能得以实现。角色实现是实现自己扮演角色的行为进程和结果，即生活实际中表现出来的角色。

二、学生角色与社会角色的区别

（一）社会定位不同

学生角色是受教育、掌握本领，接受经济供给和资助，逐步完善自己的过程；社会角色是用自己掌握的本领，通过具体工作为社会付出、独立作业，具有一定的权利和义务，以自己的行为承担责任的过程。

（二）社会评价体系不同

学生角色是以"过渡者""准职业人"为标准的评价体系，主要评价者为学校、老师、同学；社会角色的评价体系是以"社会人"和"社会化人才"的标准来衡量。

（三）承担责任不同

学生角色主要承担自我德智体美劳全面发展的责任，努力学习各方面知识，掌握职业技能和本领；社会角色是以特定的身份去履行自己的职责，与同事密切合作，充分履行职业责任。

（四）社会规范不同

社会赋予角色的规范，就是社会提供的行为模式。学生规范多是从培养、教育的角度出发，促使其以后能够顺利成长为合格人才，如怎样遵守学校的规章制度，怎样做人等。社会赋予职业角色的规范、提供行为的模式，则因职业的不同而不同。这些模式既具体又严格，违背了就要承担一定的责任，甚至法律责任。

三、大学生角色转变障碍表现及分析

（一）大学生角色转换中常出现的问题

通常情况下，大部分学生是可以自觉完成角色转换的。然而，也有不少学生在转换中出现了各种各样的问题，概括来说，有如下三种。

云课堂

积极角色转
换（上）

（1）角色固恋。角色固恋指个体在成长，环境在变化，社会期待的个体的角色行为已改变，但个体仍采用过去的、与当下不适应的思想观念和行为模式应对当前环境，刻板地沿用过去的角色模式而不能根据环境变化调整自己的行为。例如，有的大学生不能接受自己在大学已失去在中学同学中的"优越感"，或自己是个普通人、在某方面落于人后的事实，这是他们对自己曾经的优秀学生角色固恋的表现。

（2）角色迷失。角色迷失也称角色混乱，艾里克森用该术语描述个体心理社会发展的一个阶段，即青春期的特征，指个体在这个阶段与他人所做出的各种认同（或角色原型）之间缺乏协调。时常有大学生为"找不到自我了"而苦恼，很多大学生对未来发展感到迷惑，没有明确的目标和打算，感觉自我像失控了。这些都是角色迷失的表现。

（3）角色退行。这指的是个体因受到挫折而改用过时的角色行为模式来应对当前的环境。如，有学生在遭遇困难时，常常采取一个人生闷气、躲在寝室里大哭等一些儿时的角色行为模式来应对挫折。

（二）大学生角色转换出现问题的原因分析

（1）对学生角色的依恋心理。当毕业的钟声即将敲响，大学生的心理是复杂的。一些毕业生在角色转换的过程中容易依恋学生角色，出现怀旧心理。经过十多年的读书生涯，他们对学生角色的体验可以说是非常深刻了，学生生活使得每一位学生在学习、生活和思维方式上都养成了一种相对固定的习惯。因此，在初入职场时，许多人常常会自觉或者不自觉地把自己置身于学生角色中，以学生角色的社会义务和社会规范来要求自己、对待工作；以学生角色的习惯方式来待人接物，来观察和分析事物。

（2）对期待落空的失落心理。造成这种心理有两方面原因。一方面，许多大学生都有一种"十年寒窗，一举成名"的心理，对择业的期望相当高。他们希望到条件好、待遇高的大城市、大公司工作，而不愿到急需人才但条件艰苦的中小城市和基层小单位，过分地考虑择业的地域、职位的高低和短期的经济效益。

另一方面，刚刚工作的毕业生往往有立即干出点名堂的想法，希望单位领导予以重任，做富有挑战性的、与自己兴趣相符的事务，以展示自己的才华。但从培养人才的角度，领导往往把刚毕业的学生放到一线，甚至是做最初级、最基础、最底层的工作，锻炼毕业生的吃苦精神、敬业精神、耐挫能力、合作精神等。单调的工作任务与强烈的成功欲望产生极大的反差，从而导致毕业生的失落感。

（3）见异思迁的浮躁心理。一些毕业生在角色转换的过程中受社会的影响，表现出不踏实的浮躁作风和不稳定的情绪情感，使自己的求职目标与现实产生极大反差。有的学生认为自己接受了正规的高等教育，各方面条件好，且自己所学专业需求旺，因而盲目自信，看不起基层工作和基层工作人员，甚至认为一个堂堂的大学毕业生干一些琐碎的、不起眼的工作是大材小用。于是就轻视实践、眼高手低、好高骛远，不能深入工作内部了解工作性质、工作职责以及工作技巧。

四、积极进行角色转换的方法

（一）调整落差，注重经验与成长

云课堂

积极角色转换（下）

就业市场化、自主择业给大学生带来了机遇与实惠，但许多大学生对市场残酷的一面认识不足，对就业市场的客观实际了解不够。经过对就业市场、就业形势进行客观了解与深刻体验后，我们必须接受现实，无论是抱怨还是气愤都没有用，这种就业情况不是一时半会儿就能改变的。与其怨天尤人、浪费时间、影响心情，还不如勇敢地承认并积极面对现状，脚踏实地地寻求解决问题的好办法。

当前，应采取"先就业，后择业，再创业"的思路。也就是说，在择业时不要期望太高，可以先选择一个职业，不断提高自己的社会生存能力、增加工作经验，然后再凭借自己的努力，通过正当的职业流动，来逐步实现自我价值。许多大学生不愿意去经济欠发达地区工作，可是随着国家政策的倾斜，这些地区也将成为经济发展的热点，给大学生提供更多的发展机会。因此，到这样的地区去工作可能会更有利于自己的职业发展，也更容易做出业绩。

（二）心中有数，虚心请教与学习

虚心学习知识，提高工作能力是角色转换的重要手段。大学毕业生在学校期间虽然学到了不少知识和技能，但面对全新的职业，还需要像小学生那样从头学起，虚心向有经验的技术人员、领导、师傅和同事学习，学习他们观察问题、分析问题和解决问题的方法，不断丰富自己的专业知识，提高自己的专业技能，最终实现自我完善。

（三）积极准备，在适应中发展

作为一个职业岗位的新手，在初到工作单位的一段时期，应该主动地关心和收集有关的信息。比如，本职业的传统和现状，本单位的历史和前景等。在工作之余，不要只忙于自己的休闲活动，也应当安排出一定的时间，创造机会与单位的老同志和有关部门的同事聊聊、了解情况，也可以在工作中随时做些工作资料的记录和整理工作。只有尽早积累，才能在适应角色上领先一步。

（四）和谐人际，为发展铺平道路

和谐的人际关系可以尽快地消除陌生感和孤独感；可以创造良好的工作环境，使人工作顺心，提高效率；可以营造一个宽松的生活环境，使人生活愉快，心理健康；可以增进团结，有利于集体，有利于事业。因此，良好、和谐的人际关系对于大学生的职业发展和自身发展都有非常重要的意义。

拓展阅读

名企高管点出大学生的不足

当今社会需要什么样的大学生？几位知名企业的招聘主管从学业以外的诸多角度，谈了各自的筛选标准，其中不乏对当今大学生思想、行为、品行的评价。企业明确表示，他们不是要找最优秀的，而是要找最适合的，他们希望遇到人品好、有上进心、踏实肯干的年轻人。这几乎是大企业招聘大学生的共同想法。

张宏江（原微软亚洲工程院院长）：一些软件专业大学生的突出问题是太功利，脱离现实。现在成绩好的大学生不算少，但知识结构扎实而系统的不多。我们在面试中发现，许多学软件的大学生只追求编出复杂的程序，却把一些诸如内存管理这样的基础知识抛在一边，而后者恰恰是我们工作中要应用的重点。我们对软件工程师的要求是首先应该了解社会的需要，然后既能把研究转换成技术，又能把用户的需求变成软件所能完成的服务。

彭玉冰（原科龙电器股份有限公司人力资源部总监）：我们最怕大学生眼高手低，还斤斤计较地讲条件。每年在他们实习后的座谈会上，总有大学生说到待遇，他们认为在科龙的实习待遇太低。这种还没有工作能力就与公司讲条件的态度，我们很不欢迎。我跟他们说，进公司的前两三年是你们的学习阶段，在学习阶段与公司讲条件是很荒唐的。

刘永好（新希望集团董事长）：学了很多的理论，总习惯把课本上的东西拿来跟社会现实进行比较，认为所有的工作都能胜任，这是大学生刚毕业时很容易犯的一个毛病。我们有很多案例，说明大学生在工作中怕吃苦，怕损失眼前的利益，不愿在不同岗位上接受锻炼。他们不懂得，经验的取得和得到别人的认同是要耗费一些时间和精力的。

王晓军(通用电气公司人力资源部总监)：社会是一个大课堂。我们强调大学生的实习经历，哪怕在一些工厂或小店里实习过、在社会上做过义工都行。有大学生问我招聘时证书的作用大不大，是不是越多越好。我说，如果证书能真正体现你的才能，当然有证书好。其实，我们更注重一个大学生在实践工作中综合性的能力，特别是处理问题、解决问题的能力。我们的价值观强调的是要真切地表现自我。有的大学生为了给考官留下好印象而刻意做出一些姿态，这些不自然的举动都会被面试官发现，结果只能事与愿违。

活动亲历

大学生如何顺利进行职场角色转换？

小组成员在团队领导者的带领下，进行本堂课的讨论，并由团队领导者记录发言情况，只摘录主要观点，不计分。

第二节　塑造职业形象

思维训练

案例 19

本期的职场沙龙请到的是某医疗器械公司的总经理吕军一。同学们在现场与吕总畅所欲言。其中一个学生问吕总，能否举例说明一个具有职业道德的员工的样子。

吕总：这是个好问题，看来你已经能思考到入职之后的事情了。你认为当大学生有没有职业道德？

学生：学生也是职业吗？

吕总：呵呵，学生不是职业吗？你不要交作业吗？不需要遵守纪律吗？不要定下自己的目标并努力做出业绩吗？

学生：需要啊！可是从来没想过这与职业道德相关。

吕总：嗯，做一个好学生本身就需要具备学生职业道德，做一个好公民需要公民职业道德，做一个好员工也离不开职场职业道德。一句话，做好自己本分的事，记住是做好，而不是凑合和应付啊。

学生：公司有具体的规定吗？比如说态度、行为等方面？

吕总：不能小瞧你们啊，你的问题是追着问啊，水平不低。我举个例子吧，在我们公司墙上有这样一句话——职业道德的底线是老板不会为能力和辛苦付工资，而是为结果付工资。你必须懂得，企业之所以要每个月给你发工资，是因为你有这个月要做的事的结果，而不是因为你这个月付出什么。你如何辛苦不重要，但你提供了什么价值却很重要。如果你有业绩，请提供数据证明自己。你们在学校里很安稳，而在商战中，安稳意味着被淘汰。所以，你们的角色转型越早越好，你们越懂得企业的规矩，将来就适应得越快。

学生：吕总，业绩和结果对企业这么重要，以前真没意识到，您今天这么一讲，我好像明白点什么了。当学生真轻松啊，可这轻松中隐藏了不少危险因素，我想我会认真琢磨的。

思考：
（1）你想如何完成角色转换？你感觉自己能不能做到？
（2）你如何看待吕总公司的职业道德底线？
（3）如何更快地实现从学生到职场人的角色转变？我们需要做些什么才可以更好地转变？

职业化素养是人类在社会活动中需要遵守的行为规范。个体行为的总和构成了自身的职业素养，职业素养是内涵，个体行为是外在表现。职业化素养主要由三个方面构成——职业道德、职业意识、职业心态。

一、职业道德

所谓职业道德，就是与人们的职业活动紧密联系的、符合职业特点所要求的道德准则、道德情操与道德品质的总和，是一般社会道德在特定的职业活动中的体现。它既是对本职人员在职业活动中的行为的要求，又是职业对社会承担的道德责任与义务。

（一）职业道德的特点
职业道德具有以下特点。

（1）职业道德具有适用范围的有限性。每种职业都担负着特定的职业责任和职业义务，有着特定的职业道德规范。比如教师职业道德、医生职业道德等。

（2）职业道德具有发展的历史继承性。由于职业具有不断发展和世代延续的特征，所以不仅其技术世代延续，其管理员工的方法、与服务对象打交道的方法，也有一定的历史继承性。如"学而不厌，诲人不倦"，从古至今始终是教师的职业道德。

（3）职业道德具有表达形式的多样性。由于各种职业道德的要求都较为具体、细致，因此其表达形式多种多样。比如公务员要忠于祖国，热爱人民；医务人员要防病治病，救死扶伤；教师要为人师表，诲人不倦；公安司法人员要秉公执法，维护法律尊严。

（4）职业道德具有强烈的规范性。纪律也是一种行为规范。遵守职业道德带有强制性，具有纪律的规范性。例如，工人必须执行操作规程和安全规定，军人要有严明的纪律等。

（二）职业道德的基本内容
尽管不同职业的职业道德内容不尽相同，但它们都有基本的共同点。我国《公民道德建设实施纲要》提出了职业道德的基本内容，即"爱岗敬业、诚实守信、办事公道、服务群众、奉献社会"。

（1）爱岗敬业。爱岗敬业是社会主义职业道德的最基本的要求，它要求从业人员热爱自己的工作岗位，遵守自己所从事的职业的道德操守，在工作岗位上勤奋努力，精益求精，尽职尽责。这具体表现为以下几方面。

第一，乐业。从内心里热爱并热心于自己所从事的职业和岗位，把干好工作当作最快乐的事。乐业是爱岗敬业的前提，是一种职业情感。

第二，勤业。忠于职守，认真负责，刻苦勤奋，不懈努力。勤业是爱岗敬业的保证，是一种优秀的工作态度。

第三，精业。对本职工作业务纯熟，精益求精，力求使自己的技能不断提高，使自己的工作成果尽善尽美。精业是爱岗敬业的条件，是一种执着的、完美的追求。

（2）诚实守信。诚实，是指忠诚老实，言行一致，表里如一；守信，是指说话、办事讲信用，讲信誉，信守承诺，说到做到。诚实守信，不仅是做人的准则，也是对从业者的道德要求，具体来说，应做到以下几方面。

第一，要忠诚老实。忠于祖国，忠于人民，忠于组织，决不做有损国家、人民和组织利益的事情，坚决反对各种见利忘义、损人利己的行为；坚持实事求是，做老实人，讲老实话，办老实事。

第二，要信守承诺。言必行，行必果，说到做到。自觉地贯彻执行党和国家的路线、方针和政策，自觉履行自己的职责，自觉承担各种社会义务；坚决克服说空话、说大话、说谎话的毛病。

第三，要表里如一。严格自律，自觉遵守各项制度、法规；言行一致，决不能当面一套背后一套。在任何场合，在任何时候，都要做一个光明磊落的人。

（3）办事公道。办事公道是在爱岗敬业、诚实守信的基础上提出的更高层次的职业道德要求。办事公道是指处理各种职业事务要公道正派，不偏不倚，客观公正，公平公开。对不同的服务对象一视同仁，秉公办事，不因职位高低、贫富亲疏而区别对待。

（4）服务群众。服务群众，就是在职业活动中一切从群众的利益出发，为群众着想，听取群众意见，端正服务态度，改进服务措施，为群众提供高质量的服务。服务群众是职业道德的基本要求，是做好本职工作为人民服务最直接的体现。

（5）奉献社会。奉献社会就是要求从业人员在自己的工作岗位上兢兢业业地工作，尽到力所能及的责任，履行对社会、对他人的义务，自觉为社会和他人做贡献。当个人利益、局部利益与社会利益发生冲突时，要求每一个从业人员把社会利益放在首位。

奉献社会是一种人生境界，是职业道德的出发点和归宿。因此，无论从事什么职业，都要树立正确的义利观，正确处理好公利与私利的关系。当"义"与"利"发生矛盾时，要有顾全大局、乐于奉献的精神，真正把国家、集体和人民的利益放在首位。要杜绝斤斤计较、只讲索取不讲奉献、只讲权利不讲义务、只讲金钱不讲道德的思想观念。

二、职业意识

在职业意识中，就业意识指人们对自己从事的工作和任职角色的看法；择业意识指人们对自己希望从事的职业的看法。它们相互依赖于对方而又互相影响，它们构成的职业意识支配和调控着我们每一个人的职业行为和职业活动，对我们人生目标的实现有着极其重要的作用。职业意识既影响个人的就业和择业方向，又影响整个社会的就业状况。

职业意识是人们对职业劳动的认识、评价、情感和态度等心理成分的综合反映，是支配和调控全部职业行为和职业活动的调节器，它包括创新意识、竞争意识、协作意识和风险意识等方面。

（一）职业意识改变我们的职业准备

新一代的大学生正处于职业准备阶段，应该以职业意识为先导，仔细了解责任意识、团队意识、协作意识、服务意识等职业意识，通过积累知识和实践经验来锻炼、获取职业意识，在此基础上提高竞争力，认识到它是就业和开展工作的前提，做好职业生涯规划，有针对性地加强自己的优势，为职业生涯的发展奠定基础。

（二）职业意识确定职业生涯

大学生的就业极大地受到职业意识的影响，在职业的选择会有很大差异。一些大学生毕业后，不顾一切地前往大城市，往政府部门、外企等单位挤，总是想挑选那些条件好、待遇高、压力小的行业，始终挑三拣四，在不断放弃中丧失机会。

大学生应该树立这样一种职业意识——投身社会需要、贵在奉献，勇敢承认各种职业、岗位间存在差别，不要因为一时冲动而选错职业。

（三）生命质量依赖于职业意识衡量

对一个人来说，生命质量主要是看他活得是否有价值，而不简单地依赖于工作对象、报酬以及工作环境。这关系到一个人的价值取向。对工作的认识、感情等，极大地影响着一个人的生命价值。有些人仅仅把工作看作一种生存的手段，对于工作基本没有什么感情，甚至丝毫不在乎工作的成与败，每天的工作成为他们的累赘，但是却不能抛弃；而另外一些人，把工作当成自己生命的一部分，不断自愿地为工作投入自己的身心，每天都能积极地对待每项任务，有着饱满的激情，他们认为生命的价值并不局限于眼前的工作，能够每时每刻都感受到工作的乐趣。

大学生的职业意识影响着现在的职业准备、未来的职业选择和职业发展，社会的进步需要大学生不断地培养自己的职业意识，为实现职业生涯发展目标、实现自己的人生价值奠定基础。

三、职业心态

职业心态是指人在职业中根据职业的需求表露出来的心理感情，即职业活动中对自己职业及其职业能否成功的各种心理反应。职业心态对员工的职业化程度（职业技能、职业道德、工作形象和工作态度）有着极其重要的影响。日常工作中如何正确对待上级、同事、下属、客户、合作伙伴，如何对待工作安排或调整，如何对待批评和荣誉等，都是职业心态成熟与否的表现。

（一）积极心态

积极心态就是面对工作中的问题、困难、挫折、挑战和责任，都从正面去想，从积极的一面去想，从可能成功的一面去想，积极采取行动，努力去做，也就是可能性思维、积极思维、肯定性思维，主要体现在做事方面。积极心态也是一种生活态度，把生活中的一切当作一种享受的过程。

（二）付出心态

工作中的付出包括专业上的付出、职务上的付出、时间上的付出、学习上的付出、精力上的付出、感情上的付出等。工作中的付出心态很重要。它既可以看出一个人对工作的积极态度，又可以看出一个人的思想境界。成功者认为，工作不是为了谋生才去做的事，而是要用生命去做的事。

（三）积极心态

树立明确的远大目标和分阶段目标的人，往往更易坚持。职场人不能把"坚持"当作痛苦的事。有远大目标的指引，有分阶段目标的激励，才能使得每一天扎实的工作都充满价值和意义。

（四）为自己做事的心态

一个职场人要想走向成功，必须从改变心态做起。

一个人常存为自己做事的心态，就会有不同于常人的境界，工作起来就会有动力，也会出业绩，还会有大的成长空间。

有为自己做事的心态，一个人就会更勤奋。把每一份工作都看成自己的分内事，你就会更加主动地工作，你就会觉得时间不够用，自己还有很多进步之处。

四、职业习惯

（一）要做就做最好

一项工作，做到最好才算好。比如你得了 80 分，要想办法达到 85 分，达到 85 分了，再想办法达到 90 分，然后是 95 分、100 分，不断努力，不断提高自己，直至做到最好。

我们对待工作，绝不要抱着无所谓、马马虎虎、得过且过的态度。面对每份工作都应积极开动自己的大脑，勇于承担责任，不为失败找借口，不让抱怨成习惯，每个环节都力求完美，那么你的结果才可能是最好的。

（二）多做少说

多做少说也是一种敬业精神。对上级安排的工作，下属要立即采取行动，全心全意去完成任务。上级交给你一个任务，就是给你一个目标，至于采取什么方式去实现目标，那就是员工应该考虑的问题。目标是虚的，而执行力却是由实实在在的工作组成的。不要过多地质疑领导的决策。

（三）少找借口

接受了任务就意味着做出了承诺，而实现不了自己的承诺是不应该找任何借口的。可以说，工作就是不找任何借口地去执行。思想影响态度，态度影响行动，一个不找任何借口的员工一定是一个执行力很强的员工。无论在什么样的工作岗位上，都要对自己的工作负责，即使失败，也不要用任何借口来为自己开脱。

（四）注重细节

中国古代伟大的思想家老子曾说："图难于其易，为大于其细。天下难事，必作于易；天下大事，必作于细。"在容易之时谋求难事，在细微之处成就大事。难事必从容易处做起，大事必从细微处着手。作为员工，应把做好工作当成义不容辞的责任，要认真对待，注重细节，来不得半点马虎与虚假。

五、职场情商

情商，又称情感智商或情绪商数，是由兴趣、动机、信念、情感（情绪）、理想、意志、性格等要素组成的非智力因素的总称。

1995 年 10 月，美国哈佛大学心理学教授丹尼尔·戈尔曼出版了《情感智商》（*Emontional Intelligence*）一书，明确提出了"情商"的概念。他认为，情商是一种发掘情感潜能、运用情感能力影响生活各个层面和人生未来的品质要素，是对自己情绪的控制管理能力和在社会上的人际交往能力，更能决定一个人的成功和命运。情商由以下五种能力组成。

（一）认识自我情绪的能力

能及时觉察自我情绪的变化，并且能够找到情绪变化的原因。自我觉察能力是 EQ 的基石，这种随时随地认知自身感觉的能力对了解自己非常重要。只有了解自身真实感受的人，才能成为生活的主宰。

（二）自我情绪管理的能力

能根据自身情况、环境状况、人际交往状况，把握、控制、适当表现、发泄自己的情绪。自我情绪控制不等于压抑正常情绪，而是根据外部环境尺度与自己的内部尺度的统一，来适当控制或合理发泄情绪。

（三）自我激励的能力

能够调整情绪，保持高度热忱，让自己朝着目标不懈地努力。充分认识自我、激发自我潜力是成功的内在动力。自我激励能力强的人善于渡过困境，也能在顺境中把握自己。

（四）理解他人情绪的能力

能够理解他人的感受，觉察他人的真实需求，能够设身处地地理解他人的情绪是了解他人需求和关怀他人的先决条件。戈尔曼用同理心（empathy）来概括这种心理能力，具有同理心的人常能从细微之处体察出他人的需求。

（五）人际关系的管理能力

与同事、同学、上级、下级、朋友等和谐相处的能力，是一个人社会适应能力的表现，是一个人成功的重要条件。

以上五个方面中，前三个方面只涉及"自身"——是对自身情绪的认识、管理、激励与约束。后两个方面则涉及"他人"——要设身处地地理解他人情绪，并通过正确理解他人情绪来实现人际关系的和谐。由此，情商较高者有两个基本特征：① 内在层面——妥善管理自己的情绪，懂得自制和自我激励，保持心理健康；② 人际层面——了解他人的情绪，善于与他人和谐相处、合作，人际关系良好。

拓展阅读

技能报国：每个人都可能成为工匠

党的二十大报告中提出：加快建设国家战略人才力量，努力培养更多大师、战略科学家、一流科技领军人才和创新团队、青年科技人才、卓越工程师、大国工匠、高技能人才。目前我国一些关键核心技术实现突破，战略性新兴产业发展壮大，载人航天、探月探火、深海深地探测、超级计算机、卫星导航、量子信息、核电技术、大飞机制造、生物医药等领域取得重大成果，但是在制作工艺、焊接工艺、钳工工艺等方面我们还缺少技能人才。而技能人才的培养就像栽培树木，二十大报告就是技能人才发展的阳光与雨露。

郑志明投身广西汽车集团生产一线，从事钳工工作。他踏实苦干，勤奋好学，一心钻研技术，24年如一日地在生产现场坚守奋战。从公司高级技师、专家、高级专家到首席专家，再到"广西五一劳动奖章"获得者、国务院特殊津贴专家、国家级技能大师、全国劳动模范、全国优秀共产党员、党的二十大代表，这些郑志明一路成长的足迹，完美诠释了"追求卓越、精益求精、用户至上"的工匠精神和敬业精神。"要勇于成为产业技能大师。只要能坐'冷板凳'，肯下苦功夫，你们就是未来的技能大师！"郑志明笑着对团队成员说。正是基于技术不断革新的理念，郑志明才能带领团队研发出一系列新产品，给企业带来巨大效益。他们研发的汽车后梁柔性生产线，可以兼容生产11种车型的后梁。当他与总书记交流时，他告诉总书记，购买一条生产线需要大约800万元，而他们研发的这条带数控的先进生产线，只是购买价格的1/3。

郑志明全心全意为人民服务的品质，客观公道的处事原则，耐心细致的工作作风，持之以恒的奉献精神，倾入工作的满腔热情，面对困难和挑战绝不退缩的担当，深受好评。郑志明为中国汽车制造业的发展贡献出自己的全部力量，在平凡的岗位上结出丰硕的果实，铸就了非凡的人生价值。

活动亲历

如何打造专属自己的职业形象？

小组成员在团队领导者的带领下，进行本堂课的讨论，并由团队领导者记录发言情况，只摘录主要观点，不计分。

第三节　做好人际沟通

思维训练

案例20

电气系的老学长余鹏，奋斗了10年，现在是某物流公司的经理。某天，他应邀回到母校，为电气系的学生分享了他的职场故事。

余鹏：在我的经历中有许多坎坷，但是最让我难以忘怀的是我的第一份工作。那是我服务了将近4年的一家公司，当时我任仓库主管，经理来巡视，对正在盘点的材料提了些建议。我当时是负责人，听了以后就特别想为自己解释，于是就否定了经理的建议，并跟经理解释说正确的方法是怎么样的，而且肯定能做好之类的话。结果，我当场与经理发生了激烈的争吵。后来，我工作还是很努力，也有成绩，但每次加薪或是晋升，我却都没机会。偶尔接触到经理那意味深长的眼光，我隐隐约约地领悟到了什么。终于，我下定决心离开公司。临走时，我和经理进行了一次恳谈。经理语重心长地对我说："年轻人，你以后也会成为更高的领导。要记住，大庭广众之下，没有哪个领导愿意被人顶撞和冒犯，即使只有一次。"这件事让我知道，在职业生涯的路上，需要领悟方圆之道。我不怪上司的心胸或水平，只能反省自己，是自己的冲动和无知影响了人际关系。希望你们在初入职场时一定要懂得职场人际沟通的规则。

思考：

（1）职场人际沟通为什么这么重要？如何站在他人角度来换位思考？

（2）经理对余鹏有什么不满？之后余鹏为什么没有主动找经理沟通此事？

（3）人际沟通的场合、时机、氛围对沟通效果有何影响？

一、建立和谐的人际关系

（一）人际关系的含义

人际关系是指在一定的群体背景中，在交往基础上形成的，由个体的个性进行调节，并伴随有情感上的满意或不满意状态的，人与人之间比较稳定的心理关系。人际关系是交往的结果，是建立在交往双方比较稳定的个性倾向和个性特点基础上的心理联系。一般来说，人们的认知、需要、动机、目的、情感、价值、态度、性格、兴趣等，都是调节人际关系的重要因素。

（二）人际关系的特点

（1）个体性。个体性即人际关系表现在具体个人的互动过程中，其主要表现为对方是不是自己愿意接近的对象，或者自己是不是对方喜欢的对象。

（2）直接性。人际关系是在人们面对面交往的过程中形成的，人们对这种直接性的人际关系可以切切实实地感受到。心灵上的距离越近，就越会感到心情舒畅、愉快。反之，就会抑郁和孤独。

（3）情感性。人际关系的基础是人们彼此之间的情感活动，感情色彩是人际关系最主要的特点。概括地讲，人们之间的情感倾向有两类：互相吸引和接近的情感与互相反对和排斥的情感，与此相对应的就是和谐的人际关系与不和谐的人际关系。在和谐的人际关系中，个体总是特别希望与对方合作或者结合；而在不和谐的人际关系中，对方往往是不能被接受的、难以容忍的对象。

（三）建立和谐的人际关系的途径

大学毕业生处理人际关系要摆脱两个怪圈：一是把人际关系看得过于重要，误将"和谐的人际关系"作为自身发展的唯一筹码，天天琢磨怎么搞好人际关系，而忽视了专业技能的发展；二是忽视人际关系的地位和作用，认为自己是和工作打交道，只要干好本职工作就行了，何必要看别人的眼色、注意和别人的关系。那么大学生应如何加强人际交往，建立和谐的人际关系呢？

（1）提高自身素质，培养自身能力。社会心理学理论认为，个人的能力大小与他受人喜欢的程度有密切关系。一般来说，在其他条件相当时，一个人的能力越强就越受人喜欢。

（2）表里如一，增强自身魅力。外貌在人际吸引中具有重要的作用，毕业生初到工作岗位，要注重自我仪表，适当地打扮一下，不要邋遢。然而，外貌不是万能的，随着人际交往的不断深入，外貌的作用会不断减弱，人们在注重外表的同时，会更加注重内在的道德品质。内在美的更大魅力才能赢得更持久、更深层次的接纳与喜爱，从而与他人建立良好的人际关系。

（3）主动随和，心胸宽阔。大学生要保持谦虚随和、平易近人的交往心态，用一种让自己愉快、也让对方舒服的方式进行沟通，不断获得知识、增长见识，丰富工作经验，提高自己的职业素质。另外，要严于律己，以道德规范和行为准则严格要求自己，要宽以待人，多一些理解和谅解，不斤斤计较。比如，当工作中出现失误或者过错时，要勇于剖析自己，主动承担责任；当同事做错了事或者造成损失时，要善意地指出，热情地帮助。这都是律己宽人的表现。总之，只要心胸宽阔，坚持以严格的规范要求自己，以宽厚的态度对待别人，就可以建立和谐的人际关系。

（4）加强交流，切忌独往独来。空间上的临近是人们之间相互吸引的重要条件，人们因为频繁地接触而熟悉，从而互相喜欢。熟悉是喜欢的重要条件，所以邻近的人最易成为朋友。初到一个新环境，走上新的职业岗位，大学生们要学会适应。由于性格、爱好、生活习惯和生活方式不同，一些大学生开始会有些不合群。具体表现为与他人的志趣不相投，很难与人相处，经常独往独来，这往往导致人际关系的疏远，即他对单位的人和事知之甚少，别人对他的了解几乎没有，这样的人在单位中的人际关系是不会和谐的。

（5）尊重上级，服从安排。人的互补性可以使双方相互喜欢。如果要在两者之间建立良好的人际关系，就要求双方互相能够满足对方的要求。下级和上级的关系就是带有互补性的。作为下级的大学毕业生，要与上级建立一种和谐的关系，要尊重上级，自觉服从工作安排，力争圆满完成上级交办的任务，要维护领导的威信，不要当众顶撞上级。

二、培养团队精神

在职业生活中，任何一个人都不是独立的个体，因此，任何行为都是需要与人交流协作的。但由于学生角色的特殊性、学校环境的相对封闭性，一些大学毕业生的协作精神和团队意识远远不能满足职业的要求。实践证明，在社会联系高度紧密的今天，一项大型工程的开展、一项科研课题的完成、一个生产过程的组织与管理，单靠某个人的力量显然是不够的，必须十几个、几十个甚至成百上千个人共同劳动、互相配合、互相协作才能完成。木桶理论认为，一只水桶能装多少水不但取决于最短的一块木板的长度，还取决于木板与木板之间的结合紧密程度。如果木板与木板之间存在缝隙，同样无法装满水。

所谓团队精神，是团队所有成员都认可的一种集体意识。团队精神是高绩效团队的灵魂。简单来说，团队精神，就是大局意识、服务意识和协调意识这"三识"的综合体。团队精神反映团队成员的士气，是团队所有成员价值观与理想信念的基石，是凝聚团队力量、促进团队进步的内在力量。因此，一个团队的成功不仅取决于每一名成员的能力，也取决于成员之间的相互协作、相互配合。每一个成员都要有互相协作的团队意识，从整体利益出发，个人利益服从集体利益，顾全大局，这样才能建立和谐的人际关系，并创建一个友好的合作氛围。

三、成为最受欢迎的员工

如何获得领导和同事的认同，成为受欢迎的员工，是每个刚走上工作岗位的大学生都渴望了解的内容。一个受欢迎的员工，不仅需要扎实的知识和技能，还必须具备良好的职业道德，拥有一定的人脉。因此，想要成为受欢迎的员工需要把握好以下关键环节。

（一）完成好领导交办的第一项工作任务

面对领导交办的第一项工作任务，每个新参加工作的大学生都希望能出色完成，得到领导和同事的好评，使自己的事业有个良好的开端。但要做到这一点，对刚刚毕业的大学生来说，并非易事。

（1）准备充分。"凡事预则立，不预则废。"想在工作上取得成功，要踏实地做好以下准备：明确工作的目标和想要达到的效果。仔细聆听领导的指示并领会其意图，了解完成工作任务所需的条件并尽可能地创造条件，尽可能了解工作对象的情况和特点，多设想几种实施方案和对策。

（2）坚决执行。做好充分准备，拟定工作计划后，就要踏踏实实，一步一个脚印地去执行。要有如下信念：稳扎稳打，坚韧不拔，相信"功夫不负有心人""有耕耘就有收获"；机智灵活，坚韧不等于呆板，任务越是艰巨就越要实事求是，随机应变；虚心学习，求助于人，"三人行，必有我师"；沉着冷静，不怕挫折，"吃一堑、长一智"，静下心来，总结经验，发愤图强，也许失败本身就是另一种收获。

（3）及时反馈。任务完成之后，少不了要向领导汇报。即使领导没有要求，最好还是花一点精力写份总结报告。如果你圆满地完成任务，此举无疑会放大"战果"。这不仅可以让领导和同事们了解你的工作成绩，也可以使你自身得到提高。如果你没有完成任务，总结就更为重要。通过总结，你可以找出自己失败的原因，吸取教训，在以后的工作中少走弯路。

（二）避免工作中的差错与失误

骏马也难免有失蹄的时候。对于涉世不深、经验不足的大学毕业生来说，工作中出现某些差错和失误是难免的，但这并不意味着差错和失误可以理所当然地出现。在实际工作中，我们应该尽可能地避免差错，或减少到最低限度，具体做法有以下三点。

（1）消除薄弱环节。正如每个人都有自己的优点和长处一样，每个人都有缺点和不足。而缺点、不足往往是造成工作失误的主要根源。因此，在具体的工作中，要注意克服自己的缺点和不足。"笨鸟先出林""勤能补拙"就是这个道理。

（2）对工作认真负责。"世界上怕就怕'认真'二字"，在实际工作中，不怕无能力，就怕不认真。以认真负责的态度对待工作上的每一件大事和小事，就会避免由于疏忽和大意而造成的工作差错和失误。

（3）选择最佳状态。一个人受到体力、心理、情绪等方面因素的影响，不可能在任何情况下都具有过人的精力。但只要条件允许，我们都要尽自己的最大努力、以最佳状态去工作，尤其是那些较为细致复杂的工作。

综上所述，在工作中出现的差错和失误，既有主观因素造成的，也有客观因素造成的。其中，主观因素起决定性的作用。所以，我们只要在思想上充分重视，认真负责地对待工作，才能够有效地避免工作中的差错和失误。

（三）取得领导的信任和器重

对一个想在事业上有所作为的毕业生来说，取得领导的信任与器重，是一件非常重要的事情。适时地展示你的敬业精神和才干，抓住机会表现你的才能，是获得领导器重的关键。一个单位的领导，需要的是工作上的得力助手与干将。因此，获得某种好感是远远不够的，你必须设法"显山露水"，证明你的才华。但工作才能的显露往往是从一般性的事务开始的，所以即使领导交给你的工作很平常、很琐碎，也要认真、努力做好。因为这很可能是领导在考验你的能力和工作态度，这时不应该轻易地表示不愿干或干不了，更不能马马虎虎、敷衍了事。

拓展阅读

一位成功者的职场感悟

我们在职场中经常会遇到一个误区：认为自己是一个好人，而且有能力，理所当然就应该成功。但曾国藩的例子给我们敲了一个警钟。

清代名将曾国藩38岁就位居要职。他苦练湘军，取得了累累战功。但他最辉煌的时候，也是他最失意的时候。皇上提防他，大臣排挤他，连好友左宗棠也骂他虚伪。他一气之下回到了湖南老家，非常苦闷，严重的时候，甚至吐血。后来，他研读《老子》《庄子》，总结出了一个道理："大柔非柔，至刚无刚。"所谓"大柔非柔"，是说一个柔和的人，并不代表他很柔弱，而"至刚无刚"，是指内在刚猛的人，不要给人一种刚硬的感觉。也就是说，在处理和别人的关系时，一定要表现出柔和的一面，不要显得过于刚硬。

从此，曾国藩一改以往咄咄逼人的态度，处处考虑别人的感受，处处考虑环境的影响。于是，他越走越顺。

从曾国藩的经历中可以看出，职场中从失败到成功的关键在于，不仅要做好工作本身，而且要处理好与环境的关系。如果眼中只有自己，不懂得处理自己与环境的关系，就无法在职场中取得成功。有人在读完著名作家唐浩明写的《曾国藩》后，总结出了一个"四气"理论：锐气藏于胸，和气浮于脸，才气现于事，义气示于人。

（1）锐气藏于胸。人一定要有锐气，没有锐气就没有生命力。但是，运用锐气要有智慧，智慧就是"藏"，要把锐气藏在胸中。如果露在表面，咄咄逼人，不仅会伤别人，更容易伤自己，而藏起来，才能成为最大的生命力。

（2）和气浮于脸。跟人打交道，要学会一团和气。和气能使人更容易接纳你，为你打开更大的空间。"太阳光大，父母恩大。君子量大，小人气大。"君子与小人的区别就在于量大还是气大。

（3）才气现于事。才气不是挂在嘴上，而是体现在具体事情当中的。只有将一件事情做好，才能真正体现你的价值。

（4）义气示于人。义气在这里有两层含义：第一，我是一个为别人服务的人；第二，我是能够承担责任的人，能够承担的责任越大，将来的发展空间就越大。

在职场中最关键的就是处理好和别人、和环境的关系。而要处理好和别人的关系，首先要处理好和自己的关系，不要"自以为是""把自己封为正义的化身"。职场中人要时刻培养自己的谦卑心、谦恭心，要有时刻归零的心态。有了这个心态，才能去掉工作中的阻碍，才能在职场中越走越顺。

◢ 活动亲历

职场成功的沟通技巧有哪些？

小组成员在团队领导者的带领下，进行本堂课的讨论，并由团队领导者记录发言情况，只摘录主要观点，不计分。

第四节 提升工作效能

◉ 思维训练

案例21

首届全校假期职业体验经验交流大会上，胡喜明同学向大家介绍了他是如何做好一份暑假工作的。

各位同学，我做好一份暑假工作的标准，可能和有些同学的标准不一样。我认为的好是指自己能够在工作岗位学到自己想学的东西，而不是以工资多少来衡量。我的这份工作很普通，是餐馆的服务员，我一共做了40天，挣了3 100块钱。

我想学的东西主要有三个方面。

首先想学会和人打交道。因为我的专业是铁道专业，班上男生又多，所以，我和异性打交道的机会少，加上铁路专业本身就是和机器打交道的，我更想和人多交流交流。

其次想学习当厨师。从小我就爱做饭，好奇人家饭馆的饭菜怎么做得那么好吃，一直都想去餐馆瞧瞧。说不定将来自己也去开个小饭店呢。

最后想学会生存。我不准备打太短时间的工，我想看下自己的生存能力和适应社会的能力如何，所以，我一直坚持到开学前才回来。春节期间饭店生意很好，只要肯干，这个社会给你生存的机会就很多、发展的空间就很大。

有了自己的目标，去打工的时候就比较轻松，不会受别人的干扰，也不会受工资高低的影响。主管也表扬我的心态好，其实也不是什么心态好，只是我知道自己想要什么。同时，在打工的时候，我还坚持每天做工作日记，不断总结自己的经验和教训。尤其是在服务顾客的时候，有很多说话的技巧，我都会一一记下来。所以，也赢得了老板和主管对我的好评，我的同事也很喜欢我勤奋好学的工作态度。

思考：

（1）做好一份工作的前提是什么？

（2）你去打工的时候，是如何克服工作中的困难的？

（3）做好一份工作的基本工作态度是什么？是态度重要，还是能力重要？

走出校门，经过漫长的寻找，大学毕业生终于踏上工作岗位，开始了职业旅途，如何才能做好第一份工作呢？

一、了解企业文化

"知己知彼，百战不殆。"要做好第一份工作，就必须对自己工作的环境有深刻的了解。每个企业都有其独特的企业文化，了解企业文化，可以迅速理解单位的精神与宗旨，真正地融入其中。

（一）熟悉公司内部的组织结构

要熟悉公司的组织机构以及各个部门的职能、运作方式，自己所在部门在公司中的功能和地位，所在部门内同事的头衔和级别，公司的晋升机制等。对公司的整体框架有了概念，你才能初步明确自己在公司的发展前景，才能将被动地接受调动、工作委派和晋升变成主动争取和计划，不至于只顾埋头工作而忽略了发展方向。

（二）了解公司在行业内的地位

做完了第一项功课，你就该将眼光放得更远，关注公司的战略发展，比如公司是否属于行业内的领跑者，是不是面临内忧外患、业绩正在下滑等。这样你就能知道公司在行业内有哪些发展机会，自己能和公司一起走多远，你的3~5年计划也就有了雏形。

（三）了解行业的发展状况

你需要对行业进行宏观分析：该行业是朝阳产业还是夕阳行业？这样你就能知道几年后自己积累的工作经验对职业发展有什么帮助。如果转入相关行业，还需要补充哪些技能，或自己可对哪些领域进行研究、谋求发展。你可以在工作中不断关注行业评论，听取前辈们的观点，渐渐深化认识。

功课做好了，工作起来才能有的放矢，更有计划性和目的性。否则进入公司半年后还是懵懵懂懂，工作状态就会呈一条明显的"抛物线"：从积极主动到热情消失，到满意度下滑，最后盲目跳槽。

二、学会高效工作

每个人的可用时间是固定的，一天如此，一生也是如此。我们只有合理统筹，找到一些可遵循的规律，才可以在固定的工作时间内做出更好、更多的工作成果。

传统的提高工作效率的方法，是把工作按照"轻重缓急"的组合分为四种情况来解决，第一种情况是重要且紧急的事情，第二种情况是重要但不紧急的事情，第三种情况是紧急但不重要的事情，第四种情况是不重要也不紧急的事情。当四种工作牵涉难易的时候，解决办法就是"先易后难"。

这种划分工作缓急的办法，其效率从某种程度上说是"被迫"提高的，难免有时会出现顾此失彼的现象。真正要让自己高效工作，必须遵守下列4个原则。

（一）目标牵引原则

你所做的一切工作都必须为一个清晰的目标服务。两点之间，直线距离最短。树立目标就是为了让自己的工作从A点到B点走的是直线，而不是弯路。

而目标的设立也要注意分段，即把大目标分解为一个个小目标，这样做的目的有三个：一是化繁为简，执行更加高效；二是实现起来不觉得辛苦，信心也会越来越足；三是积小胜才能成大胜。

（二）未雨绸缪原则

"诺亚并不是等下大雨了，才开始建造方舟的。"我们要善用自己的工作日记，按照时间进度分解任务，把每天、每周、每月的工作目标和工作内容做一个"轻重缓急"的安排，并预估未来可能产生的变化，把时间的"提前量"准备出来。总之，要让自己的每一项工作都有章可循、有据可查，这样你做起事情来，也就能了然于胸、璧两分星。

（三）标准化原则

如果我们把反复从事的工作进行"标准化和流程化"处理，你就会发现工作效率可以提高50%以上。日本中小企业人员的素质并不比我们高，工作环境和软硬件设施也不比我们好，但员工的工作效率却很高，原因就在于日本人非常善于把工作总结起来，形成标准和流程，然后谁都可以"依葫芦画瓢"反复照做即可。这不仅提高了效率，还保障了产品和服务的品质。

（四）专注原则

工作中，突然网页弹出一个你很关心的新闻，你难免会点击进去查看一番，然后又通过链接看到相关新闻，最后不知不觉看了无数条新闻，从而影响了自己的工作进度。所以，高效工作的一个秘诀就是：必须始终关注自己手头的工作，不要被外界无关的事情干扰和影响。

三、学会为人处世

（一）重视你的领导

在我们的职业生涯中，有一个人物非常重要，他就是你的领导。他不仅决定你的职位升迁、薪水高低，如果他在公司里德高望重，还会对我们的前途产生重大影响。这个人对你的职业生涯发展起到极大的推动作用。这是因为企业是一个严格的等级系统，不论你的领导在哪个层次上，他都有可能在与他同级别的人中谈起你。如果领导想提拔你，他可能会这样描述：这是他的方案，干得非常好，他的表现真的很突出。相反，他也可能会这样说：这个方案真不错，但不是他想出来的，是他的几个同事想出来的，他不过是拿来实现了而已。这非常关键。你做的事没有变，但你的领导却可以决定如何描述它，当然也就决定了你的回报有多少。

即使你的领导在你眼里平庸无能，但他的这种能量却是实实在在的，你必须给予足够的尊重。因此，不管你的领导是什么样的人，你都应理所当然地把关系处理好。

要处理好与领导的关系，就得先从领导的角度考虑问题。看领导需要什么？

领导最需要的是忠诚，但不是盲目的忠诚，而一种方式得体的忠诚。最值得尊敬的领导不需要下属过多地展示对他们本人的忠诚，而是要求下属展示对企业的忠诚。他们必须确认下属对企业是忠诚的，这样才敢把重要的工作和管理权力交给对方。在他人面前消极地谈论领导恐怕是断送职业生涯最快的办法了。

明智的领导会把下属分成三类：溜须拍马型、爱唱反调型和不卑不亢型。只有不卑不亢者的建议，他才会听取，也只有这样的人，才值得他尊敬和提拔。不卑不亢者尊敬他们的领导，也敢于面对领导的不足。他们基于事实发表观点，这对于明智的领导来说，比金子还珍贵。在一个健康的组织里，只有不卑不亢者才会得到重用。成为一个不卑不亢员工，需要花费一些时间。你需要了解、总结不同领导的工作风格，哪些愿意倾听你的意见，哪些不愿意。你也要观察你的领导是如何对他的领导的，学学他是怎么做事情的。当然，你需要有足够多的工作经验，才能建立起自己的价值体系和工作作风，才能有足够的信心，在领导错了的时候提出自己的观点。

（二）提建议时注意时机

领导有决定的权力，你有建议的权力。如果决定已经做了，建议就不再有用。在这种情况下，你要多想想如何执行。还有，提建议的时机很重要，你必须自己清楚什么时候提出建议比较合适，什么时候还需要耐心等待。如果你在一个决定做出以后还有不同意见，你可以这样说："我不同意你的方案，但我一定会按你所说的去做。"你需要表明你尊重领导最后拍板的权力。但是，如果领导的决策中有违法行为，那你必须反抗，哪怕是丢掉饭碗，也在所不惜。否则，你可能会毁掉自己的整个职业生涯。

四、学会与同事相处之道

（一）学会不为自己找借口

从他人角度看自己的行为是很难实现的，因为人们总是试图把自己的所作所为说成是对外界的反应。例如，你跟某人吵了一架，你却安慰自己说是他把你逼到那份儿上的。此外，人们心里非常清楚自己所做的事的真实意图，也明白所做的事对他们来说是否属于正常。即便如此，人们往往会对自己说："我是有点急躁，但那不是我的本意"，或者"是的，我确实急了，但我平时却是个很随和的人"。但发生的一切都是事实，你说的每一句话、做的每一件事都是周围人认定你是个什么样人的有力证据，并认为这种行为都是你内在品质的展示。所以，初入职场的新人，不要为自己的行为找借口，人们会基于你的所作所为来判断你是个什么样的人。

（二）不要攻击自己的同事

如果你因为某个同事无德又无能而讨厌他，通常别人也会同样地讨厌他。所以你也无须多言。但如果某个同事既聪明又能干，你攻击他就只能损害你自己的形象，因为企业还是欢迎那些通过业绩证实自己实力、善于与人合作而不是到处与人为敌的人。史蒂夫·布朗先生给了新人很好的建议："如果你的对手没有人能接住时速 80 英里[①]的快球，你为什么要抛出

---

① 　1 英里 = 1.609 344 千米。

时速 100 英里的快球呢？如果你节省了那 20% 的力气，你其实会表现得更好。"

（三）要留意自己每天做了些什么

只要做到这一点，一个独特的有潜质的职场新人就出现了。因为在企业中有太多人无暇顾及或是懒得思考"我该怎么做"的问题，也不去考虑我在别人眼里具备什么样的品质。其实职场上的每一天，你都是在为自己树立形象，这包括你所做的事情、你说的话、你如何对待他人和你看上去的状态。你在不断地自我创造，你在打造将来有一天被人们公认并记住的一个非常成功的或者是非常不成功的形象。你要清楚自己在创造什么，不可以自欺欺人，糊涂度日。

五、学会职业化的工作态度

（一）低调做人，高调做事

刚刚毕业进入职场的新人，应该忘掉自己的学历，忘掉自己曾经的荣誉，以一个初学者的身份对待工作和同事，尤其是同事中有学历不如你的人时，更要放下架子，放下清高，亲切待人。工作中遇到的所有事情，无论大事小事，都要当成自己的事用心去做，做到你能力所能达到的最好的效果。这样，不但工作做得出色，你也能学到更多东西。

（二）行为像平民，心灵像圣贤

对待工作中遇到的人，无论是领导还是同事，都要姿态谦恭。你从他们的身上不但可以学到做事的方法经验，更可以得到人生方面的启迪。无论领导还是同事，他们都是人，是人就会犯错误，你要调整自己的心态，要宽厚包容，原谅他们，并从他们的错误中吸取教训，避免犯同样的错误。

拓展阅读

频繁换工作影响忠诚度

又到了高校毕业生求职旺季，一些刚入职场不久的新人也摩拳擦掌准备另谋高就。人才专家提醒：频繁跳槽并不利于自身职业发展。

"帮我出出主意吧，我四年里换过三家公司，请问我该怎么跟下一个公司解释？"网友小吴发出求助，"第一次跳槽是因为有其他工作机会，第二次跳槽是因为家里有事，第三次跳槽是因为人际关系。"小吴说他这次要面试的是财务方面的工作，而之前的工作是销售，对新工作很没有信心。

有调查显示，大多数用人企业不赞成员工频繁跳槽，部分企业能接受员工三年跳一次槽，还有 5% 的企业希望员工能在本单位工作 5~8 年。用人企业普遍反映，应届生就业的最大弱点就是职业稳定性差。

一位高校毕业生服务部的负责人表示，频繁跳槽对个人发展很不利，跳槽 3 次以上，会给企业一种缺乏忠诚度的不良印象，而企业最看重的就是这点。同时，职场新人跳槽太过频繁容易迷失方向。如果职业方向和发展目标已经确定，随着职位的上升，应该在同一单位持续工作不少于3年再换工作。

除了忠诚度大打折扣，个人在职业生涯中积累的职场能量也会在一次次跳槽中减弱。小吴如果坚持做销售，应是销售领域的资深人士，由于职业的转换、环境的变化，小吴仍然停留在职业探索期，不得不再从职场新手做起。

从职业生涯规划来看，不论是大学毕业生还是职场新人，首先要找好定位，不要受短期利益影响而轻易改变职业方向。当自己的职业规划方向已经确定，特别是知道自己适合在哪个行业、哪个职位工作，就不要受一些小的利益诱惑而随便跳槽，连续不间断在同一领域的工作经历更容易积累成功有效的工作经验。

活动亲历

高效工作的秘诀是什么？

小组成员在团队领导者的带领下，进行本堂课的讨论，并由团队领导者记录发言情况，只摘录主要观点，不计分。

第六章

时代解码，思维进阶

我们不能人云亦云，这不是科学精神，科学精神最重要的就是创新。

——钱学森

在这一章中，你将：

- 了解创意、创造与创新的内涵、关系及类型。
- 学会"思维训练""案例分析"和"头脑风暴"等创新思维方法。
- 树立创新自信，激发爱国主义热情。
- 养成善于提问、善于思考的创新者思维。

第一节　顺应时代之变

🔘 思维训练

案例 22

林晓明家中一个暑假的电费就高达 500 元，林晓明妈妈一边按着空调遥控器，一边自言自语道："要是谁能发明一种边耗电、边发电的空调该有多好？既节能减排，又能省不少电费……"说者无意，听者有心，林晓明默默陷入沉思。

其实早在 2012 年，格力电器（全称珠海格力电器股份有限公司）董事长董明珠就已经洞察了晓明妈妈的需求，董明珠明确表示，之所以想发明不用电的空调，是希望借此解决传统能源污染环境的问题，因为大量用电终有一天会导致煤炭资源耗尽。她为设计团队指明了设计方向：改变空调的供给方式，变消耗能源为创造能源，之后，格力电器成立了光伏空调研发团队。

光伏空调将一个"用电设备"变成"可发电设备"，并将电量储存起来，实现能量直接高效利用。传统空调采用的是交流电，而光伏电池板发出的是直流电。按该项目光伏装机发电 1 050 万千瓦时计算，每年减排二氧化碳 8 600 吨，相当于每年种植一片约 430 万平方米的树林。

在 2019 年广东省科技创新大会上，格力电器自主研发的"光储空调直流化关键技术研究及应用"获得技术发明类一等奖，格力电器的创新成果获得权威认可。截至 2022 年，该研发成果已获得授权发明专利 146 项，整体技术达到国际领先水平，服务于全球 25 个国家和地区。

一个制造节电空调的创意成就了一款卓越的产品，这就是创意的魅力。

实际上，人类从诞生开始，"创意"就左右着人类的发展进程。那个时候没有"创意"两字，人类每次的发现和发明都是在一定的环境、生存压力下产生的，否则面对自然界的无常，人类应付突临灾害最原始也是唯一的办法，只有像其他动物一样，用疯狂奔逃来躲避。

思考：
如果你是林晓明，你打算如何设计这款妈妈心中的理想空调？

一、创意的内涵

（一）创意的含义

云课堂

辨清想象力与创意的关系

《现代汉语词典》对"创意"的解释是"有创造性的想法、构思等；提出有创造性的想法、构思等"。可见，创意有名词和动词两个词性：作为名词的创意是指新巧的构思与创造性的意念；作为动词的创意则是指从无到有产生新意念的思考过程。

在英文中，"idea"（创意）一词最早出自广告大师詹姆斯·韦伯·扬所著的《产生创意的方法》一书，之后获得社会普遍认同并被广泛使用。他对创意的基本释义为"思想、观念、意见、念头、打算、计划、想象、模糊不定的想法、观念等"。

（二）创意的类型

创意的类型有很多，著名学者刘仲林在其著作《美与创造》中提出 LZ 分类法，他按照创意产生的方法，把创意分为以下四个类型。

1. 联想法创意

这是以丰富的联想为主导的创意技法系列，其特点是创造一切条件，打开想象的大门。"头脑风暴法"是联想法创意的典型代表。文学、戏剧、绘画、音乐、舞蹈、雕塑、建筑、园林设计等各种艺术形式，都是基于想象力的联想法创意。

2. 类比法创意

这是以两个不同事物的类比为主导的创意技法系列，其特点是以大量的联想为基础，以不同事物之间的相同点或类似点为纽带。如科学家根据蝙蝠回声定位探路的办法，发明了雷达，又根据蝙蝠超声定位器的原理，仿制了盲人用的"探路仪"。

3. 组合法创意

这是以若干不同事物的组合为主导的创意技法系列，其特点是把似乎不相关的事物有机结合为一体，并产生新奇的效果。例如，按摩椅就是按摩功能和椅子功能的结合体；手机就是组合了照相机、笔记本、电话、计算机等功能的综合体。

4. 改善法创意

这是以达到理想化的完美性为目标的创意技法系列，其特点是把创意对象的完美、和谐、新奇放在首位，在创意中充分调动想象、直觉、灵感、审美等诸因子。产品的迭代升级，就是改善法创意的典型应用。不难看出，想象力是创意的源泉，想象力往往能够为我们提供很多解决问题的方法。丰富的想象力可以让我们持续不断地产生创意，同时，提升我们思考问题的深度和广度。

（三）创意的激发

意大利美学家贝奈戴托·克罗齐提出过一个观点：人的知识有两种，一种是直觉的，另一种是逻辑的。前者是"从想象中得来的"，后者是"从理智中得来的"。因此，想象和逻辑可以帮助我们产生更好的创意想法。

激发创意的方法有很多，本书对广为人知且被广泛使用的三种方法做简要介绍。

1. 头脑风暴

头脑风暴法（Brain-storming）又称脑力激荡法，是一种创意思维策略，该方法是由美国创造学家亚历克斯·奥斯本于1937年提出的，此法强调集体思考，着重互相激发思考，鼓励参加者于指定时间内构想出大量的意念，并从中引发新颖的构思（图6.1）。头脑风暴法虽然主要以团体方式进行，但个人思考问题和探索解决方法时也可运用此法激发思考。该法的基本原理是只专心提出构想而不加以评价；不局限思考的空间，鼓励想出越多主意越好。

2. 思维导图

思维导图法（Mind Mapping）又称心智

图6.1　头脑风暴

导图法，是一种刺激思维及帮助整合思想与信息的思考方法，也可说是一种观念图像化的思考策略。该方法于20世纪70年代由英国的"记忆力之父"东尼·博赞提出，主要采用图志式的概念，以线条、图形、符号、颜色、文字、数字等形式将意念和信息快速地摘录下来，成为一幅心智图。结构上，思维导图具备开放性及系统性的特点，既能让使用者有层次地激发扩散性思维，发挥联想力，又能让使用者有层次地将各类想法组织起来，从而得以发挥全脑思考的多元化功能（图6.2）。

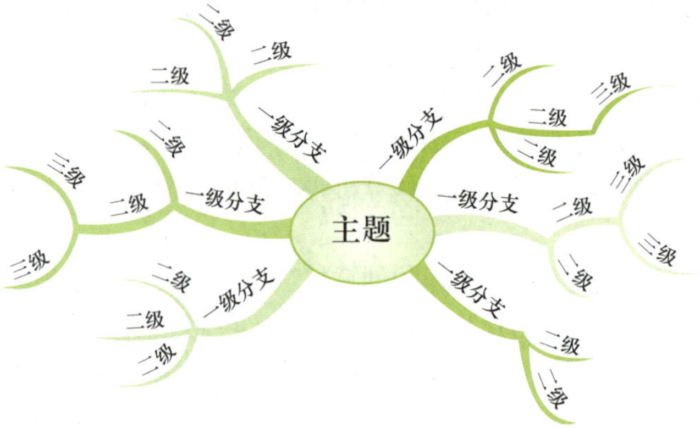

图 6.2 思维导图

3. 填色画本

填色画本法既是一种流行的减压和放松的方式，又能激活人们的大脑，尤其是画笔在一个匀整优美的图案上移动一段时间后，人们的注意力会保持一段时间的高度集中，这种抛开杂念的状态会帮助人们找到更好的创意。

二、创造的内涵

（一）创造的含义

创造在《辞海》里的释义为"做出前所未有的事情"；在《现代汉语词典》里，创造被解释为"想出新方法、建立新理论、做出新的成绩或东西"。总的来说，创造具体包括以下三层含义。

知识坊

[QR码]

中国不同时期的发明创造

1. 发明（前所未有的事物）

例如，我国古代的四大发明——造纸术、指南针、火药、印刷术对世界文明产生了重要影响。马克思在《机械、自然力和科学的运用》中写道："火药把骑士阶层炸得粉碎，指南针打开了世界市场并建立了殖民地，而印刷术则变成新教的工具，总的来说变成科学复兴的手段，变成对精神发展创造必要前提的最强大的杠杆。"

2. 制造或建造

例如，我国古代人民建造的京杭大运河、袁隆平研发的杂交水稻、莱特兄弟制造的飞机、约翰·冯·诺依曼制造的计算机等，这些行为都改变了世界，加快了人类文明的进程。

3. 创作（多指撰写文章或创作文艺类作品）

例如，作家刘慈欣创作的系列长篇科幻小说《三体》讲述了地球、人类、文明和三体文明的信息交流，探索了宇宙世界。简而言之，创造就是把以前没有的事物产生出或者造出来，是一种典型的人类自主行为。

（二）创造力的构成

创造力是指每个正常人或群体运用已知的信息，发现新问题，寻求问题答案，以及产生某种新颖而独特、有社会价值或个人价值的物质产品或精神产品的能力，也可以通俗地理解为发现和解决新问题、提出新设想、创造新事物的能力。根据知识经济时代的特点，我们把创造要素归纳成信息量度、创造精神、创造意识和创造思维四个部分。

1. 信息量度

信息和知识是创造的基础及原材料，一切创造发明都是在积累前人的知识、经验和成果的基础上，经过消化、吸收、实践、创新而取得的。信息量度有以下几个特征：(1)新知识多者信息量度就大；(2)尚未被共知的信息与知识真正有力量；(3)固化的"死知识"不能产生创造的价值。

2. 创造精神

创造精神是创造活动的基本前提，是解决问题、探索未知世界的态度与信念。是个体自觉地进行创造性思维、发挥创造潜能、力求产生创造性成果的意志、信心、智慧和勇气。

中国人民是具有伟大创造精神的人民。在几千年的历史长河中，中国人民始终辛勤劳作、发明创造，我国产生了老子、孔子、庄子、孟子、墨子、孙子、韩非子等闻名于世的伟大思想巨匠；发明了造纸术、火药、印刷术、指南针等深刻影响人类文明进程的伟大科技成果；创作了诗经、楚辞、汉赋、唐诗、宋词、元曲、明清小说等伟大文艺作品；传承了《格萨尔王》《玛纳斯》《江格尔》等震撼人心的伟大史诗；建设了万里长城、都江堰、京杭大运河、圆明园、布达拉宫等伟大建筑。

在习近平新时代中国特色社会主义思想指导下，中国共产党把创新作为驱动国家发展的战略，推动创新型国家建设不断迈上新台阶。近年来，"天宫""蛟龙""天眼""悟空""墨子""大飞机""复兴号"等国之重器的相继问世，就是创新驱动发展战略的最新科技成果。中国创造改变着中国，影响着世界。事实证明，只有弘扬中国人民的伟大创造精神才能建设好中国。

3. 创造意识

创造意识，简单地说，就是创造的欲望。包括动机、兴趣、好奇心、求知欲、探究性、主动性、对问题的敏感性等。持续的创造意识就是创造精神，是一种不达目的不罢休的精神。

4. 创造思维

创造思维主要是指发散思维，它与联想能力、想象能力、推理能力、灵感和直觉等有关。从某种意义上讲，创造力作为人的一种高级能力，其核心就是创造思维。

三、创新的内涵

（一）创新的含义

从目前已有的文献史料来看，"创新"一词在我国最早见于三国时期的《魏书》："革弊创新者，先皇之志也。"《现代汉语词典》对其的解释为"抛开旧的，创造新的"。

创新需要方法和工具，那么创新行之有效的方法主要有哪些呢?

（二）创意绘图法

创意绘图法虽然极易入门，但是想要高效地利用图纸，仍然需要遵守一定的流程。

云课堂

厘清创新与创造的关系

创新图纸

1. 准备工作

需要一张合适的白纸（A3 尺寸的画图纸），质地稍硬，这张纸上不需要有任何横格和线条。把纸张进行功能分区：正面左边 2/3 的位置作为绘制图区，余下的部分作为文字说明区；背面需要写明两个问题：一是查找的资料来源，如写清引自哪个网站、哪位作者的哪篇论文等；二是征询信息的来源，如写清向哪位家人或亲戚、朋友进行了什么样的信息收集。如图 6.3 所示。

正面： 画出如何解决问题 不要罗列各种"神奇"的功能	• 项目名称 • 如何解决问题 • 问题解决的关键点 • 可以利用的新技术 • 项目价值	背面： • 资料来源 • 征询信息来源

图 6.3　创新图纸说明

2. 具体操作

（1）锁定主题。选取与个人兴趣相关、与专业相关的领域，如智慧农业设备、文创产品、维修工具、系统平台等。

（2）查阅资料。国内外专业前沿的信息与观点，尤其是论文（还可以是硕博论文）等，都可以作为信息输入的来源。查资料的过程就是验证思路、完善思路的过程。

（3）动手绘制。画出如何改善与解决问题的思路与方法。绘制时，将问题解决的原理阐述作为重点，以科学严谨的逻辑，画出产品关键问题环节、解决关键问题细节、产品原理图、电路图、流程图、图表等。这是绘制图纸的关键，占到图纸的 2/3。特别提醒：始终围绕如何解决问题的这个思路进行展示，切忌写成功能阐述。

（4）过程管理。解决问题的过程应严谨，需要精确到重量、尺寸、大小、位置、流程等内容。

（5）标明资料来源。图纸背后注明参考的文献资料的出处，如"网站—文章名称—作者—主要观点"。

（6）讲述创意。初步思路出来后，要向至少三个人讲述你的构想和解决方案，图纸背后注明人名及联系方式。

创作一份创新图纸，看似简单，实则不易。需要按照绘图环节，进行前期准备，尤其要结合自己的专业知识（课本+课程）进行构思和设计，培养学以致用、解决问题的思维能力。绘制图纸时，要耐心、细心，不能敷衍了事。

（三）奥斯本检核表法

奥斯本检核表法又称检核表法、设想提问法或分项检查法，它是以该方法的发明者——美国 BBDO 广告公司创始人亚历克斯·奥斯本的名字命名的。该法是引导主体在创意思考过程中，针对现有事物的特性，从九个方面着手进行思考，以便启发思路、开拓想象空间、促进人们产生新创意和新方案的方法。

1. 有无其他用途

现有的产品稍做改革，能否有其他用途？现有的产品能否借用其他创造发明成果？例如，将平面形镜子改变成各种各样的曲面形，便创造了令人开心的哈哈镜等；从普通火柴到磁性火柴、保险火柴等，都是引入了其他领域的发明成果。

2. 能否借用

现有产品能否直接引入其他领域具有类似用途的发明？过去有无类似的产品？有什么产品可以模仿？谁的产品可以供模仿？这些提问有助于使发明向广度和深度发展。例如，体外碎石机的发明就是源于飞机高速穿过云雨时，可以产生一种冲击波，造成飞机内部结构破损，而飞机外壳完好无损。后来，人们发现了经水传播的冲击波可以粉碎体内肾结石，治疗结石的体外碎石机也随后被研发出来。

3. 能否改变

能否改变形状、颜色、味道、型号、包装、模具等？生活中可以改变的产品很多，例如，西瓜本来是圆形的，有人经过创意思考，用套袋的方法改变了西瓜的形状，改变后的方形西瓜便于运输、储存，同时，也满足了消费者的好奇心。

4. 能否扩大

能否添加部件、延长时间、增加长度、提高强度、延长使用寿命、提高价值、改善反应方式、加快转速？例如，煤气没有气味，一旦泄露危害很大，乙硫醇臭气非常强烈，空气中只要有五千亿分之一乙硫醇，人们就能闻到，所以，在煤气中加入极微量的乙硫醇，就可以帮助人们有效地判断煤气是否泄漏。

5. 能否缩小

现有产品可否压缩、浓缩、聚束？可否微型化？可否缩短、变窄、去掉、分割、减轻？例如，袖珍收音机、微型计算机、折叠伞等都是缩小的产物。例如，科学家成功研制新型医用摄像机，它的外形很像普通的感冒胶囊，里面装有微型摄像装置、光源、信号发射器等，可以进入人体，病人几乎感受不到它的存在。

6. 能否代替

是否可以找到部分或全部代替现有产品功能的产品或零部件？例如，用纸代替金属，制成可装固体或液体的精美容器；利用太阳能、风能、地热等代替储量有限的煤炭、石油；用更多的蛋白质、维生素、矿物质，替代小麦、大豆等，解决耕地资源紧张和粮食危机等问题。

7. 能否调整

设计方案时，可否变换布置、顺序？例如，光会产生影子，一盏灯会使一个物体产生一个影子。假如灯光从一个人右边射来，那么他的左边就会出现一个影子。如果再加几盏灯从多个角度同时照射，影子就无处藏身了。于是，医院用的无影灯就这样诞生了。

8. 能否颠倒

现有的产品能否颠倒正负？能否颠倒正反？例如，19世纪，缝纫机发明家赫威突然发现所有长矛在矛尖上都有眼睛一般的小洞，他想可否颠倒一下，在细的一端（针尖处）开孔，这样针尖一穿过布，线也就随之被带过去了。颠倒的构思给人类文明增添了无穷风采。

9. 能否组合

现有的几种发明，是否可以重新组合、合成、配合、协调、配套？例如，无人驾驶汽车把互联网技术、传统汽车技术、语音识别技术等，做了一种技术整合，是一种革命性的包容创新，同时将传统美学与科技相结合、传统工艺与现代技术相结合，体现了一种全新的复合式创新。

综上，检核表法有助于人们打破各种思维定式，以问题形式激发人们的想象力，提醒人们从各个角度看问题，避免了单一化的思维方式，使人们善于提问、思考、想象，善于改换思考角度，同时，该方法的适应性强，不论是什么对象和专业，都可以相应地列出很多检核问题。

不难看出，创新是思维和实践相结合、市场和利益相连的发展过程，而这一过程的顺利发展需要创意与创造的参与，同时，创新的发展促进创意的发展与创造的形成。创新需要兼具社会性和价值性，能够产生经济利益，是其与创造最大的不同。创造既可以有经济效益，也可以没有。例如，作为创造成果的标志——国家专利，大部分还不能进入市场，但是人们不可否认它们仍属于创造的范畴。从这个角度看，创造大于创新，创造包含创新。

拓展阅读

海姆立克急救法

开香槟酒瓶塞时有这样一种方法：用力摇晃酒瓶，然后在其底部经由于瓶内液体及气体的猛烈冲击，使瓶塞冲离瓶口。

美国医师亨利·海姆立克是一个思维非常活跃的人。见到这种开瓶方法，他突发奇想：这种奇特的方法，能不能在医学中派上用场呢？他想到：人的呼吸道也是某种意义上的"瓶子"，如果发生气管被异物堵塞的情况，能不能像开香槟酒瓶那样，利用呼吸道中的气体，将异物冲开呢？

经过研究，他发明了一种用来抢救被食物或物体噎着或卡住气管而窒息的人的方法海姆立克急救法（图6.4）。该急救法简单易学，十分有效。

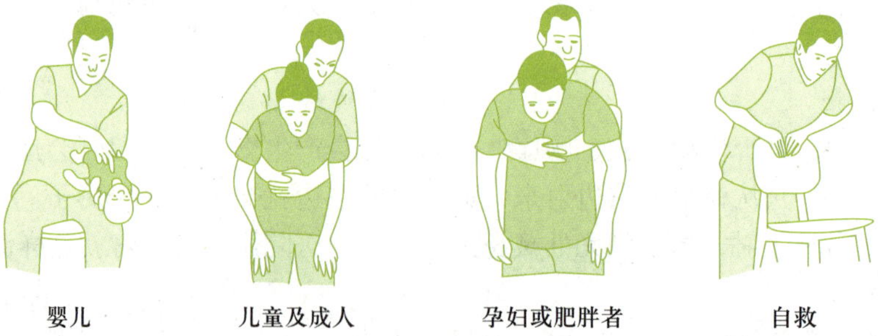

婴儿　　　儿童及成人　　　孕妇或肥胖者　　　自救

图6.4　海姆立克急救法

一般大多数的创造都是在模仿的基础上进行的，但是创造绝不能简单地归结为模仿。例如按照蝙蝠超声波定位的基础理论，人类模仿创造出了便于视力残疾者出行的"探路仪"。此种仪器的内部装置着超声波发射器，视力不便者通过其指示便能够清楚地感知到各种障碍物的位置。

活动亲历

如何培养创造性思维？

小组成员在团队领导者的带领下，进行本堂课的讨论，并由团队领导者记录发言情况，只摘录主要观点，不计分。本节学习结束后，需要同学们完成《大学生就业与创业指导自助式成长手册》"环节四 创新创业行为测试"的"想象力测试"和"托兰斯创造性思维测验"任务。本套训练主要为了帮助同学们进一步做好创新创业实践活动的准备工作，从测试中，客观认知自己，并通过测试题，发现自己尚未挖掘的潜力，从而确定今后创新创业实践活动的方向。

第二节　培养创新思维

思维训练

案例 23

2013 年，国家开始进行礼宾项目改革计划，国宾开道车的采购是其中重要的一项，要求采用国产品牌。工业和信息化部牵头的专家组在全国共 200 多家摩托车制造企业中进行严苛的选拔。

在对具备大排量摩托车产品生产能力的国产化品牌进行层层筛选后，春风动力（全称浙江春风动力股份有限公司）脱颖而出，成功入选了国宾护卫专用车项目。当时，一台摩托车整车的开发周期普遍需要几年时间，但对于国宾护卫专用车——春风 CF650G 摩托车（图 6.5）的研发来说，从 2013 年开始研发到 2014 年入选，只有不到 1 年时间，可谓"时间紧、任务重"。春风动力得以成功研发并入选，是公司过去近 30 年坚守创新、技术不断积累的结果。

图 6.5　春风 CF650G 摩托车

　　春风动力自主研发生产的春风 CF650G 摩托车入选后，极大地提升了公司的品牌影响力。这款国宾护卫专用车曾先后在纪念中国人民抗日战争暨世界反法西斯战争胜利 70 周年阅兵式、G20 杭州峰会、厦门金砖峰会等重要的国家外事活动中亮相。

思考：
（1）造成思维定式的原因是什么？
（2）你认为如何突破思维定式？

一、创新思维的含义

　　马克思主义哲学认为，思维是人脑的机能，是人所独有的意识活动，是认识的高级阶段。人的思维发展一般是由低级向高级、由具体到抽象的发展过程，而创新思维就是人最高级的思维形式。

　　创新思维是指以新颖独特的方式对已有的信息进行加工、改造、重组与迁移，从而获得有效创新的思维活动和方法。创新思维活动主要包括分析和综合、比较和概括、抽象和具体、迁移、判断和推理、想象等。

二、创新思维的特征

云课堂

培养创新
思维（上）

　　创新思维在内涵上属于思维的范畴，因此它不仅具有一般思维的特点，也具有自己的独特之处。创新思维具有突破性、求异性、非逻辑性、灵活性和综合性五个特征。

（一）习惯上的突破性

　　突破性是创新思维的基本特点。创新思维是新颖独特的思考过程，它突破传统、习惯，并向陈规戒律发起挑战。例如，四次工业革命的伟大，就在于每次革命都是用新思维、新技术突破原有的生产模式，实现了生产力的突飞猛进。

（二）思路上的求异性

　　创新思维的求异性是指"求同中之异，求独到之异"。例如，传统思维认为洗衣机要用洗衣粉等，否则就洗不干净衣服。人们对此进行思维求异：洗衣机是否可以不用洗衣粉也能把衣服洗干净呢？正是在这种求异思维的驱动下，各种基于不同原理的不用洗衣制剂的洗衣机被开发出来。

（三）程序上的非逻辑性

　　创新思维的产生常常省略了逻辑推理的许多中间环节，具有跳跃性，伴随着直觉、顿悟、灵感，从而使创新思维具有超常的预感力和洞察力。例如，唐代诗人李白被称作"诗仙"，他借酒助兴诗如泉涌；词作家乔羽在书房写作，抬头忽见一只蝴蝶飞来，瞬间又飞去，他借助这一现象触发灵感，创作了歌曲《思念》。

（四）视角上的灵活性

　　灵活性是指善于变通与转化，重新解释信息，用变换的视角重新看同一问题。例如，遇上堵车，大多数人会心急如焚。有人就想：汽车要是能跳起来、向前飞过去该有多好。

于是，美国的一位名叫沃尼克的发明家设计了一款能垂直升降的"空中轿车"。

（五）内容上的综合性

科学技术发展史一再表明：谁能高度综合利用前人的思维成果，谁就能取得更多的突破，做出更多的贡献。例如，地球上能源储量有限，无煤可烧、无油可采的日子终会来到，太阳能与核能将是未来的主要能源。科学家希望发明一种装置，可以为人类提供一种近乎无限、清洁和安全的能源，这一装置被喻为"人造太阳"。自然界最容易实现核聚变反应的是氢的同位素——氘和氚，氘在海水中储量丰富，释放出来的能量够人类用几百亿年，这就是许多国家竞相研究开发核聚能的原因，也是科学家高度综合利用前人研究的结果。

三、思维定式的破解

云课堂

我们在切苹果时，通常是竖着切下去，看到的只有苹果核的几粒籽，而横着切下去，我们将看到一个可爱的五角星（图6.6）。

培养创新
思维（下）

横切苹果，启示我们可以从多种角度观察同一个问题、换个位置、换个角度、换个思路，也许我们面前是一番新天地。

通常，只要转换思维视角，就可以突破思维定式。具体来说，有三个方法可以帮助我们实现思维视角转换。

图 6.6　横切的苹果

（一）变顺着想为倒着想

万事顺着想，人们就容易找到切入点，交流也方便。但是在竞争的情况下，要出奇制胜，倒着想是一种新的选择。

举例：一位母亲有两个儿子，大儿子卖雨伞，小儿子卖太阳帽，天有晴雨，不能两全其美。

顺着想：每当下雨的时候，母亲就长吁短叹，担心卖太阳帽的小儿子生意不好；每当天晴的时候，母亲又为卖雨伞的大儿子伤心落泪，发愁他的雨伞何时能卖完。

倒着想：在下雨天，母亲为大儿子高兴，可以卖掉许多雨伞；在晴天，她为小儿子叫好，生意肯定不错。

解决方法：由顺着想变倒着想，心情豁然开朗。

（二）从事物的对立面出发去想

遇到问题，可以直接跳到事物中矛盾一方的对立面去想。因为矛盾双方既对立又统一，改变这一方不行，改变另一方则可能有助于问题的解决。

举例：锅炉热效率总是不高。

正面想：考虑"热"，于是在炉内加热，但是热效率总是无法提高。

对立面：考虑"冷"，冷水下降，冷热水循环不畅。

解决方法：将原来的热水管加粗，管内再安装一根使冷水下降的细管，使锅炉的热效率提升了 10%。

（三）改变自己的位置

从另外的角度，改变自己的位置，这就是换位思考。

举例：黄旭华(中国核潜艇之父)尝试着用各种方法设计阻力更小的水滴形核潜艇，但是国外的技术封锁使研发的困难程度大大增加。

自身位置：这项研究这么难，还能找到解决摇摆角、纵倾角、偏航角、升沉都接近于零的方法吗?

换位思考：前进的路上从来没有失败，我们淘汰无法解决问题的方法，那么，就离找到解决问题的方法不远了。

解决方法：换一个位置去思考问题，迎来"峰回路转、柳暗花明"。最终，黄旭华带领大家完成了一个几乎是不可能完成的任务，庞大的计算量、无数的数据，都是科研人员们用算盘打出来的。我们不得不再次感叹中国人伟大的智慧和不屈不挠的精神，他们现在所经历的每个难关都是迈向成功的必经之路。1974 年 8 月 1 日，我国第一艘核潜艇"长征 1 号"正式列入海军战斗序列。中国海军的武器装备有了质的飞跃，国防实力显著增强。

综上，社会的发展离不开创新，党的二十大报告中强调，要坚持创新在我国现代化建设全局中的核心地位。为了加快社会发展的步伐，实现到 2035 年我国进入创新型国家前列的目标，必须加强大学生的创新思维的培养。创新思维是非常重要的一种思维，有了创新思维，我们才有可能创新成功。

四、世界咖啡会谈法

世界咖啡会谈法是一种创造集体智慧的会谈方法，它让背景各异、观念不一甚至素不相识的人围坐在一起，进行无障碍的轻松交流和畅谈，让深藏的思想碰撞出火花，形成集体的智慧。就好比品尝一杯美味的咖啡，需要经历"选—磨—煮—品"的过程。"选"就是确定主题，"磨"就是集体会谈，"煮"就是呈现成果，"品"就是分享成果。世界咖啡会谈法的原理如图 6.7 所示。

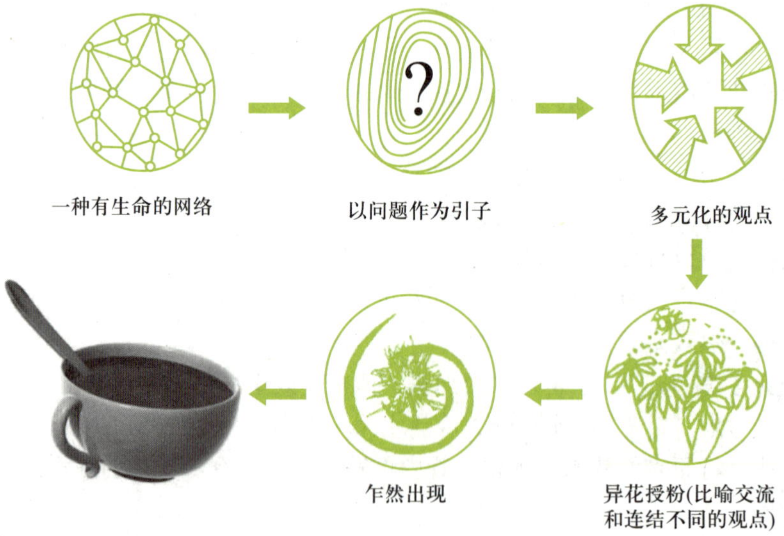

一种有生命的网络 → 以问题作为引子 → 多元化的观点

忽然出现 ← 异花授粉(比喻交流和连结不同的观点)

图 6.7　世界咖啡会谈法的原理

（一）会谈主题

根据实际需求，题目可自拟。

（二）基本规则

（1）开放而安全。拥抱质疑与反思，抛开个人级别、成见、价值感，研讨期间无错的观点。

（2）自由而专注。每次小组讨论为 20~30 分钟，之后小组组长（主持人）保持不变，组员（其他会谈者）多次自由组合、自由轮换到不同的小组，交流自己的观点，交换不同的看法。这种形式如同蜜蜂采蜜的异花授粉，在不同的花（小组）上面采集花粉，然后回到自己小组，最后专注于完善自己小组的主题内容。注意：本组学生尽量不要出现在同一组。

（三）角色分配

"世界咖啡"的角色分为桌长、记录员、汇报员、时间官四种，他们的职责如下：

（1）桌长的职责。遵守会谈时间，掌握会谈进度；鼓励参与，确保每个参与者都发言，提醒参与者互相倾听；确保始终围绕"中心问题"；通过提问让解决方案更加具体可行。

（2）记录员的职责。做笔记，总结主要观点；用有趣的图像语言反映想法；让参与者自愿把自己的观点和思想放在思维导图中相近的组内，便于其他参与者发现有联系的点。

（3）汇报员的职责。对内容进行联结、分类、整理；向新参与者简述上轮讨论的要点；在会谈结束后向参与者进行成果汇报呈现。

（4）时间官的职责。时间过半时响铃一下；还剩一分钟时响铃两下；时间到的时候响铃三下。

（四）会谈流程

（1）组建团队，角色分工。

（2）第一轮会谈。桌长引导每位组员分享解决方案，每位组员都要思考并分享解决方案；其他组员不打击、不打断；记录员负责记录；桌长提问、澄清，将解决方案具体化、流程化。

（3）第二轮会谈。桌长、汇报员留下，其他组员按比例换桌、换主题、换会谈对象继续会谈。

（4）第三轮会谈。同第二轮会谈。

（5）回归原生团队，整理会谈内容，补充并完善方案，汇报成果。

活动亲历

如何提升想象力？

本节内容学习结束后，需要同学们完成《大学生就业与创业指导自助式成长手册》中"环节五 就业创业行动实施"的"想象表达强创意"任务。

本套训练考验的是同学们的耐心与想象力，它们对于培养和训练创新思维具有重要意义。需要同学们按题目要求进行练习，坚定意志，不怕困难，认真完成训练内容。

第七章

创新赋能，创业圆梦

创新是一个民族进步的灵魂，是一个国家兴旺发达的不竭动力，也是中华民族最深沉的民族禀赋。

——习近平

在这一章中，你将：

- 了解创新对国家和个人的意义，理解企业家精神内涵。
- 掌握创业政策与法规条例内容。
- 掌握训练创新性格、拓展创新能力的方法。
- 识别创业机会，掌握创业的一般流程。

第一节　重塑价值观

🔲 思维训练

案例 24

深圳市大疆创新科技有限公司（以下简称"大疆创新"）和它的创始人汪滔的创业经历，可以帮助我们从创新者角度来认识创新的动力起源。

1980 年，汪滔出生在浙江杭州，因为小时候看过一本漫画书《动脑筋爷爷》，里面画着一个红色的直升机，自此汪滔对航模产生了浓厚的兴趣。大学本科毕业的时候，他决定去实践自己儿时的梦想——做一个能自动控制直升机飞行的飞机控制系统。2006 年汪滔拉着一起做毕业课题的两位同学在深圳创立了大疆创新，专注于直升机飞行控制系统的研发生产。

从 2006 年公司成立，到 2014 年大疆售出了大约 40 万架无人机，仅仅用了 8 年的时间，大疆就成为行业的龙头，随后成为称雄全球的"领头羊"企业。

大疆拥有超高像素摄像头，具有自动变焦功能，图像传输能力可达 8 公里，并提供完整的软件支持，并且"大疆"无人机小而精致，可以塞进背包里，最重要的是它的价格便宜。

有关数据显示，大疆创新从 2008 年开始申请与无人机技术相关的专利，截至 2021 年 8 月，深圳市大疆创新科技有限公司共申请专利 2 771 项，其中发明专利 2 018 项，实用新型专利 496 项，外观设计专利 257 项。

思考：
（1）汪滔的经历对你有什么启发？
（2）自主创新对国家和个人有怎样的意义？

创新是一个民族进步的灵魂，是国家兴旺发达的不竭动力，也是个人成长发展的基石。汪滔因看到科技的魅力，有感而发引出积极思考，表明他具有一定的创新自觉性和正确的创新价值观。

一、创新驱动战略的引领作用

党的十九届六中全会通过的《中共中央关于党的百年奋斗重大成就和历史经验的决议》指出，党的十八大以来，党坚持实施创新驱动发展战略，把科技自立自强作为国家发展的战略支撑。党的二十大报告再次强调，要"加快实施创新驱动发展战略"。可见，创新驱动已经成为新常态下的国家发展战略。

（一）推动产业结构升级
创新能突破结构不合理和增长方式粗放等国民经济重大瓶颈，推动我国产业从价值链的中低端向中高端发展，实现经济高质量发展。将自主创新作为国家战略，就是要使结构调整和增长方式转变找到真正的切入点，因此，这不但是我国科技发展路径的重大战略选择，而且是我国经济发展战略和政策的重大突破。

（二）破解关键技术
实践表明，真正的核心技术是买不来的。通过自主创新，掌握关键技术，提升关键产业水平，应当成为新时期我国技术进步的基本立足点。

（三）提升国家竞争力
当前经济全球化，特别是生产要素的全球配置，促进了科学和技术在全球范围内的流动，为发展中国家加快技术进步提供了新的机会和可能。我国的产业体系要消化吸收国外先进技术并使之转化为自主的知识产权，就必须建立自己的创新队伍和自主开发的平台，进行技术创新的实践，掌握核心技术，只有这样才能真正提高国家的竞争力。

（四）带来经济的高质量发展
技术创新能够使企业获取更多利润和效益，进而会激发全社会的创新潜力。市场是无情的，竞争是残酷的，只有坚持创新，个人才能体现价值，企业才能获得优势，国家才能繁荣富强。

二、青年人创新的时代意义

云课堂

塑造创新
价值观

正如梁启超先生在《少年中国说》中所说："少年智则国智，少年富则国富；少年强则国强，少年独立则国独立；少年自由则国自由；少年进步则国进步。"一个拥有创新能力和大量高素质青年人才的国家，就意味着具备发展知识经济的巨大潜力。

（一）创新就是学习

"不断提高与时代发展和事业要求相适应的素质和能力""既多读有字之书，也多读无字之书""特别是要克服浮躁之气，静下来多读经典，多知其所以然"……每次同青年交流，习近平总书记都注重落细落实，同青年分享加强学习能力的具体方式方法。

习近平总书记为青年指明了方向：一是要勤学，下得苦功夫，求得真学问。二是要修德，加强道德修养，注重道德实践。三是要明辨，善于明辨是非，善于决断选择。四是要笃实，扎扎实实干事，踏踏实实做人。

（二）创新就是奋斗

习近平总书记还用朴素的话语为青年如何奋斗指点迷津："奋斗不只是响亮的口号，而是要在做好每一件小事、完成每一项任务、履行每一项职责中见精神。奋斗的道路不会一帆风顺，往往荆棘丛生、充满坎坷。强者，总是从挫折中不断奋起、永不气馁。"复兴的伟业需要在传承中发展，在发展中走向胜利。青年怎样，中国就将怎样。中国梦是历史的、现实的，也是未来的；是我们这一代的，更是青年一代的。中华民族伟大复兴的中国梦终将在一代代青年的接力奋斗中变为现实。

（三）创新就是担当

青年一代有理想、有担当，国家就有前途，民族就有希望。担负起历史重任，立大志、明大德、成大才、担大任，担负时代使命……"担当"一直是习近平总书记对青年寄予厚望的应有之义。

对此，习近平总书记曾引用鲁迅的话，青年"所多的是生力，遇见深林，可以辟成平地的，遇见旷野，可以栽种树木的，遇见沙漠，可以开掘井泉的"。

三、企业家精神

企业家在社会经济生活中发挥着重要作用，企业家精神是企业家作为一个特殊群体发挥其社会作用所必备的共同特征，是其价值取向、知识体系和素质能力的集中体现。

（一）企业家的含义

企业家一词源自法语动词 entreprendre，其原意是指"冒险事业的经营者或组织者"。

英国经济学家阿弗里德·马歇尔认为，企业家是以自己的创新力、洞察力和统帅力，发现和消除市场的不平衡性，创造交易机会和效用，为生产过程提出方向，使生产要素组织化的人。

彼得·德鲁克也认为，企业家是革新者，是勇于承担风险、有目的地寻找革新源泉、善于捕捉变化，并把变化作为可供开发利用的机会的人。

综上，企业家的核心内涵是冒险家和创新者。

云课堂

读懂企业家
精神

（二）企业家精神的含义

创业精神通常被人们称为企业家精神（entrepreneurship），是创业者在创业过程中表现出来的诸多精神品质的概述，是各类社会中刺激经济增长和创造就业机会的一个必要因素。

企业家精神的内涵主要包含以下三个方面。

1. 创新

熊彼特说："企业家的核心是创新，是一种创造性破坏，即做全新、不同的事情，而不是将已经做过的事情做得更好。"创新是企业家活动的典型特征，从产品创新到技术创新、经营创新、组织创新等，从创新中寻找新的创业机会，在获得创新红利之后，继续投入、促进创新，形成良性循环。

2. 冒险

1904 年，美国《企业家》杂志的发刊词（引自英裔美国思想家托马斯·潘恩著作《常识》）这样写道："我要做有意义的冒险，我要梦想，我要创造，我要失败，我也要成功。"以此激发企业家的斗志。可见，冒险是企业家的天性，在制定企业战略、扩大企业生产能力、开发新技术、开辟新市场等方面，存在诸多风险和不确定性，没有甘冒风险和承担风险的魄力，就不可能成为企业家。

3. 学习

从企业家到整个企业必须做到持续学习、全员学习、团队学习和终身学习，向合作伙伴学习，向竞争对手学习。

改革开放以来，一大批有胆识、勇创新的企业家茁壮成长，形成了具有鲜明的时代特征、民族特色、世界水准的中国企业家队伍，他们为积累社会财富、创造就业岗位、促进经济社会发展、增强综合国力做出了重要贡献，在波澜壮阔的历史画卷中书写下企业家精神的华彩篇章。

拓展阅读

中国高铁的诞生与成长

坚持走中国特色自主创新道路，建设创新型国家，是中国共产党作出的一项重大战略决策。自主创新道路的总体方案是"引进、消化、吸收、再创新"，我国高铁的研发生产就秉承了这个思路。高铁已成为"一带一路"倡议上中国的名片。

1978 年 10 月 22 日，时任国务院副总理的邓小平同志访问日本，于 10 月 26 日乘坐了日本新干线（日本高速铁路系统），并作出评价——"就是感觉到快""我们现在正合适坐这样的车"。随后，邓小平乘坐新干线的画面在国内被报道，高铁概念在国内得到了一次广泛的普及。1990 年 12 月，国家铁道部（现中国国家铁路集团有限公司）完成了《京沪高

图 7.1　"和谐号"第一代机车 CRH1

速铁路线路方案构想报告》，中国高速铁路发展正式进入正轨。然而，在接下来的十几年时间里，以"先锋号"和"中华之星"为代表的一大批国产机车的研发相继中断，这些机车不但造价昂贵，而且存在安全隐患，根本无法满足商业应用的要求。2000 年以后，中国的铁路专家开始转向引进国外先进技术，"和谐号"第一代机车 CRH1（图 7.1）正是在这样的背景下应运而生。CRH1 动车组引进了庞巴迪运输公司的技术，在当时引进国外技术比自主生产成本要低得多，并且在性能和体验方面更加安全舒适。接下来的 CRH2、CRH3 和 CRH5 动车组无一例外都是引进的国外技术，直到由中国人自主创新研发的动车组——CRH380 系列的问世。令外国人万万想不到的是，中国人的消化吸收能力如此之强，短短十几年间，中国人就实现了弯道超车，跨入世界高铁技术领先行列。如今，在国内，中国建成了四纵四横铁路网，在国外，中国先后承建的印尼雅万高铁、中老铁路、中泰铁路、匈塞铁路等诸多项目，全部采用中国技术、中国标准。中国的高铁技术已经成为我们自主创新的品牌，成为中国制造高科技的代名词。

活动亲历

你是创新人格吗？

本节内容学习结束后，需要同学们完成《大学生就业与创业指导自助式成长手册》中"环节四 创新创业行为测试"的"创新人格测试"，以及"环节六 创新创业行动总结"的"反思创新创业思维"和"反思创新创业性格"任务。

本套测试主要为了帮助同学们进一步做好创新创业实践活动的准备工作，从创新人格测试中，客观认知自己，并通过测试题发现自身的特质，认知自身从没有展示出来的潜力，从而确定今后创新创业实践活动的方向。

第二节 争做创业者

🔾 思维训练

案例 25

自从认识了北京冬季奥运会吉祥物冰墩墩，梓龙就被其憨态可掬的样子彻底吸引了。寒假在家，梓龙看到冰墩墩缺货，心里盘算着：我如果手里能有冰墩墩的货源，利用网络，就不愁卖不出去，商机无限啊！于是，他准备找妈妈投资进货冰墩墩。妈妈听后笑了笑说："这冰墩墩很火，梓龙，你的眼光好，但是，你只有先告诉我冰墩墩的价值产业链都有哪些，我才能投资你的项目计划。"

其实，梓龙妈妈想考考梓龙对于商业的认知和产业链的理解，理性的投资者需要知道上下游的产业，这样有利于掌握进行商业活动、创业实践的方向和进度。产业链是产业经济学中的一个概念，是各个产业部门之间基于一定的技术经济关联，并依据特定的逻辑关系和时空布局关系客观形成的链条式关联关系形态。产业链中大量存在着上下游关系和相互价值的交换，上游环节向下游环节输送产品或服务，下游环节向上游环节反馈信息。

以冰墩墩为例，它是冰雪运动的文创产品，梓龙可以在他的创业设想中，附加上各种经营手段以获得最大的利润，来延长产业价值链，利用品牌开发各种衍生品，获得更广泛的盈利空间。

首先，梓龙可以推出一部以冰墩墩为主角的精美卡通影片，在这部影片被推出后要大力宣传去扩大票房收入，并通过发行复制影片，获取第一轮利润；其次，开发后续产品，主题公园是其一，每播放一部卡通影片就在主题冰雪公园里增加一个新的人物，在电影和公园共同营造出的氛围中，让游客高高兴兴地去参观主题公园，由此获取第二轮利润；最后，开发与品牌相关的消费品，使冰墩墩在世界范围内进行知识产权交易，建立大量的冰墩墩商店，通过授权销售品牌商品，获取第三轮利润。例如，某多元化跨国媒体集团就是用一两年时间打造一个关键产品——一部全球知名的儿童电影，接下来的两三年里，利用"利润倍增器"挖掘电影、电视、音乐 CD、主题公园、玩具、服饰等相关产品的利润。

梓龙的创业实践勇气来源于一个市场火热的产品，但是，真正的创业行动，只有勇气是不够的，还需要系统的认知、周密的计划、较为充足的各种资源作为支撑。

思考：

（1）如果你是梓龙，你将如何回答关于产业链的问题？

（2）真正的创业行动需要做哪些准备？

一、创业的含义

"创业"一词在辞海中的解释是"创立基业"。基业是指事业的基础。《现代汉语词典》对"创业"的解释是"创办事业"。事业是指人们所从事的，具有一定目标、规模和系统并对社会发展有影响的经济活动。

二、创业的要素

迄今为止，在人们对创业要素的认识和分析中，最为典型和公认的创业要素模型为蒂蒙斯创业三要素模型(图 7.2)。该模型提出了创业的三大关键要素，即创业机会、创始人及其创业团队、创业资源，这三个核心要素是创业活动中不可或缺的。

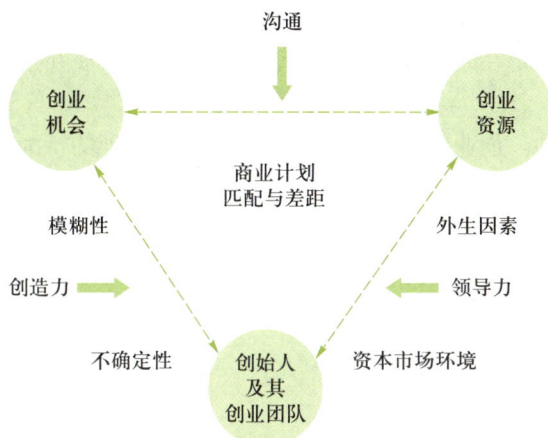

图 7.2　蒂蒙斯创业三要素模型

（一）创业机会

创业机会主要是指具有较强吸引力的、较为持久的有利于创业的商业机会。蒂蒙斯认为，创业机会是创业过程的核心驱动力，如果没有机会，创业活动就难以创造真正的价值。创业机会是创业过程的开始，而不是资金、战略、团队或商业计划。开始创业时，创业机会比资金、团队的才干和能力及适当的资源更重要。从创业者角度来说，机会就是创业的起点，创业过程是围绕机会进行识别、开发与利用的过程。

（二）创始人及其创业团队

创始人及其创业团队是创业过程的主导者和核心，如果没有创业者及其创业团队的主观努力，创业活动是不可能发生的。

事实上，创始人及其创业团队就是利用自身的创造力，在模糊、不确定的环境中发现机会，并利用企业网络和社会资本等外界因素组织和整合资源，主导企业利用搜寻到的机会创造价值。

（三）创业资源

创业资源是创业成功的必要保证，把握机会后，就需要利用资金、设备等资源进行价值创造。因此，如果没有必要的资源，机会也很难被开发和实现。

实际上，创业的过程就是以上三个要素之间相互作用、由不平衡向平衡发展的过程。这三个要素的绝对平衡是不存在的，但是企业要想发展好，就必须追求一种动态的平衡。创始人及其创业团队在推进企业发展的过程中，要对创业机会进行理性分析和把握，对创业风险进行理性认识和规避，对资源进行合理的整合和利用，对工作团队的领导力和适应力进行客观分析和评估。

三、创业者的自画像

云课堂

绘制创业者画像

创业者是创业的主体，创业者既可以是一个单独的个体，也可以是一个团队；既是新创企业的意志主体，又是行为主体。与创业者相近的称谓很多，如创业家、企业家等。创业者有以下三个基本特征：

（1）创业者是企业的创始人，是创新的策划者、实施者，是企业命运的主宰者和股东。

（2）创业者往往是走在时代前列的先行者，创业者的实质在于企业家精神，要具有敢为人先的思想、观念、个性、意志、作风和品质等。

（3）具有创业精神。创业精神的实质就是以创新为基础的行为与思维方式，不满足于现状、改变旧有条件，寻求解决问题的新途径。

创业精神是决定创业成败的重要因素，因为它在很大程度上决定了一个人能否持续投身于创业实践活动，它支配着人们对创业实践活动的态度和行为，并影响着态度和行为的方向及强度。

拓展阅读

创业者的特质有哪些？

王起明是一位成功的创业者，目前已经是一家上市公司的董事长。他的同学董强也曾经创业，但是失败了，目前是一家公司的员工。同时在一所大学毕业，同时上班，为何两个的命运不同？那就让我们来分析下真正的创业者的特质是什么？那些不成功的创业者，或者是不断遭遇失败的创业者，又有着怎样的特质？

思维特质——用户、痛点、产品、模式是创业者的思维标签

创业者在创业的过程中，最关心的是用户想要什么？怎么样解决用户的痛点？什么样的模式才能达到最优效果？他们的心理特点是：稳。

伪创业者每天追逐大佬们在干什么，企图从乱七八糟的新闻中嗅到一点未来将会大火的风口，渴望站到风口做一只"飞起的猪"。做一个项目，一个月就想要看到未来的前途，两个月就要看到资金回流，三个月就要盈利。他们的心理特点是：急。

归因习惯——内归因是创业者的担当标签

创业者在创业过程中，资金短缺怎么办？员工工作效率低下怎么办？面对难啃的骨头，应该怎么办？创业者会毫不犹豫地身先士卒，带领团队一起解决面对，甚至砸锅卖铁；伪创业者，就会寻找借口，抱怨指责，自认倒霉，总感觉自己付出多，心理上容易出现不平衡。

读书习惯——爱读专业书是创业者的进步标签

真正的创业者在创业过程中，喜欢读某个专业、原理的书，因为这些书中有系统的知识体系和客观全面的观点，这样有利于培养他们的科学判断和决策的能力；伪创业者，喜欢读鸡汤类、成功学的书籍，希望能快速获得成功的秘诀，不求甚解。

四、大学生创业的常见方式

大学生可以根据自己的专业知识、兴趣爱好、资源体系、个性特长等自身优势选择创业方式。选择适合自己的创业方式，将大大提高创业成功率。

（一）大赛创业

大赛创业是指通过参加各种创业比赛赢取资金、资源后再创业。新形势下的各种创业比赛，大多已经由过去的模拟性质的创业计划大赛转变为真实的创业大赛。

（1）赛前。进行项目和团队的准备，得到专业教师的辅导。

（2）赛中。经历激烈的竞争，得到评审专家和投资人的点评。

（3）赛后。赢得比赛者，获得的奖金可以作为实际创业启动资金，有的还能从投资者处获得相关创业资源。

可见，参加创业大赛能在创业项目、创业导师、创业资金、创业资源等关键环节得到实际的帮助，因此，大学生可以优先考虑使用这种方式。

（二）创意创业

创意创业是指凭借灵感、点子和想法进行创业，单凭好的创意想创业成功通常很难，一般来说，有了好的创意，做出 DEMO（样本、样片、样稿），拿着 DEMO 找投资，成功率将大大提高。

（三）技术创业

技术创业是指凭借新技术、新发明、专利技术等创业。高学历理工科学生通常在技术上具有一定优势，可以用新技术去融资或者持技术入股。当然，技术创业成功的关键是在新技术的基础上，有资金、人才、营销、管理等方面的保障。

（四）网络创业

网络创业具有门槛低、成本少、风险小、方式灵活等特点，适合对网络熟悉的大学生创业。淘宝、微店、抖音等都可以考虑。

（五）代销

代销因为不承担进货风险，甚至可以零成本、零库存，所以是最有可能实现"白手起家"的一种传统的创业方式。

（六）加盟连锁经营

加盟连锁经营能够获得免费的管理培训，在最短的时间内熟悉项目的渠道和上下游价值链，可以直接享受知名品牌带来的影响，查找并复制他人的成功经验。这对缺乏经验的大学生来说是一个很好的创业平台。

需要警惕的是，加盟连锁经营的陷阱较多。加盟前至少要做好两项工作：一是到"国家企业信用信息公示系统"查询企业信息，企业已经注销、被吊销的不考虑，企业经营范围不符的不考虑，注册资金少于加盟费的不考虑；二是到两家以上实体店考察，主要考察加盟合同条款与实体店实际情况是否相符。

五、大学生创业的常见误区

知识坊

创业的过程充满曲折，也存在一些误区，大学生们要认清风险所在并学会如何应对和避免，从而让创业之路减少不必要的损失和代价。

大学生创业
误区

（一）创业准备不充分

如果大学生没有做好充分准备，就过早出来主导创业，创业的失败率会很大。先参与创业，再主导创业，这对大部分学生而言是更合适的选择。

（二）创业认知不理性

创业认知不理性主要体现在以下两个方面：

（1）认为创意就是创业。一些创业者有了一个好的创意，就误以为创业成功。事实上，很多投资者认为，如果需要在创意点子和创业者之间做出选择，他们更愿意选择后者，因为创意改变一切的情况在现实生活中很少见，而创业者身上包含创业方向、性格品质、团队及执行力等诸多比创意想法更重要的因素。

（2）认为创业就是上市。创业时，不把盈利作为目的是不行的，但如果将创业仅仅认为是盈利和上市，就缺少了胸怀和理想，事业走得不会长远。

（三）市场和管理不重视

一些技术型创业者将获得专利等同于科技创业，将科技创业等同于创业。这种忽视市场和管理的做法往往会导致创业失败。

（四）自我管理不反思

因为大学生这一特定创业群体一般较年轻，并且处于热血沸腾的感情阶段，个性、自信等都较强，所以在团队组建、团队分工、团队规则制度等诸多体现"人与人合作"的工作中，大学生常常会出现以己为主、刚愎自用等不利于合作创业的行为。

（五）应对措施不完善

即使再充分的创业准备都是不完善的，再周密的商业计划书也难免有没有顾及的地方，再团结的创业伙伴也会发生摩擦，再丰厚的资金也有周转不灵的时候。因此，大学生制定的应对措施可能会不尽完善。

活动亲历

如何将创造性思维融入实践活动？

小组成员在团队领导者的带领下，进行本堂课的讨论，并由团队领导者记录发言情况，只摘录主要观点，不计分。本节内容学习结束后，需要同学们完成《大学生就业与创业自助式成长手册》中"环节五 创新创业行动实施"的"专创融合促创新"任务。

本套训练旨在强化同学们的想象力和创造力，将专业知识与社会问题、企业问题、行业问题相结合，用创新思维和创造精神，尝试进行创新创造的实践活动。

第三节　孵化创业梦

🔘 思维训练

案例 26

21世纪是智能技术时代，5G技术、生物技术、图谱技术、算法技术、大数据、人工智能、区块链等不仅提升了产品的性能，还让生产效率大大提高，因此，很多思维敏锐的人捕捉到有效商机，广泛将新技术与传统产品相结合，研发出新型智能产品，从而占据消费市场。李宁（全称李宁体育用品有限公司）正是将科技与产品有效结合，打造"专业装备+智能硬件+移动互联网+数据分析分享"等"四位一体"的立体智能平台，为消费者提供多元化的跑步体验，开启李宁品牌进军"互联网+运动生活体验"领域的新时代。

李宁智能跑鞋的核心优势是前后掌落地状态分析与精准步频监测。跑鞋中底足弓处植入的智能芯片，可即时采集跑步者数据，依托专业数据算法的加工，通过运动App精准地反馈给消费者，以智能化的跑步监测带动高质量的跑步体验，让消费者轻松拥抱智能跑步生活。

该智能芯片运用智能电源管理算法，使得一颗不足200毫安的小容量电池，可以达到一年以上的续航能力，所以在消费者正常的跑鞋使用周期中，无须充电；该芯片采用超过IPX7防水标准，做到了无论晴天还是下雨，一年可常跑不休；同时利用锯齿边沿鞋垫设计，还能有效防止鞋垫晃动，提升穿着的舒适性。

李宁通过打造新产品，把技术资源、平台资源、市场资源等整合到一起，抓住了有价值的商业机会，创造了经济利润，为消费者提供了高附加值的购物体验。

类似智能跑鞋这样的有效商机广泛存在于经济和社会发展之中，由于创业者自身的知识及特质的不同，对机会的认识也有所差异。面对同一个创业机会，某些创业者可能会不屑一顾，而另一些创业者则可能认为是天赐良机。在创业活动中，要做到"慧眼识珠"，抓住创业机会，首先必须了解创业机会。创业机会的来源主要有五种，即发明创造、解决问题、环境变化、市场竞争和新技术产生。

思考：

（1）如何精准抓住创业机会？

（2）真正的创业机会中蕴藏着何种商机？

一、发明创造

发明创造是运用现有的科学知识和科学技术，首创出先进、新颖、独特的具有社会意义的事物及方法，来有效地解决某一实际需要。发明创造提供了新产品、新服务，更好地满足了顾客需求，同时也带来了创业机会。需要说明的是，发明创造不等于创业机会，但创业机会可以来源于发明创造。

挖掘发明创造中的创业机会，除了可以采用直接开发的模式，还可以采用融资模式，例如许可、参股、入股模式。

此外，大学生可以充分利用技术上的优势创造发明并申请各项专利，从新技术和知识产权中找创业机会。

二、解决问题

创业的根本目的是满足顾客需求，而顾客需求在没有满足前就是问题。寻找创业机会的一个重要途径是善于去发现和体会自己及他人在需求方面的问题或生活中的痛点。问题就是机会，问题越多的时候，机会越多。

我们日常所处的社会环境中存在各种问题，涉及吃穿住用行的方方面面。面对各种问题，你持有怎样的态度呢？消极的人沉浸于抱怨之中，而积极的人透过问题发现了其中蕴含的创业机会。

三、环境变化

创业的机会大多产生于不断变化的市场环境中，环境变化了，市场需求、市场结构必然发生变化。

环境变化主要来自产业结构变动、消费结构升级、城市化加速、人口思想观念变化、政府政策变化等诸方面。彼得·德鲁克将创业者定义为"能寻找变化、积极反应，并把变化当作机会充分利用起来的人"。例如，我国国民目前的饮食结构发生了重大变化，不仅要多样化，还要品质化，讲求绿色天然，于是，催生了柴鸡养殖基地、无公害蔬菜、食品生产基地和包装基地；而随着国民购买家用轿车的需求猛增，在"双碳"（碳达峰和碳中和的简称）背景下，则派生出新能源汽车配件生产、智能检测与维修、充电桩生产等创业机会。

四、市场竞争

市场竞争的方式多种多样，如产品质量竞争、广告营销竞争、价格竞争、产品式样和花色品种竞争等，这也就是通常所说的市场竞争策略。

如果你能弥补竞争对手的缺陷和不足，这也将成为你的创业机会。如和竞争对手相比，如果自身企业能比他们更快更可靠更便宜地提供产品或服务的话，也就找到了创业机会。

需要注意的是：竞争优势都是阶段性的，也是需要不断更新的。在创业过程中，还要学会保护自己的竞争优势，有策略地提高进入门槛。

五、新技术产生

科学技术的发展推动了新技术形成，从而创造了新的市场需求，带来了新的创业机会。例如，随着物联网技术的进一步普及，物流行业为创业者提供了巨大机会。当今许多重大技术的新成果，如铁基高温超导、纳米限域催化、量子计算原型机、二氧化碳人工合成淀、干细胞修复技术、碳离子治癌装置、煤制乙醇、煤制低碳烯烃等，都属于这一模式。

拓展阅读

女大学生创业第一人：专利起家

李玲玲的厂区在一片葱郁树林旁，门口竖着"海纳门业"的招牌。"很平常。"李玲玲语气充满着平和，早已忘却曾经头上的诸如"女大学生创业第一人"之类的光环。

早在 1999 年，还在上大三的李玲玲已拥有 7 项专利，拿到 10 万元风险投资，她成立天行健公司后，公司因种种原因停摆，她又组建了海纳科技公司。

海纳科技公司搬迁后，钢价不断上涨，防盗门成本加大。李玲玲顶住压力，既没有涨价，又没有减料，经久耐用的产品得到用户认同，订单不断涌来。在一个高高的蓝色"箱子"前，李玲玲高兴地介绍，这是公司专利节能烤箱，相对普通烤箱，可降低电耗，节约用电成本的 1/2。公司目前拥有真空转印、防撬多扣边、隐形中控锁等 6 项专利，运用到生产中的有 4 个。专利对于公司的发展功不可没。

这位靠专利起家的"金点子姑娘"有着难以割舍的专利情结。李玲玲解释道："拥有自主知识产权，就拥有了竞争力。"面对正在兴起的创业浪潮，李玲玲说，创业正迎来前所未有的大好时机，新型商业模式层出不穷，融资渠道多元化，政府也出台了众多扶持政策，而最根本的是中国经济稳步快速运行，带来无比巨大的市场。展望未来，李玲玲的目光中充满了向往，要寻找合作者继续把公司做大。

活动亲历

你的创造力倾向是怎样的？

本节内容学习结束后，需要同学们完成《大学生就业与创业指导自助式成长手册》中"环节四　创新创业行动测试"的"威廉斯创造力倾向测量表"任务。

本套测试主要为了强化同学们对创业的认知和创造力的认知，增强创业的信心和勇气，通过测试题目引导，明确创造力和创业的关系，挖掘创业的潜力，成为新时代的创业者。

第八章

团队建强，模式建优

我认为做企业要有这些素质，特别在中国市场上，那就是：诗人的想象力、科学家的敏锐、哲学家的头脑、战略家的本领。

——宗庆后

在这一章中，你将：

- 熟悉创业团队的组成要素，理解团队与群体的区别。
- 了解商业模式的内涵。
- 掌握创业团队股权分配原则及退出机制。
- 学会商业模式画布的绘制方法。

第一节　打造高效的创业团队

思维训练

案例 27

有人曾经问雷军：创业成功最重要的因素是什么？雷军的回答是，"团队第一，产品第二"，有好的团队才有可能做出好产品。

从谋划创业开始，雷军就设定了规则：每一个创始人都是某一方面的专才，独立运作互不干涉，秉持这样的理念，他组建了小米创业团队。如今，经过十余年的奋斗，小米已经成为全球第四大智能手机厂商，在 30 余个国家和地区的手机市场进入销量排名前五。然而，在雷军看来，最让他自豪的不是创造了历史上全球第三大科技股 IPO（首次公开募股）或是入选世界 500 强，而是带动了 100 多个行业的变革，影响了全球数亿人的生活，成就了一大批创业者，还改变了很多人的命运。

成就小米 I 代的，是那 13 个一起喝小米粥的人。至今雷军还能清晰地回忆起那天喝粥的场景：雷军随手摊开一张餐巾纸，在上面画小米的商业蓝图——先从开源的安卓操作系统切入，做好用户体验，等操作系统被用户接受了，再做手机，然后通过电商模式卖产品，最终靠软件和互联网服务来赚钱。小米赴港敲钟当天，雷军在演讲中提及，"谢天谢地，公司第一天开张，有 13 人一起过来一起喝小米粥。至今我都不知道，他们当时是否真的信了"。

作为小米雇主品牌的首席代言人，雷军将自己最核心的管理思想总结为 12 个字：不要过度管理一个创业公司。雷军称，在创办小米初期，自己想得最多的就是怎么能够简化管理甚至是不需要管理，在摸索简化管理的这条路上，他提出了三点：一是找到志同道合的人才是最核心的事情，不需要管理的人有三大特质——能力、责任心、自驱力；二是简单机械的 KPI（关键绩效指标）制度不可行，真正的 KPI 应该和企业的使命和价值观紧密相连；三是坚持扁平化，在相对平等的氛围里面，每一个业务单元都具备非常强的主动性。

综上，我们看出优秀的项目如果要走得更远，就需要做到以下三点。

（1）必须要有可靠的核心团队和清晰的指导路线。项目团队上上下下劲儿往一处使，基于此，团结一切可以团结的力量，加强合作，扩大战线。

（2）与时俱进，不断创造新的"商业模式"，拓宽企业护城河。或许最开始照搬别人的"商业套路"，慢慢发现路走不通了，这时就要勇于创新，聚焦客户的需求以及痛点。

（3）有优秀的团队领导人。一个优秀的领导人，可以影响和带动周围的人，可以激励同伴，可以帮助队友继续前行。

思考：
（1）你能说说你最欣赏哪支创业团队吗？
（2）从小米公司的案例中，你感受到了什么？

一、团队与群体的区别

（一）团队与群体的概念不同

群体是人们通过某种社会关系联系起来，进行共同活动和感情交流的集体。

团队是为了实现某一目标，由一定数量的个体组成，相互协作、相互依赖、共担责任的群体。

创业团队是指一群能够在创业活动过程中目标一致、才能互补、分工明确又互相协作的基础上，有计划地共同努力并实现创业目标的特殊群体。

从上面的定义中可以看出，团队（team）是由一群有着共同目标、有分工有协作的个体而形成的战斗团体，不同于群体（group），群体可能只是一群普通民众，并不具备高度战斗力。例如，球队是一个团队，而观看球赛的球迷则是一个群体。

（二）团队区别于群体的六个要点

团队区别于群体的六个要点，即领导、目标、协作、责任、技能和结果，具体表现为：

（1）领导方面。群体应该有明确的领导者；团队可能就不一样，尤其当团队发展到成熟阶段，成员可共享决策权。

（2）目标方面。群体的目标必须跟组织保持一致；但团队中除了这点之外，还可以产生自己的小目标。

（3）协作方面。协作性是群体和团队最根本的差异，群体的协作性可能是中等程度的，有时成员还会产生消极情绪，甚至对立；但团队中是一种齐心协力的氛围。

（4）责任方面。群体的领导者要负有很大责任；而团队中除了领导者要负责之外，每一个团队成员也要共担责任，甚至要相互作用，风雨同舟。

（5）技能方面。群体成员的技能可能是不同的，也可能是相同的；而团队成员的技能是相互补充的，把拥有不同知识、技能和经验的人综合在一起，形成角色互补，从而达到整个团队的有效组合。

（6）结果方面。群体的绩效是每一个个体的绩效相加之和，团队的结果或绩效则是由大家共同合作完成的。

二、创业团队的要素

云课堂

科学组建
团队

创业团队，就是由少数具有互补技能的创业者组成的团队。创业者为了实现共同的创业目标而遵守一个能使他们彼此担负责任的程序，共同为达成高品质的结果而努力。

创业团队需要具备五个重要的团队组成要素，即目标（Purpose）、人员（People）、定位（Place）、权限（Power）、计划（Plan），因其英文单词的开头字母皆为"P"，称为5P（图8.1）。

图 8.1　团队 5P

（一）目标

创业团队应该有一个既定的共同目标，为团队成员导航，使队员知道要去向何处。没有目标的团队，就没有创业身份的认同，队员也就会失去价值感。以四组大学生创新创业团队的真实创业项目为例，如表8.1所示。

表 8.1 大学生创业团队明细表

名称	电管家团队	速援团队	铁龙文创	红履团队
团队目标	荧光测温技术领域的先行者	地铁应急救援疏散装置领航者	铁路文化传播大使	千层底供应商
身份认同	我是做高铁荧光光纤测温技术的团队成员	我是做地铁应急救援疏散装置的团队成员	我是做铁路文化元素创意和传播的团队成员	我是为中小鞋厂提供优质千层底的团队成员

（二）人员

人是构成创业团队最核心的力量，在一个创业团队中，人力资源是所有创业资源中最活跃、最重要的资源。应充分调动创业者的各种资源和能力，将人力资源进一步转化为人力资本。以四组大学生创新创业团队的真实创业项目为例，如表 8.2 所示。

表 8.2 大学生创业团队队员明细表

名称	电管家团队	速援团队	铁龙文创	红履团队
团队成员	成员来自：铁道供电、高铁综合维修、市场营销、人工智能、动车技术等	成员来自：城轨供电、城轨驾驶、铁道供电、城轨运营、市场营销等	成员来自：视觉传播、艺术设计、铁路运输、康复治疗等	成员来自：市场营销、人工智能、艺术设计、铁道机车等
项目负责人特质	技术突出带动性强	勤奋钻研领导力强	性格坚韧凝聚团队	背景深厚市场推广强

（三）定位

创业团队的定位包含两层意思。

（1）创业团队的定位。主要包括：创业团队在企业中处于什么位置，由谁选择和决定团队的成员，创业团队最终应对谁负责，创业团队采取什么方式激励下属。

（2）个体（创业者）的定位。主要包括：是大家共同出资，委派某个人参与管理；还是大家共同出资，共同参与管理；抑或是共同出资。是合伙企业，还是独资企业。以四组大学生创新创业团队的真实创业项目为例，如表 8.3 所示。

表 8.3 大学生创业团队股份比例明细表

名称	电管家团队	速援团队	铁龙文创	红履团队
股份比例	项目负责人占70%股份其他成员占30%	项目负责人占55%；股份其他成员占45%	项目负责人占100%	项目负责人占100%
企业性质	合伙企业	合伙企业	独资企业	独资企业

（四）权限

创业团队当中领导人的权力大小与其团队的发展阶段和创业实体所在行业相关。一般来说，创业团队越成熟，领导者所拥有的权力相应越小，在创业团队发展的初期阶段，领导权相对比较集中。高科技实体多数实行民主的管理方式。

（五）计划

目标最终的实现，需要一系列具体的行动方案，可以把计划理解成达到目标的具体工作程序。

三、创业团队的组建原则

创业团队的组建应遵循以下四点原则。

云课堂

设定团队
规则

（一）互补原则

创业者寻求团队合作的目的就在于弥补创业目标与自身能力间的差距。只有当团队成员相互间在知识、技能、经验等方面实现互补时，才有可能通过相互协作发挥出"1+1>2"的协同效应。

（二）精简高效原则

为了减少创业期的运作成本、最大比例地分享成果，创业团队人员构成应在保证企业高效运作的前提下尽量精简。

（三）动态开放原则

创业过程是一个充满了不确定性的过程，团队中可能因能力、观念等多种因素而不断有人离开，同时也有人要求加入。因此，在组建创业团队时，应注意保持团队的动态性和开放性，使真正完美匹配的人员能被吸纳到创业团队中来。

（四）目标明确合理原则

目标必须明确，这样才能使团队成员清楚地认识到共同奋斗的方向。与此同时，目标也必须是合理的、切实可行的，这样才能真正达到激励的目的。

拓展阅读

有组织的团队才有力量

人类社会并非"落后就要挨打"，而是"无组织就要挨打"。

从科学角度来看，作为有感情有思想的动物，人能主动、自动组织起来，而低等动物不能，这是人与低等动物的本质性区别。人一旦处于无组织状态，就等于退化到了低等动物状态。无组织状态，属于"状态性劣等"，正常时期也可能会生成灾祸。而有组织状态，则属于"状态性优等"，特大灾害面前都能做到零伤亡脱险。

中国人民抗日战争能够取得胜利，正是在中国共产党的领导下，把积极抗日的各方组织起来，建立了抗日救国统一战线，即在国内建立工人阶级领导的、以工农联盟为基础的、团结各革命阶级的统一战线；在国外联合一切平等待我的民族和各国人民，结成国际的统一战线。事实证明，只有团结合作，才能创造历史伟业。

习近平总书记在党的二十大报告中指出，团结就是力量，团结才能胜利。

同样是一群人，无组织的群体只能是一盘散沙，困难时孤立无援。有组织的集体就可以演变成高效能的强势团队，面对困难时互相帮助。在新的历史时期，与各方人士团结合作，依然是建设中国式现代化强国、实现中华民族伟大复兴的一个重要法宝。

活动亲历

如何搭建良好的创业团队？

本节内容学习结束后，需要同学们完成《大学生就业与创业指导自助式成长手册》中"环节四 创新创业行为测试"的"团队合作测试"和"环节五 创新创业行动实施"的"成员互补建团队"，以及"环节六 创新创业行动总结"的"评估自我团队合作精神和能力"任务。

本套训练主要培养同学们的团队合作精神，从自我出发，以同理心、同目标为出发点，科学建设有凝聚力的团队，从而提高团队竞争力，为成功创业打下基础。

第二节 构建适宜的商业模式

思维训练

案例 28

自从进入大学，通过开设的双创课程和双创实践，刘洋对双创更加"痴迷"，随着与同学们的深入讨论，刘洋的内心悄悄发生了变化：以前总是不太好意思谈钱，现在天天和同学们探讨如何盈利、如何打通盈利的逻辑。盈利的模式只关乎钱的事吗，刘洋有些"摸不着头脑"。

刘洋所说的盈利模式，其实就是企业的商业模式的一个重要组成部分，商业模式决定了企业能否盈利。

然而"赚钱"与"值钱"是两个概念。所谓"赚钱"，可以说是一种技能，这个技能就是如何创收。而"值钱"就不一样了，它既能够体现自身价值，又能通过自身价值带来技能价值之外的额外收益。

波司登（全称波司登股份有限公司）的创始人高德康曾经只是一个普通的裁缝，如今的他却已经成为国内羽绒服界的领军人物。创业之初的他，一穷二白，硬是靠着自己的裁缝手艺，拉了十几个人组建了裁缝组，就开始创业了。一开始他们也是给其他服装厂做代加工，但高德康很快意识到，做代加工不是长久之事，他想要创办属于自己的品牌，于是在 1990 年他注册了波司登。

由于制作的羽绒服质量好，备受消费者青睐，销售量也越来越高了。随着全球化的发展，高德康开始聘请优秀的技术人员，将制作羽绒服的工艺进行改进，使得波司登逐渐发展成全球知名的服装品牌。

不难看出，波司登的商业模式在不断地随着时代的进步而发生迭代，从最初的裁缝组接单模式，到代加工模式，再到自主设计研发生产模式，品牌价值越来越高，企业盈利能力也越来越强。刘洋所想的"似乎不是钱的事"的意思就是商业模式的优化后产生的企业品牌价值提升的维度。

盈利的公司只代表现在经营能力强、公司目前发展得非常好，而一个有价值的公司本身就具备自己的核心价值，或者说是技术优势、品牌效应等，这些内在价值是长期赋予的，所以从长远来说更具有不可替代的地位。

刘洋从波司登的发展过程中，深刻地认识到：计算机和通信技术的革命性突破，不仅为企业运作模式提供了新功能，还全面提升了产品品质、降低了交易成本，削弱了传统企业的业务结构，使企业商业模式发生了根本转变。的确，当今企业之间的竞争，不只是产品之间的竞争，而是商业模式之间的竞争。想要创业，寻找好的项目就成了必然，然而好的项目的成功离不开好的商业模式。

思考：
在某个创新创业项目中，从哪里切入可以更好地探索创业项目的盈利模式？

一、商业模式的含义

（一）商业模式的概念

商业模式是通过整合企业运行的内外各要素，形成完整、高效率、具有核心竞争力的运行系统，并通过最优实现形式满足客户需求、客户价值，同时使系统达成持续盈利目标的整体解决方案。通俗地讲，商业模式就是一个企业通过什么途径或方式来创收、来提升自身价值。

云课堂

了解商业模式的类型

（二）商业模式的基本原理

商业模式描述了企业创造价值、传递价值和获取价值的基本原理(图8.2)。

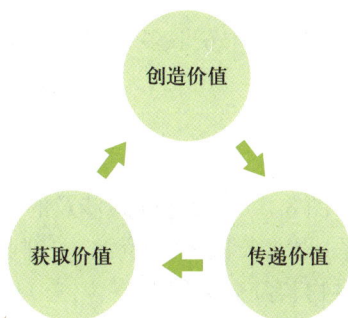

图 8.2　商业模式基本原理图

1. 创造价值

创造价值是基于目标客户需求，提供解决方案。例如，巴奴火锅(全称巴奴毛肚火锅有限公司)服务的消费者人群是毛肚痴迷者和火锅爱好者，巴奴火锅专门在四川建立毛肚生产基地，毛肚的脆和香就是带给毛肚爱好者的价值，免费水果、温馨的环境和周到的服务是给火锅爱好者提供的价值。

2. 传递价值

传递价值是通过资源配置、活动安排来交付价值。例如，得到 App 就是把知识的价值传递出去，通过互联网，传递知识付费理念，整合了经济学、管理学、金融学、历史、科学、医学、法学等名家的课程。

3. 获得价值

获取价值是通过一定的盈利模式来持续获取利润。例如，空气净化器是现在家庭常备的空气清洁产品，但是每半年到一年需要更换滤芯，价格通常是该产品的 $1/5$，厂家因而从中获取利润。总之，一个好的商业模式最终能够成为获得资本和产品市场认同的独特企业价值。企业必须选择一个适合自己的、有效的商业模式，把各种有形的和无形的资源都整合其中，并且随着客观情况的变化不断对其加以创新，这样才能获得持续的竞争优势。

二、商业模式画布的含义

云课堂

设计商业模式

商业模式画布(business model canvas，BMC)是瑞士商业模式创新作家、商业顾问亚历山大·奥斯特瓦德和瑞士洛桑大学教授伊夫·皮尼厄在两人合著的《商业模式新生代》(2008 年出版)一书中提出的一种用来描述商业模式、可视化商业模式、评估商业模式及创新商业模式的通用语言。

商业模式画布为呈现企业的各种利益相关者(如供应商、顾客、其他合作伙伴、企业内的部门和员工等)提供了一个将各方交易活动相互联结的纽带。一个好的商业模式画布，可以帮助我们回答以下四个基本问题：

(1) 我们能为哪些客户提供产品和服务？

(2) 我们能为客户提供什么样的产品和服务？提供什么(独特的)价值？

(3) 我们如何为客户提供这些产品和服务？

(4) 我们能够从为客户创造的价值中获取多少利润？收入多少？成本多少？

三、商业模式画布的要素

云课堂

制作商业模式画布的方法(上)

商业模式画布(图 8.3)将商业模式涉及的九个要素(客户细分、价值主张、渠道通路、客户关系、收入来源、核心资源、关键业务、重要合作、成本结构)和涵盖的四个维度(提供物、客户、基础设施、财务)以一种极其简练的、可视化的、一张纸的方式呈现出来，这九个要素构成画布的九个基础模块。企业或创业小组通过对这九个构造块的梳理，可以更好地描述出创造价值、传递价值和获取价值的基本原理，更加清晰地建立与商业模式有关的各种逻辑关系。

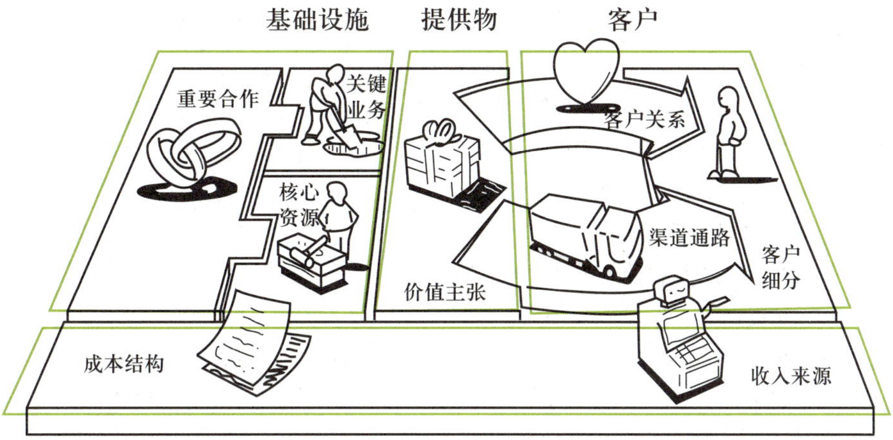

图 8.3　商业模式画布

（一）**客户细分**

客户细分（customer segments）用来描绘一个企业想要接触和服务的不同人群或组织。该构造块主要解决以下问题：

（1）我们正在为谁创造价值？

（2）谁是我们最重要的客户？

（二）**价值主张**

价值主张（value propositions）用来描绘为特定客户细分创造价值的系列产品和服务。该构造块主要解决以下问题：

（1）我们应该向客户传递什么样的价值？

（2）我们正在帮助我们的客户解决哪类难题？我们正在满足哪些客户需求？

（3）我们正在为客户细分群体提供哪些系列的产品和服务？

（三）**渠道通路**

渠道通路（channels）用来描绘企业如何沟通与接触其客户细分群体，传递其价值主张。该构造块主要解决以下问题：

（1）通过哪些渠道可以接触我们的客户细分群体？我们如何接触他们？

（2）我们的渠道如何整合？

（3）哪些渠道最有效？

（4）哪些渠道的成本效益最好？

（5）如何把我们的渠道与客户的例行程序进行整合？

（四）**客户关系**

客户关系（customer relationships）用来描绘企业与特定客户细分群体建立的关系类型。该构造块主要解决以下问题：

（1）每个客户细分群体希望我们与之建立和保持何种关系？

（2）我们已经建立了哪些关系？这些关系成本如何？

（3）如何将其与商业模式的其余部分进行整合？

云课堂

制作商业模式画布的方法(下)

171

（五）收入来源

收入来源（revenue streams）用来描绘企业从每个客户群体中获取的现金收入（需要从创收中扣除成本）。该构造块主要解决以下问题：

（1）什么样的价值能让客户愿意付费？

（2）客户现在付费买什么？

（3）客户是如何支付费用的？

（4）客户更愿意如何支付费用？

（5）每个收入来源占总收入的比例是多少？

（六）核心资源

核心资源（key resources）用来描绘让商业模式有效运转所必需的最重要的因素，具体分为实体资产（如生产设施、不动产、汽车、销售网点等）、人力资源（对知识密集型产业和创意产业至关重要）、金融资产（有些商业模式需要金融资源或财务担保，如现金、信贷额度等）、知识产权（包括品牌、专有知识、专利和版权、合作关系和客户数据等）。该构造块主要解决以下问题：

（1）我们的价值主张需要什么样的核心资源？

（2）我们的渠道通路需要什么样的核心资源？

（3）我们的客户关系的构建与维护以及保障收入来源需要什么样的核心资源？

（七）关键业务

关键业务（key activities）用来描绘为了确保商业模式可行，企业必须做的最重要的事情。该构造块主要解决以下问题：

（1）我们的价值主张需要哪些关键业务？

（2）我们的渠道通路需要哪些关键业务？

（3）我们的客户关系构建与维护以及保障收入来源需要哪些关键业务？

（八）重要合作

重要合作（key partnerships）用来描绘让商业模式有效运作所需的供应商与合作伙伴的网络。该构造块主要解决以下问题：

（1）谁是我们的重要伙伴？

（2）谁是我们的重要供应商？

（3）我们正在从合作伙伴那里获取哪些核心资源？

（4）合作伙伴执行了哪些关键业务？

（九）成本结构

成本结构（cost structure）用来描绘运营一个商业模式所引发的所有成本。该构造块主要解决以下问题：

（1）什么是我们商业模式中最重要的固定成本？

（2）哪些核心资源花费最多？

（3）哪些关键业务花费最多？

拓展阅读

携程的商业模式分析

携程是一个在线票务服务公司，创立于1999年，总部设在中国上海。携程旅行网拥有国内外60余万家会员酒店可供预订，是中国领先的酒店预订服务中心。

从产业价值链定位来看，携程抓住互联网与传统行业相结合的机遇，力求扮演航空公司和酒店的"渠道商"角色，以发放会员卡吸纳目标商务客户，依赖庞大的电话呼叫中心做预订服务等方式，将机票、酒店预订、度假预订、商旅管理、特约商户及旅游资讯在内的全方位旅行服务作为核心业务(图8.4)。

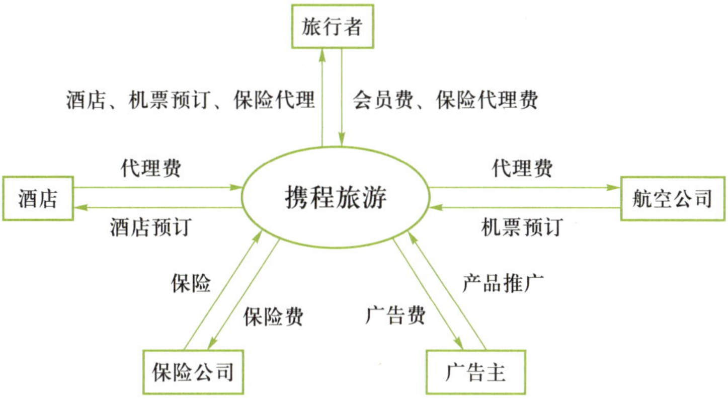

图 8.4 携程网价值网络

通过与全国各地众多酒店、各大航空公司合作，以规模采购的方式大量降低成本，同时通过消费者在网上订客房、订机票，来积累客流，客流越多，携程的议价能力越强，其成本就越低，客流就会更多，最终形成良性增长的盈利模式。

携程的商业模式是立足于传统旅行服务公司的盈利模式，主要通过"互联网+呼叫中心"完成一个中介任务，用IT(信息技术)和互联网技术将盈利水平无限放大，成为"鼠标+水泥"模式的典范。

活动亲历

如何制作商业模式画布？

本节内容项目学习结束后，需要同学们完成《大学生就业与创业指导自助式成长手册》中"环节四 创新创业行动测试"的"大学生创业者创业呼唤问卷"和"环节五 创新创业行动实施"中"商业画布定模式"任务。

本套训练主要培养同学们对商业模式的系统认知、对商业过程的客观了解和对企业运营的整体感知，以动脑去思考、动手去画布、动腿去验证的"三动"训练宗旨，帮助学生理解商业模式的内涵和商业模式设计的难点，从而为真正的创业实践指明成功的方向。

第九章

蓝图绘就，大赛检验

商业计划书在某种程度上也是企业的宣传书，能够让投资人、供应商、合作伙伴等等了解企业的发展状况和愿景，从而获得融资和达成合作。

—— 刘芹

在这一章中，你将：

- 了解创业计划书的构成。
- 掌握路演课件的基本内容。
- 了解"互联网+"大学生创新创业大赛、"挑战杯""发明杯"等比赛的要求。
- 掌握创业计划书的撰写方法和路演课件的制作及答辩技巧。

第一节　制订创业计划

📍 思维训练

案例 29

致远团队在撰写创业计划书时遇到不少困难，他们不仅摸不准项目痛点，对项目的整体逻辑和架构也比较模糊。于是，他们找到了学校众创空间的指导老师，希望老师指点迷津。了解了他们的困惑，老师问了两个问题：一是如何区分客户与用户，二是客户需求和项目痛点之间、用户和项目痛点之间有着怎样的关系。

如果你也在做创新创业项目，你将如何回答指导老师提出的问题？

指导老师之所以问上述两个问题，是因为指导老师发现小明团队摸不准项目痛点的症结在于客户定位(项目为谁服务、解决谁的问题)不清晰。

接下来，我们从老师同其他创业项目团队(智能快餐柜创业项目团队)的对话中寻求一些启示。

老师：请项目负责人说一说你们这个快餐柜主要为谁服务。

负责人：为落实疫情防控要求，凡是订外卖的学生，他们订的外卖只能放学校门口，但取到时大多已经凉了。如果有个智能快餐柜，那么同学们就可以吃到热饭了。

老师：原来如此。那你们的盈利方式是什么？是提高订外卖的餐费吗？比如，过去一份鱼香肉丝10元，现在需要11元吗？

负责人：不是的，老师，我们不加收学生的钱，额外的费用由平台承担。

老师：哦？为什么能让平台承担额外的费用？你们能帮外卖平台解决什么问题吗？

负责人：平台用了我们的快餐柜，送餐员把东西往柜子一放，就不用再等着学生取餐，而且还保证了餐的质量。这样下单的学生会更多。

老师：听明白了。那你们自己说你们的客户是谁，项目的痛点又是什么？

负责人：客户是外卖平台，用户是点外卖的学生，痛点是送餐员需要打电话叫学生取餐，耽误了送餐时间，如果用了快餐柜，就可以节省时间，多送几单。

老师：哈哈，这不，你们自己就可以区分清楚客户和痛点了。思路很清晰，痛点也很"痛"！

综上所述，要想区分客户和用户，就要先明确"谁来买单"的问题，即买单的人就是客户，也就是消费者。用户是使用产品的人，不见得会买单，如你的用户是婴幼儿，但这部分人没有购买力，不能成为你的客户，其实你的客户是这些婴幼儿的家长等。痛点应该是客户的痛点，而不是用户的痛点。如何帮助客户提升工作效率、改善工作环境，是创新创业项目团队的研究重点，然后团队可以依据客户需求，找到问题的解决方案。很多初次做创新创业项目的学生，在客户和痛点问题上往往存在误区。

思考：

(1) 如何撰写一份缜密、可行的创业计划书？

(2) 如何找寻创新创业项目中，客户的痛点问题？

一、创业计划书的含义

创业计划书是公司、企业或项目单位为了达到招商融资和实现其他发展目标的目的，在经过前期对项目进行科学调研、分析及搜集与整理有关资料的基础上，根据一定的格式和内容的具体要求而编辑、整理的一份向读者全面展示公司和项目目前状况、未来发展潜力的书面材料。它是一份全方位的商业计划。

二、创业计划书的作用

总的来说，创业计划书的作用体现在以下三个方面。

（一）达到企业融资的目的

创业计划书是争取项目投资的敲门砖。投资者每天会收到很多创业计划书，创业计划书的质量和专业性就成了企业获得投资的关键点。创业者在争取获得风险投资之初，应该将创业计划书的制作列为头等大事。

（二）全面梳理自己的创业项目

通过制订相应的创业计划，创业者会对创业项目有一个全面的了解。创业计划书可以更好地帮助创业者分析目标客户、规划市场范畴、形成定价策略并对竞争性的环境做出界定，以在其中开展业务并获得成功。

（三）向合作伙伴展示自己

使用创业计划书，可以向业务合作伙伴和其他相关机构展示自己。创业计划书的重要作用之一是可以为创业者找到战略合作伙伴，从而达成多方共赢。

三、创业计划书的构成

创业计划书通常包括封面(标题页)、保密要求、目录、摘要、正文、附件和备查资料等部分。

（一）基本信息

1. 封面(标题页)

云课堂

撰写创业
计划书

封面(标题页)可以放一张企业的项目或产品彩图，但需留出足够的版面排列以下内容：公司名称、项目名称、项目单位、地址、电话、联系人、公司主页、日期等。

2. 保密要求

保密要求可放在标题页，也可放在次页，主要是要求投资方项目经理妥善保管创业计划书，未经融资企业同意，不得向第三方公开创业计划书涉及的商业秘密。

3. 目录

目录用来标明各部分内容及页码，要注意确认目录页码同正文内容的一致性。

4. 摘要

知识坊

项目摘要
示例

摘要是对整个创业计划书的概括，其目的在于用最简练的语言将计划书的核心、要点、特色展现出来，吸引阅读者仔细读完全部文本。因而摘要一定要简练，一般不超过两页纸。

摘要的具体内容包括：公司(模拟)简介、产品及服务、目标市场、公司战略、公司管理、竞品分析、融资与回报等。特别要详细说明自身企业的与众不同之处及企业获取成功的市场因素。

（二）正文内容

1. 企业介绍

知识坊

项目正文
示例

顾名思义企业介绍用来介绍企业或项目的基本情况。具体而言，如果企业处于种子期或创建期，现在只有一个美妙的商业创意，那么应重点介绍团队的成长经历、求学过程，并突出队员性格、兴趣爱好与特长，创业者的追求，独立创业的原因及创意如何产生。

2. 管理团队介绍

管理团队介绍部分主要介绍管理团队、技术团队、营销团队的工作简历、取得的业绩，尤其是与目前从事工作有关的经历。另外，可以着重介绍企业目前的管理模式，如果无特色，也可以不介绍。

此外，在这部分创业计划书中，还应对公司的组织结构做一个简要介绍，包括公司的组织结构图、各部门的功能与责任、各部门的负责人及主要成员、公司的薪酬体系等。

3. 技术产品(服务)介绍

技术产品(服务)介绍一般包括以下内容：产品的名称、特性及性能用途；产品处于生命周期的哪个阶段，市场竞争力如何；产品的研究和开发过程；产品的技术改进、更新换代或新产品研发计划及相应的成本；产品的市场前景预测；产品的品牌和专利。

在这一部分，要对产品(服务)做出详细的说明。说明要准确，也要通俗易懂。一般产品介绍要附上产品原型、照片或其他介绍。

4. 行业、市场分析预测

行业与市场分析主要包括：行业发展趋势、行业发展中存在的问题、国家有关政策、市场容量、市场竞争情况、行业主要盈利模式、市场策略等。

行业与市场分析主要是对企业所在行业基本情况、企业的产品或服务的现有市场情况、未来市场前景进行分析，使投资者对产品或服务的市场销售状况有所了解。

5. 市场营销策略

企业的盈利和发展最终都要拿到市场上来检验，营销成败直接决定了企业的生存和命运。

在介绍市场营销策略时，创业者要讨论不同营销渠道的利弊，要明确哪些企业主管专门负责销售、主要适用哪些营销工具，以及营销目标的实现和具体经费的支出等。

6. 生产计划

生产制造计划(适用生产制造型项目)旨在使投资者了解产品的生产经营状况。这一部分应尽可能地把新产品的生产制造及经营过程展示给投资者。生产制造计划的主要内容包括以下几个方面：

(1) 公司现有的生产技术能力，或企业生产制造所需的厂房、设备情况。

(2) 质量控制和改进能力。

(3) 新产品的生产经营计划，改进或将要购置的生产设备及其成本。

(4) 现有的生产工艺流程，生产周期标准的制定及生产作业计划的编制。

(5) 物资需求计划及其保证措施，供货者的前置期和资源的需求量。

(6) 劳动力和雇员的有关情况。

7. 财务分析与预测

财务分析与预测包括公司过去若干年的财务状况分析、今后三年的发展预测，以及详细的投资计划。这一部分旨在使投资者据此判断企业未来经营的财务状况，进而判断其投资能否获得理想的回报，因而它是影响投资决策的关键因素之一。

8. 融资计划

融资计划主要涉及以下问题：融资数额是多少？已经获得了哪些投资？希望向战略合伙人或风险投资人融资多少？投资收益和未来再投资的安排如何？对于吸引风险投资的企业，风险投资的退出途径和方式是什么？

9. 风险分析

风险分析主要用于向投资者分析企业可能面临的各种风险隐患、风险的大小及融资者将采取何种措施来降低或防范风险、增加收益等。这一部分的主要内容包括：企业自身各方面的限制，如资源限制、管理经验的限制和生产条件的限制等；创业者自身的不足，包括技术上的、经验上的或者管理能力上的欠缺等；市场的不确定性；技术产品开发的不确定性等。

（三）附件和备查资料

附件主要是对创业计划书中涉及的一些问题的细节和相关的证书、图表进行描述或证明，如企业的营业执照、公司章程、验资审计报告、税务登记证、高新技术企业（项目）证书、专利证书、鉴定报告、市场调查数据、主要供货商及经销商名单、主要客户名单、场地租用证明、公司及其产品的介绍与宣传等资料、工艺流程图、各种财务报表及财务预估表、专业术语说明等。它与创业计划书主体部分一起装订成册。备查资料只需列出清单，待资金供给方有投资意向时查询。

四、路演课件的基本内容

路演 PPT（课件）的制作，首先考虑的不是设计和制作，而是逻辑和结构。分析整个 PPT 的逻辑，理清思路，尤其是搞清楚基本问题（如你的项目是做什么的、具体怎么做、解决客户的什么问题、产品有什么优势等），这样做出的 PPT 才能让投资人、评委认识到项目的价值。

由于时间限制，路演课件 PPT 一般由 20~30 页的 PPT 文档组成，内容包括如下几个方面。

（一）封面

封面包括公司名称或标志、副标题（用一句话描述项目），以及项目负责人的姓名、联系方式、邮箱等信息。

要点：这张 PPT 必须醒目、整齐，封皮设计要与项目产品高度相关，背景颜色不要太杂。通常 PPT 需要有一个主色调，不建议一张用一个背景颜色。

（二）问题提出（项目背景）

（1）背景趋势。项目是不是在风口上？政策法规有何利好？

（2）市场痛点。用户存在什么痛点问题？是不是强刚需？

（3）项目的价值。用充分的依据证明项目恰逢其时，并且有巨大价值。

要点：在这一部分中适合插入一些故事、事例及统计数据，以生动地向人们展示这个项目的重要性，吸引投资者或者评委的注意力，要善于用数据说明项目的价值。

（三）解决方案（产品技术与服务）

（1）说明本项目就是问题的解决方法，展示项目的独特之处。

（2）技术创新：产品的创新点及核心竞争力。

（3）竞品分析：充分展示自己的产品在技术上、功能上、效果上的优势。

（4）产品的门槛壁垒：技术专利、软件著作等的申请情况。

要点：多介绍亮点，用数据、第三方证据说话，用应用证明、科技查新报告、测评报告等让投资者感受到项目的先进性和创新性。务必使用通俗易懂的语言，保证非专业人士可以听懂。

（四）机会和目标市场

（1）详细分析本产品所属行业及所在区域的发展情况。

（2）清楚地定位具体目标市场：客户是谁，市场空间有多大。

（3）未来 3~5 年市场销售预测和预期市场份额。

要点：这一部分可以多用图表和数据，以便打破那种依赖文字进行演讲的枯燥感。

（五）市场竞争分析

（1）核心竞争力介绍。

（2）竞争对手分析（含直接竞争者、间接竞争者、未来竞争者）。

（3）竞争优势和发展空间。

要点：确立竞争优势，如果项目的退出策略是被某个实力更强的竞争对手收购，在这里要说明这种可能性。

（六）商业模式

（1）运营模式：与上下游客户如何合作。

（2）盈利模式：盈利点是什么，怎么定价。

（3）营销模式：怎么找到客户，怎么卖出产品。

要点：讲清楚靠什么模式盈利，与利益方如何交换。

（七）管理团队

（1）专家顾问团队由哪些人组成。

（2）核心运营团队由哪些人组成。

（3）项目或公司的股权架构是什么样子的。

要点：在这一部分中，要尽量突出创业团队的完善性、团队成员之间的互补性，以及每个团队成员有过哪些漂亮的业绩，而不仅仅是告诉投资人每个团队成员的从业或求学经历。如果尚有缺失的团队成员，要讲明弥补措施。如果是参加互联网大赛等创新创业大赛，还要写清专家团队和指导教师团队，优先填写与项目有关联性的内容。

（八）财务分析与融资需求

（1）项目截至目前的收支情况分析。

（2）融资需求及资金使用方式。

（3）资金筹得后产生的经济效益分析。

要点：如果是初创企业或尚未完成注册的创业企业，撰写收支情况时，可以写预期收入与支出，以及融资需求（包括融资后资金使用分配情况）。

五、路演课件的制作技巧

一份可以打动投资人、让评委心动的路演 PPT，通常情况下要具备逻辑严谨、内容精练、图文结合、亮点突出等特征。

（一）学会使用图表

图表不仅能高度概括内容，而且识别简单，能迅速传递信息，让用户秒懂。文字描述与图表描述的对比情况如图 9.1 所示。

云课堂

制作项目
PPT

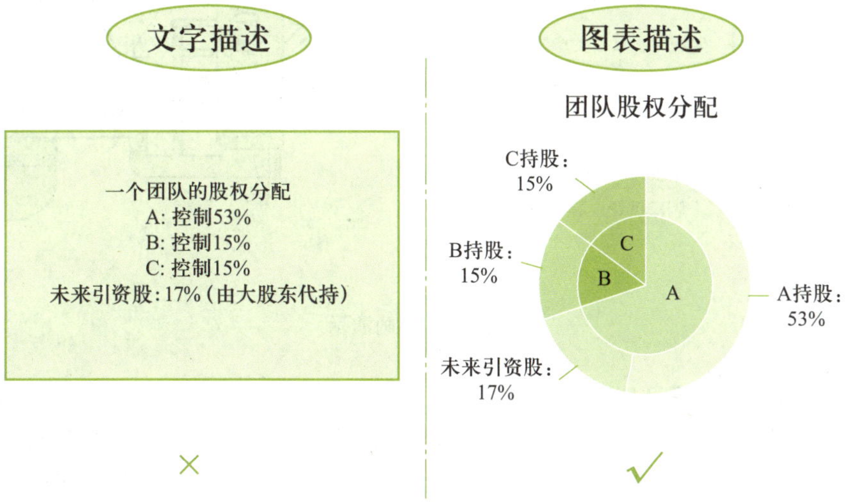

图 9.1　图表对比

（二）避免文字堆砌页面

路演 PPT 应当图表与文字相结合，文字应精练，数量不宜多。文字堆砌与图文结合的对比情况如图 9.2 所示。

（三）善于运用动态呈现方式

借助小视频、动画等手段，可以直观生动地演示项目的特色和技术难点。传统流程与动画演示的对比情况如图 9.3 所示。

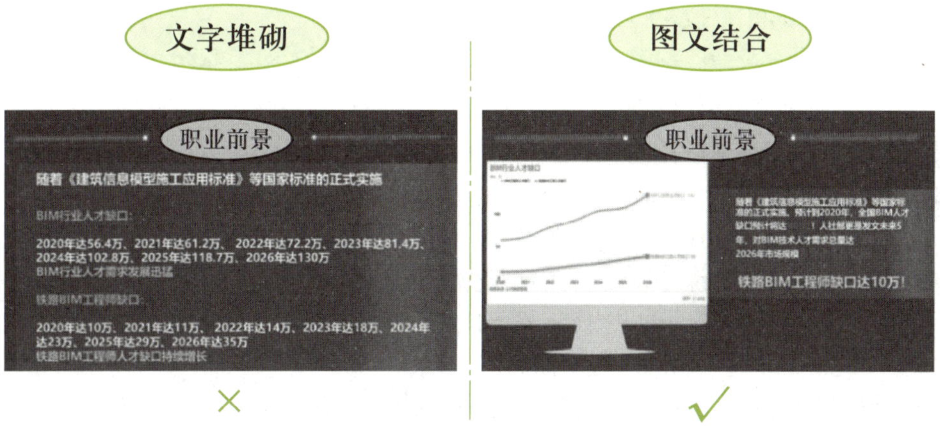

图 9.2　图文结合

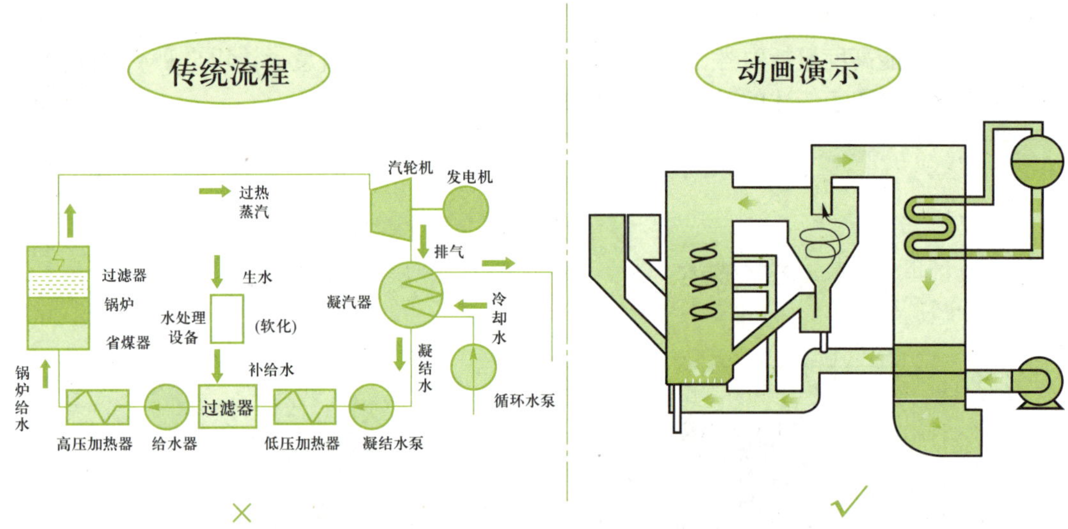

图 9.3 动画演示

（四）控制路演 PPT 时间

演示时间有长有短（如 5 分钟、8 分钟、15 分钟等），路演 PPT 要根据时间来设计，而不是简单地逐章讲解创业计划书。须从创业计划书中提炼核心的、关键的信息点，如产品、市场、团队、财务等 3 ~ 5 个要点，按照信息传递的逻辑而不是创业计划书的逻辑将它们串起来。

注意：PPT 的内容不要均分时间，也不要面面俱到。

（五）字体、色彩统一

不仅仅是字体，还有字号、颜色、摆放位置等等。PPT 中字体一般不超过三种，字号大小要根据文字类型有明显的层次性。

关于 PPT 中文字和图片的颜色，一般建议不超过三种，否则会令人眼花缭乱。尽量避免使用颜色杂乱不可调整的图片。

六、项目路演的技巧

云课堂

设计项目
路演

（一）演示前

1. 搜集听众信息

通过网络或调查，了解投资人或评委的姓名及其背景资料。

2. 多次演示训练

（1）训练可以缓解演示的恐惧，先拟一个与 PPT 相匹配的讲稿，然后一遍遍练习，掌握每页 PPT 的重点内容，做到烂熟于心。

（2）事先彩排，整个团队进行模拟训练。

（3）根据时间要求，分类演练（如 5 分钟演讲、8 分钟演讲、15 分钟演讲等），练习严格控制时间。

3. 提前到场

提前到场，熟悉场景和道具。

4. 着装得体

身着正装而不应随意穿戴，女士可以化淡妆，不宜浮夸。

5. 入场要求

（1）团队入场后，除了演讲人保持站姿、平稳心情、准备演示外，其他成员也要注意形象，各司其职，或根据情况配合幕后工作。

（2）不要匆忙进入演示环节，而要观察会场情况，请示评委后再开始。

（二）演示中

1. 控制会场气氛

充分利用演示的十几分钟，做到内容环环相扣、引人入胜，用极具感染力的演讲带动会场气氛，可以适当嵌入视频或展现样品。

2. 熟悉 PPT 内容

PPT 只是辅助，演讲者才是主体。要熟悉 PPT 内容，做到脱稿讲解，这样才有更多的精力和心思去想一些锦上添花的事情，诸如眼神交流、手势动作、表情、适当的幽默等。

3. 控制路演时间

演讲的重要注意事项就是严格控制时间，超过规定时间会被直接打断，非常影响演示效果。技巧：设定最后 30 秒节点，如果过慢，就删掉一些后面的细节；如果过快，就可以放慢节奏或者提前结束，不能延时。

云课堂

**星网测通
5分钟路演
视频**

4. 调节紧张情绪

说服自己，把上台演示当作一个和朋友分享的机会。忘词时，要冷静应对，可以稍做停顿，或者直接跳过该点内容；讲演过程中非常忌讳用非常多的语气词和常用语，如"呀、嗯、额、然后"。

5. 灵活应对突发事件

如果演示现场出现麦克风故障、计算机故障等突发状况，打断节奏，演示者应临场发挥，灵活应对，并通过言语等缓解现场的紧张气氛。

（三）演示后

（1）致谢。演示结束后，团队人员应礼貌感谢评委的建议和支持。

（2）有序退场。不要急于讨论演示效果，不要影响会场秩序。

总之，路演答辩时要直接正面回答问题，逻辑思路清晰，不能顾左右而言他。有些人在不知道如何回答问题的时候，容易没有层次地随便摘取一些答案去拼凑，或者用一些没有实际内容的话语去消磨时间。这其实也是非常忌讳的。

拓展阅读

"神奇" 的创业计划书

龚林毕业于一所知名高校，经过多年的实践研究，他在机器人研究方面取得了一项重要技术突破，这项技术有较高的经济价值，市场应用前景广阔。于是，龚林便辞去原来的工作，想创业，但是前期研究花费了不少资金，无奈之下，龚林想到了风险投资基金，希望通过引入合作伙伴的方式解决困境。为此，他多次与一些风险投资机构或个人投资者接洽商谈。虽然龚林反复强调他的技术多么先进，应用前景多么好，并保证投资他的公司回报绝对不低，但总是令对方难以信服，他也无法提供投资人问到的很多数据，如市场需求量具体有多少，一年可以有多少销售量，投资后年回报率有多高等。就连想招聘一些技术骨干也比较困难，应聘者也对公司的前景缺乏信心。

这时，一位朋友的一句话点醒了他："你的那些技术有几个投资者搞得懂？你连一份像样的创业计划书都没有，怎么让别人相信你？投资者凭什么相信你？"于是，在向相关专家请教咨询后，龚林又查阅了大量的资料，然后静下心来，从公司的经营宗旨、战略目标出发，对公司的技术、产品、市场销售、资金需求、财务指标、投资收益、投资者的退出等方面进行了分析和论证，当然在这个过程中，他还会不时做一些市场调查。一个月后，他拿出了一份创业计划书初稿，经过几位相关专家的指点，对创业计划书进行了修改和完善。凭着这份创业计划书，龚林不久就与一家风险投资公司达成了投资协议，有了风险投资的支持，龚林公司的员工招聘问题也迎刃而解了。

现在，龚林的公司经营得红红火火，年销售利润已达到 500 万元。

活动亲历

如何通过创业计划解融资难题？

小组成员在团队领导者的带领下，进行本堂课的讨论，并由团队领导者记录发言情况，只摘录主要观点，不计分。本节内容学习结束后，需要同学们完成《大学生就业与创业指导自助式成长手册》中"环节五 创新创业行动实施"的"创业计划解融资"任务。

该配套训练主要结合创业计划书撰写的各个章节结构、具体细节问题、撰写技巧等进行针对性训练，目的是让同学们参加各类大赛时，可以写出规范、专业、有竞争力的创业计划书。

第二节 亮相双创大赛

思维训练

案例 30

2023 年 5 月，教育部正式发布了第九届中国国际"互联网+"大学生创新创业大赛的通知，紧接着，学校就召开了动员会，希望同学们积极参与该赛事。创新创业教师在课上也跟同学们反复强调了参赛的重要性和意义。但是小明还是有些疑问：为什么这个比赛这么重要呢？他百思不得其解。

让我们听听一位往届参赛选手的心声吧。他就是北京理工大学的倪俊。他的项目《中云智车——未来商用无人车行业定义者》是第四届中国"互联网+"大学生创新创业大赛全国总决赛的冠军。倪俊亲身感受了大赛的酸甜苦辣。以下是他的感悟(节选)。

今天，我想借这个机会，和大家分享几点我们参加中国"互联网+"大学生创新创业大赛(以下简称"互联网+"大赛)的体会：

第一，"互联网+"大赛为我们当代中国青年学生提供了一个立大志、做大事的平台，让我们有机会投入到求学报国的广阔舞台中去。习近平总书记嘱咐我们，"青年要立志做大事，不要立志做大官"，那么，什么叫作立志做大事？我想，就是始终把眼光投向那些对我们国民经济发展有重要作用的事业。"互联网+"大赛正是为学生们提供了一个这样的广阔舞台，以去年(2018年)参加最后决赛的几个项目为例，就有来自人工智能、虚拟现实、新材料等多个领域的高新技术项目，这些项目正是瞄准我国科技发展中的重大战略需求和前沿发展方向的。我们团队一直致力于军用和民用无人驾驶车辆的研究工作。无人驾驶技术对我国国防安全建设与国民经济发展都有重要的战略意义，它关系到智能汽车产业变革升级的历史机遇，更关系到我国未来新一代信息化陆军装备发展的强军梦想。在"互联网+"大赛的舞台上，有来自全国的无数个紧跟前沿科技发展步伐、瞄准国家重大战略需求的项目被孵化、被哺育、被浇灌，在广大学生心中深深地种下"求学报国、科技报国"的种子。

第二，"互联网+"大赛为我们当代中国青年学生提供了一个经受历练、锤炼意志的舞台。为期近一年的比赛，与数百万名参赛学生同台竞争，它使同学们明白，什么是"台上一分钟，台下十年功"，任何事业的成功都离不开背后的艰苦奋斗，比一次比赛胜负更重要的，是在奋斗中所磨炼的无坚不摧的坚定信仰与钢铁般的顽强意志。以我们团队为例，有一年，我们携第一辆中国燃油赛车赴德国比赛时，发动机损毁，我们十几名学生为了抢修赛车在山林里露营一周，睡草地，生篝火，终于将五星红旗第一次升起在欧洲赛场；后来，我们为了研发世界第一辆无人驾驶赛车，与欧洲人赛跑，在车间内连续倒班工作数月，多名学生负伤缝针数十针却仍然在坚持奋斗；在2016年，为了保障我们研制的军用无人车向陆军首长亮相，几名学生驾驶货车运输高压电池从北京往返黑龙江塔河，穿越大兴安岭森林，往返6天6夜，无惧生死考验。经历了近十年的磨难与坚持，最后汇聚大赛上那几分钟的汇报与演示。我想，我们的故事，是一个缩影，是"互联网+"大赛上所有的那些为了梦想而执着奋斗的同学们的缩影。这一切经历本身，就是一种宝贵的财富。比成绩和荣誉更重要的，是这些磨难和挫折所带给同学们的，无坚不摧的坚定信仰与钢铁般的顽强意志，以及深刻在骨子里的家国情怀。"奋斗才是青春最亮丽的底色"，这也正是我们"互联网+"大赛所有参赛学生共同的底色。

回想去年(2018年)的参赛经历，最令我刻骨铭心的瞬间就是闭幕式的时候，我们数万名学生站在厦门大学的体育场内一起高唱国歌的那一刻。在今年纪念五四运动100周年大会上，习近平总书记嘱咐我们，"一代人有一代人的长征，一代人有一代人的担当"。我们的共和国走过70周年，对于我们"90后""00后"的这一代人来说，科技兴国的历史接力棒传到了我们这一代人手中。想要走好我们 90 后、00 后这一代人的长征路，我们就要勇于投身到科技报国、创新创业的历史大潮当中，在创新创业中增长智慧才干，在艰苦奋斗中锤炼意志品质。

思考：

（1）你还知道哪些创新创业赛事？

（2）参加创新创业比赛需要准备些什么？

云课堂

"互联网+"大赛介绍

一、中国国际"互联网+"大学生创新创业大赛

中国国际"互联网+"大学生创新创业大赛（图 9.4），原名中国"互联网+"大学生创新创业大赛，简称"互联网+"大赛。该赛事由教育部、中央统战部等部门共同主办，地方高校、地方人民政府承办，旨在全面落实习近平总书记给第三届中国"互联网+"大学生创新创业大赛"青年红色筑梦之旅"大学生回信重要精神，全面深化高校创新创业教育改革，提升大学生创新创业能力，加快培养创新创业人才，纵深推进大众创业、万众创新。"互联网+"大赛，现已经成为我国深化创新创业教育改革的重要载体和关键平台，成为覆盖全国所有高校、面向全体大学生、影响最大的高校创新创业盛会。该项赛事自 2015 年创办以来，培养了一大批有理想、有本领、有担当的源源不断的青春力量。接下来，我们以 2022 年第八届中国国际"互联网+"大学生创新创业大赛为例，对该赛事做详细介绍。

图 9.4　中国国际"互联网+"大学生创新创业大赛标志

（一）总体目标

更中国、更国际、更教育、更全面、更创新，传承和弘扬红色基因，聚焦"五育"融合创新创业教育实践，激发青年学生创新创造热情，线上线下相融合，打造共建共享、融通中外的国际创新创业盛会，开启创新创业教育改革新征程。

1. 更中国

更深层次、更广范围体现红色基因传承，充分展现新发展阶段高水平创新创业教育的丰硕成果，集中展示新发展理念引领下创新创业人才培养的中国方案，提升高等教育新时代感召力。

2. 更国际

深化创新创业教育国际交流合作，汇聚全球知名高校、企业和创业者，服务以国内大循环为主体、国内国际双循环相互促进的新发展格局，搭建全球性创新创业竞赛平台，提

升中国高等教育的影响力。

3. 更教育

落实立德树人根本任务，推动思想政治教育、专业教育与创新创业教育深度融合，弘扬劳动精神，加强学生创新实践能力培养，造就理想信念坚定、勇于创新创造的新时代青年奋斗者，提升高等教育新时代塑造力。

4. 更全面

鼓励各学段学生积极参赛，形成创新创业教育在高等教育、职业教育、基础教育、留学生教育等各类各学段的全覆盖，打通创新创业人才培养各环节，提升高等教育新时代引领力。

5. 更创新

丰富竞赛形式和内容，优化赛制选拔，改革赛事组织，激发全社会创新创业创造动能，促进高校创新成果转化应用，服务国家创新发展，提升高等教育新时代创造力。

（二）参赛要求

（1）参赛项目能够紧密结合经济社会各领域现实需求，充分体现高校在新工科、新医科、新农科、新文科建设方面取得的成果，培育新产品、新服务、新业态、新模式，促进制造业、农业、卫生、能源、环保、战略性新兴产业等产业转型升级，促进数字技术与教育、医疗、交通、金融、消费生活、文化传播等深度融合。

（2）参赛项目应弘扬正能量，践行社会主义核心价值观，真实、健康、合法。不得含有任何违反《中华人民共和国宪法》及其他法律法规的内容。所涉及的发明创造、专利技术、资源等必须拥有清晰合法的知识产权或物权。如有抄袭盗用他人成果、提供虚假材料等违反相关法律法规和违背大赛精神的行为，一经发现即刻丧失参赛资格、所获奖项等相关权利，并自负一切法律责任。

（3）参赛项目只能选择一个符合要求的赛道报名参赛，根据参赛团队负责人的学籍或学历确定参赛团队所代表的参赛学校，且代表的参赛学校具有唯一性。参赛团队须在报名系统中将项目所涉及的材料按时如实填写提交。已获本大赛往届总决赛各赛道金奖和银奖的项目，不可报名参加本届大赛。

（4）参赛人员（不含产业命题赛道参赛项目成员中的教师）年龄不超过35岁。

（5）各省级教育行政部门及各有关学校要严格开展参赛项目审查工作，确保参赛项目的合规性和真实性。审查主要包括参赛资格及项目所涉及的科技成果、知识产权、财务状况、运营、荣誉奖项等方面。

（6）参赛团队通过登录全国大学生创业服务网或微信公众号（名称为"全国大学生创业服务网"或"中国'互联网+'大学生创新创业大赛"）任一方式进行报名。在服务网"资料下载"板块中可下载学生操作手册指导报名参赛，在微信公众号可进行赛事咨询。评审规则将于近期公布，请登录全国大学生创业服务网查看具体内容。各省级教育行政部门及各有关学校负责审核参赛对象资格。

报名系统开放时间为每年春季，报名截止时间由各地根据复赛安排自行决定，但不得晚于7月31日。国际参赛项目通过全球青年创新领袖共同体促进会官网进行报名，具体安排另行通知。

二、"挑战杯"大学生课外学术科技作品竞赛

（一）大赛主旨

"挑战杯"全国大学生课外学术科技作品竞赛（图9.5），简称"大挑"，是由共青团中央、中国科协、教育部、全国学联主办的一项具有导向性、示范性和群众性的大学生课外学术科技竞赛活动，每两年举办一届。该竞赛以"崇尚科学、追求真知、勤奋学习、锐意创新、迎接挑战"为宗旨，是吸引广大高校学生共同参与的科技盛会，是促进优秀青年人才脱颖而出的创新摇篮，是引导高校学生推动现代化建设的重要渠道，是深化高校素质教育的实践课堂，是展示全体中华学子创新风采的亮丽舞台。

挑战杯

全国大学生课外学术科技作品竞赛

图9.5 "挑战杯"全国大学生课外学术科技作品竞赛标志

（二）主体赛事

"挑战杯"全国大学生课外学术科技作品竞赛面向高等学校在校学生，以自然科学类学术论文、哲学社会科学类社会调查报告和学术论文、科技发明制作三类作品及现场答辩等作为参赛项目的主要评价内容。

大赛通过组织省级预赛或评审后进行选拔报送。全国组织委员会聘请专家评出具有较高学术理论水平、实际应用价值和创新意义的优秀作品，给予奖励；组织学术交流和科技成果的展览、转让活动。

（三）申报条件

申报参赛的作品分为自然科学类学术论文、哲学社会科学类社会调查报告和学术论文、科技发明制作三类。自然科学类学术论文作者限本专科生。哲学社会科学类社会调查报告和学术论文支持围绕发展成就、文明文化、美丽中国、民生福祉、中国之治五个组别形成社会调查报告，也可以按照哲学、经济、社会、法律、教育、管理六个学科报送社会调查报告和学术论文。科技发明制作分为A、B两类：A类指科技含量较高、制作投入较大的作品；B类指投入较少，且为生产技术或社会生活带来便利的小发明、小制作等。

三、"挑战杯"中国大学生创业计划竞赛

（一）大赛背景

"挑战杯"中国大学生创业计划竞赛，简称"小挑"，是由共青团中央、中国科协、教育部、全国学联主办的大学生课外科技文化活动中的一项具有导向性、示范性和群众性的创新创业竞赛活动，每两年举办一届。"创青春"全国大学生创业大赛（图9.6）是"挑战杯"中国大学生创业计划竞赛的改革提升。

该竞赛旨在深入学习贯彻习近平新时代中国特色社会主义思想，聚焦为党育人功能，从实践教育角度出发，引导和激励高校学生弘扬时代精神，把握时代脉搏，将所学知识与经济社会发展紧密结合，培养和提高创新、创造、创业的意识和能力，并在此基础上促进高校学生就业创业教育的蓬勃开展，发现和培养一批具有创新思维和创业潜力的优秀人才。

图 9.6 "创青春"全国大学生创业大赛标志

（二）组织机构

主办单位：共青团中央、中国科协、教育部、全国学联。

（三）赛事安排

1. 竞赛分组

为完整、准确、全面贯彻创新、协调、绿色、开放、共享的新发展理念，大赛设科技创新和未来产业、乡村振兴和农业农村现代化、社会治理和公共服务、生态环保和可持续发展、文化创意和区域合作五个组别。

2. 竞赛对象

大赛面向普通高校学生和职业院校学生分别进行竞赛评选。

四、全国高等职业院校"发明杯"大学生专利创新大赛

全国高职院校"发明杯"大学生专利创新大赛(图 9.7)，简称"发明杯"大赛，是以"知识产权推动创新，科学技术推进文明"为主题，由中国发明协会、地方教育行政主管部门等单位主办，由国家知识产权局专利局人事教育部指导，由中国发明协会高职院校发明创新分会等单位承办的一项国家级赛事。

云课堂

"发明杯"
大赛介绍

图 9.7 全国高等职业院校"发明杯"大学生专利创新大赛标志

（一）总体目标

大赛通过竞赛和培训的方式，以"知识产权推动创新，科学技术推进文明"主题活动为依托，培养在校大学生的科技创新意识和实践动手能力，激发学生发明创造兴趣，为大学生营造大胆创新、勇于实践的良好氛围；搭建科技成果转化平台，推动科技成果转化，构建社会各界共同关注和参与的大学生科技创新生态环境。

（二）大赛内容

1. 专利创新类

（1）发明专利、实用新型专利和外观设计专利为近三年授权、已申报的原创作品。

（2）拟申报专利的创意类作品必须提交完整申报材料如权利要求书、说明书、说明书附图、说明书摘要、摘要附图等。

2. 发明制作类作品评选

非专利发明项目评选，主要是通过技术发明制作的具有一定现实意义并具有创新性和较好开发前景的作品。

拓展阅读

2022年3月~2023年3月，第十三届"挑战杯"中国大学生创业计划竞赛举行，竞赛的评分细则如表9.1所示。

表9.1　"挑战杯"评审要点明细表

评审要点	主要内容
实践过程	项目通过深入社会、行业、实验场所、实训基地，开展调查研究、试点运营、试验论证，获得实践成果。项目成果对于了解社会现状、掌握第一手资料、解决社会问题等具有参考价值
创新意义	项目在科学技术、社会服务形式、商业模式、管理运营、应用场景等方面的创新程度。创新成果对于赋能传统产业、解决社会问题，助力形成新产业、新业态、新模式的积极意义
发展前景	项目在商业模式、营销策略、财务管理、发展战略等方面设计完整、合理、可行。目标定位、市场分析清晰、有前瞻性。盈利能力推导过程合理，能够实现可持续发展、前景乐观
团队协作	团队成员了解社会现状、关注社会民生，具备一定解决社会问题的能力和水平。团队成员的专业背景、创业意识、创业素质、价值观念与项目需求相匹配。团队组织架构与分工合理，凝聚力、执行力、整体竞争力强
社会价值	项目结合社会实践、社会观察，履行社会责任的做法与成效。在科技创新、扶贫助困、社会民生、生态环保、交流合作等方面的社会贡献度。未来持续吸纳、带动就业的能力等

活动亲历

如何精心策划一场项目路演？

小组成员在团队领导者的带领下，进行本堂课的讨论，并由团队领导者记录发言情况，只摘录主要观点，不计分。本节内容学习结束后，需要同学们完成《大学生就业与创业指导自助式成长手册》中"环节五 创新创业行动实施"的"项目路演精展示"和"环节六 创新创业行动总结"的"总结创新创业素质与能力"以及"参加大赛的制胜法宝"任务。

本训练主要为了结合各大创新创业赛事要求，制作项目路演所需的 PPT，高质量的 PPT 是让项目脱颖而出的必备资料，同学们仔细研读各类大赛要求后，在 PPT 内容的侧重点上要有所不同。

第十章

企业设立，科学发展

在成本上，一定要精打细算。

—— 曹德旺

在这一章中，你将：

- 了解常见的企业组织形式及各自的优缺点。
- 了解企业名称的构成。
- 掌握企业登记注册的流程。
- 掌握财税管理的基础知识和企业成本控制所包含的各项内容。
- 选择适合创业项目的企业组织形式。
- 能够设计具有独创性的企业字号。
- 掌握成本控制和挖掘潜在市场的方法，看懂三大财务报表。

第一节　选择组织形式

思维训练

案例 31

"长大了当企业家"这个想法曾经是郑雨泽的梦想之一，那个时候他年纪小，只是感觉当企业家很风光。现在，在学校的众创空间里，当他看到学长们注册了公司，开始了真正的商业运营，看到他们每天忙碌的身影和堆满了文件的办公桌，以及库房里的各种货品，看到他们的课余时间被业务全部占据……郑雨泽这才明白办企业和他小时候想的不太一样——创业其实比他想象的更加艰辛。

即使困难重重，依旧挡不住郑雨泽对未来的向往，他还是想了解如何才能开办自己的公司。

开办公司的基础，其实并不是资金和项目，而是团队。作为一名即将注册公司的创业者，首先要有合伙人。郑雨泽如果只有项目而没有团队，那么注册公司的意义并不大。相反，如果有个优秀的团队，就能有效启动和推进项目。

接下来就是注册公司。创业者要正规化、合法化地经营业务，就必须注册公司。对公司的供应商和客户来说，持证运营的公司显然更正规，资质健全的企业明显更能得到其信任。注册公司在一定程度上能提升自身的信用度。

注册公司时，还可以申请属于公司的商标，通过对公司商标的使用，不断提升客户的好感度，以及对品牌的忠诚度，使品牌成为公司有力的竞争"武器"。

此外，在拥有公司的前提下贷款，不仅贷款的难度比个人贷款低很多，而且额度也能更高。国家积极推动银税互动的业务模式，如果企业能够积极规范地纳税，还可以用企业纳税信用为企业贷款，进而让企业更快地发展。

思考：
开办公司需要具备什么条件？

一、企业概述

（一）企业的含义

"企业"在《现代汉语词典》中的解释为"从事生产、运输、贸易、服务等经济活动，在经济上独立核算的组织，如工厂、矿山、铁路等"。

企业一般是指根据社会需要来组织和安排某种商品生产、流通或者服务等活动，自主经营、自负盈亏、承担风险、实行独立核算、具有法人资格的基本经济单位。企业的定义中有三个要点：首先，企业是一种社会组织；其次，企业从事经济活动，也就是能够为社会提供服务或产品；最后，企业以取得收入为目的，即以盈利为目的。

（二）企业的类型

根据企业的不同分类，可以划分不同类型的企业。本书主要以投资人的出资方式和责任形式进行分类，我国法定企业的类型主要有个人独资企业、合伙企业、公司制企业（图 10.1）。

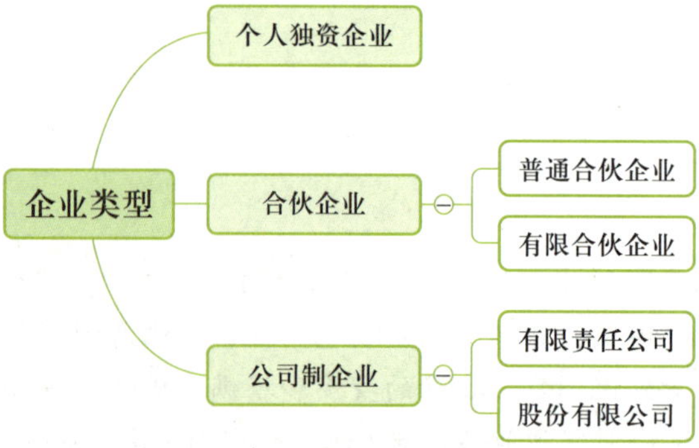

图 10.1　企业的类型

（三）企业与公司的区别

（1）《中华人民共和国公司法》（以下简称《公司法》）第三条第一款规定，公司是企业法人，有独立的法人财产，享有法人财产权，公司以其全部财产对公司的债务承担责任；企业不一定都具有法人资格。

（2）公司主要包括有限责任公司和股份有限公司两种类型；企业包括个人独资企业、合伙企业、公司制企业等类型。《中华人民共和国合伙企业法》（以下简称《合伙企业法》）第二条第一款规定，本法所称合伙企业，是指自然人、法人和其他组织依照本法在中国境内设立的普通合伙企业和有限合伙企业。

二、常见的企业组织形式

云课堂

企业名称与企业组织形式

创业者需要通过工商登记赋予自己从事经营活动的合法资格，同时结合创业项目的特点、投资者的数量、自身的风险承担能力等因素选择最合适的企业组织形式，这样才有利于创业公司在后续的发展中获得更广阔的空间。常见的企业组织形式包括个人独资企业、合伙企业、公司制企业。

（一）个人独资企业

1. 个人独资企业的设立条件

根据《中华人民共和国个人独资企业法》第八条规定，设立个人独资企业应当具备下列条件。

（1）投资人为一个自然人。

（2）有合法的企业名称。

（3）有投资人申报的出资。

（4）有固定的生产经营场所和必要的生产经营条件。

（5）有必要的从业人员。

2. 个人独资企业的优缺点

（1）优点。主要包括：有利于企业资产所有权、经营权、控制权和收益权的高度统一；规模较小，企业设立组建的程序简单，申请解散程序也简易；个人独资企业免收企业所得税。

（2）缺点。主要包括：规模有限，在一定程度上限制了企业扩展和大规模经营；当企业资产无法清偿债务时，抗风险能力较差。

（二）合伙企业

1. 合伙企业的设立条件

根据《合伙企业法》的规定，设立合伙企业应当具备下列五个条件。

（1）有两个以上合伙人。合伙人为自然人的，应当具备完全民事行为能力。

（2）有书面合伙协议。

（3）有合伙人认缴或者实际缴付的出资。

（4）有合伙企业的名称和生产经营场所。

（5）法律、行政法规规定的其他条件。

2. 合伙制企业的优缺点

（1）优点。主要包括：出资方式灵活，允许以劳务作为出资，可以增强企业的经营实力；在经营管理上具有较大的自主性和灵活性，合伙人共同承担经营风险和责任；从企业分得的利润与其他个人收入汇总缴纳一次所得税即可。

（2）缺点。主要包括：规模不可能太大，不能发行股票和债券；合伙人的责任比公司股东的责任大得多，增加了合伙人的风险；任何一个合伙人破产、死亡或退伙都可能导致企业解散。

（三）有限责任公司

1. 有限责任公司的设立条件

根据《公司法》第二十三条规定，设立有限责任公司，应当具备下列条件。

（1）股东符合法定人数。

（2）有符合公司章程规定的全体股东认缴的出资额。

（3）股东共同制定公司章程。

（4）有公司名称，建立符合有限责任公司要求的组织机构。

（5）有公司住所。

2. 有限责任公司的优缺点

（1）优点。主要包括：公司的设立方式有发起设立和募集设立两种；人数少，股东之间容易协调，协商解决公司事务的难度往往较小；公示义务只对公司股东公布，无须对社会公众公布。

（2）缺点。主要包括：由于缺乏社会公众的监督，可能有不当逃避责任和风险的情况；不注重公示主义，容易忽视公司债权人的利益；出资转让通常须获得其余股东的同意，这不利于其实现投资的流动性和增强投资的变现能力，因此投资风险相对较高。

知识坊

其他组织
形式

（四）股份有限公司

1. 股份有限公司的设立条件

根据《公司法》第七十六条规定，设立股份有限公司，应当具备下列条件：

（1）发起人符合法定人数。

（2）有符合公司章程规定的全体发起人认购的股本总额或者募集的实收股本总额。

（3）股份发行、筹办事项符合法律规定。

（4）发起人制定公司章程，采用募集方式设立的经创立大会通过。

（5）有公司名称，建立符合股份有限公司要求的组织机构。

（6）有公司住所。

2. 股份有限公司的优缺点

（1）优点。主要包括：是筹集和吸收社会资金的有效组织形式；在规模经济方面具有突出的优越性；保证了企业生命的延续性；有利于分散投资者风险。

（2）缺点。主要包括：注册流程严格、复杂，规模庞大、成员结构庞杂；股权分散，每个股东只占公司总资本的极小部分，股东虽对公司拥有部分所有权，但这对绝大多数小股东而言却无关紧要，而且股东的变动性也很大；股权分散，人数很多，但只要掌握一定比例以上的股票，就能控制公司的命脉。

（五）其他组织（市场主体）形式

2015年10月，教育部高校学生司和国家工商行政管理总局（现国家市场监督管理总局）个体司共同发布的《大学生自主创业宣传手册》中指出，大学生创业除了可选择常见的企业组织形式外，还能够选择个体工商户和农民专业合作社这两种组织形式。

1. 个体工商户

（1）开办条件。

开办人应当是有经营能力的人，有自己的经营场所；开办国家法律和政策允许个体工商户生产经营的行业和项目；依照《个体工商户条例》的规定进行工商登记。

（2）个体工商户的优缺点。

优点主要包括：个体工商户没有法人资格，不需要缴纳企业税；个体工商户不需要申请公共账户，可以使用个人账户收取资金；可以享受小微企业的税收优惠。

缺点主要包括：投资个体工商户的人需要负无限的责任，承担其经营的全部风险；个体工商户不能开分店，经营规模受限，也不能转让或者过户；只能雇用不超过8人的帮手或徒工。

2. 农民专业合作社

（1）设立条件。

《中华人民共和国农民专业合作社法》第十二条规定，设立农民专业合作社应当具备下列条件：有五名以上符合本法第十九条、第二十条规定的成员；有符合本法规定的章程；有符合本法规定的组织机构；有符合法律、行政法规规定的名称和章程确定的住所；有符合章程规定的成员出资。

（2）农民专业合作社的优缺点。

优点主要包括：属于以农民为主体组成的互助性经济组织，从事农产品生产、销售等；合作社以服务成员为宗旨，谋求全体成员的共同利益；合作社实行入社自愿、退社自由的民主管理机制；合作社对内部成员不以营利为目的，盈余主要按照成员与农民专业合作社的交易量（额）比例返还。

缺点主要包括：农民专业合作社的服务层次较低，多数停留在原材料的供给和销售上；合作社一般规模较小，服务内容也比较单一；合作社带动能力不强，合作层次较低。

综上，对于创业者来说，无论是选择或个人独资企业、合伙企业、有限责任公司，还是个体工商户或农民专业合作社，都不是一劳永逸、永不改变的，应该根据企业的发展、市场的变化、投资者数量的变化等情况，动态地选择更适合自身成长的市场主体类型。

三、常见企业组织形式的比较

常见企业组织形式，主要是上文提到的独资企业、合伙企业和公司制企业。几种企业组织形式的比较，如表10.1所示。在2015年11月教育部高校学生司和国家工商行政管理总局（现国家市场监督管理总局）个体司共同发布的《大学生自主创业宣传手册》中指出大学生创业除了可选择常见的企业组织形式外，还能够选择个体工商户和农民专业合作社这两种组织形式。

表 10.1 几种常见企业组织形式的比较

对比项	个人独资企业	合伙企业	有限责任公司	股份有限公司
投资人数	1 个自然人	2 个自然人以上	50 个自然人以下	2~200 人
法人资格	否	否	是	是
设立程序	简单	中等	复杂	最复杂
债务责任	无限	无限	有限	有限
融资能力	弱	中等	强	最强
转让投资份额	简单	复杂	复杂	简单
投资风险	集中	中等	中等	分散
公司账目	不公开	不公开	不公开	公开
所得税	个人	个人	企业+个人	企业+个人

拓展阅读

企业取名与选址

企业取名

企业名称一般是由四部分组成：行政区划+字号+行业（非必填项）+组织形式。如：郑州（行政区划）+熹葆（字号）+医疗技术（行业）+有限公司（组织形式）。

（1）行政区划。企业名称中的行政区划是本企业所在地县级以上行政区划的名称或地名。以河南省为例，企业名称中的行政区划一般表述为"河南"或"河南省"，"郑州"或"郑州市"，行政区划可以放在企业名称的开头，也可以放在中间，但需注意的是放在中间时要加上括号，如邦贵农业（河南）有限公司、铁阳（郑州）商贸有限公司。

（2）字号。字号是本企业区别于其他同类竞争企业的标志，也就是商号。字号应由两个及以上符合国家规范的汉字组成，如华为、小米。字号是企业名称中最核心、最重要的组成部分。就像给孩子起名字，给企业起一个既寓意深远、朗朗上口，又便于记忆和传播的名字，是企业成功的第一步任务。

（3）行业。名称中的行业（或经营特点）是指拟要从事的主要经营项目。例如，以技术开发为主的企业，行业可表达为"技术""科技""智能科技""科技开发"等；以零售百货为主的企业，行业可表达为"贸易""商贸""商业"等。

（4）组织形式。组织形式是企业组织结构或责任形式的体现。公司制企业一般表述为"有限公司""有限责任公司""股份有限公司"。

企业选址

（1）成本因素。当创业企业选址时，首先考虑的是办公成本或运营成本。对创业型企业而言，如果没有雄厚的资金，成本就是最关键的因素。办公成本包含许多方面，租金只是其中的一项，创业者在创业选址阶段一定要对年租金预算有充分的思想准备。例如，创新创业时代的来临带动全国各地建立起了创业园、创业孵化器、众创空间、创业咖啡等场所。这些场所往往得到政府、高校、科研院所、企业的大力支持，入驻手续简化、费用低，成为很多创业者首选的经营办公场所。

（2）区域选择。在区域上，很多企业选址时首先会关注产业链、产业集群和产业地带，这是企业在选择一个大的区域时要考虑的因素。例如，高科技项目一般会考虑设立在技术研发中心附近，或新技术信息传递比较迅速和频繁的地区，如北京的中关村、美国加利福尼亚州的硅谷。对于一些经营类的项目，企业选址时要考虑商业、客流、交通等因素。例如，生活超市主要方便消费者购买食品、副食品和日常用品，比较适合选择在居民区附近；而综合性超市更注重满足消费者的一站式购物需求，比较适合选择在商业区。

（3）交通因素。办公场地所临道路的通畅性是交通状况中最容易判断的因素，创业者可以在上下班高峰期体验是否拥堵，通常城市主要交通干道附近的写字楼或办公经营场所等地方的交通比较便利。同时，创业者还需要考虑员工的上下班出行问题，如靠近公交站、地铁站的办公场所会更有优势。最后，企业周边商务设施是否齐全影响着企业的运营效率。便捷就是效益，办公场地不仅是提供办公的场所，还是企业发展的重要平台。

（4）配套服务。绝大部分的写字楼、商场都会为客户提供相配套的物业服务或管理服务。例如，高新区内的一些写字楼、专业产业园区和创业孵化器等会为入驻的企业提供孵化服务，这些服务包括为企业介绍园区政策、提供各种代理服务、提供投资与人才资源的对接和公共技术平台等，以帮助企业快速成长。

活动亲历

注册新企业的组织形式有哪些？

小组成员在团队领导者的带领下，进行本堂课的讨论，并由团队领导者记录发言情况，只摘录主要观点，不计分。

第二节　成立合法企业

思维训练

案例 32

铁路文创团队准备申请注册公司，项目负责人筹集了 5 万元准备作为注册资本。众创空间的指导老师为了更好地帮助同学们预测创业路上的各种问题，专门请财务公司的王会计给同学们做了一场关于公司注册和财务管理的讲座。在讲座的过程中，王会计提到了《中华人民共和国公司法》（以下简称《公司法》）取消了公司注册资本最低限额制度。有志创业的郝风这才知道原来注册公司不需要那么多钱，铁路文创团队筹集的资金可以用来经营，这样就节省了原本紧张的资金。郝风灵机一动：那我不是也可以0元注册一个公司吗？

2018年10月26日，第十三届全国人民代表大会常务委员会第六次会议决定对《公司法》做出修改，进一步降低公司设立的门槛，取消新公司注册最低资本限额。这样一来，从法律的角度来说，小明用0元注册一个公司的想法是可行的。

但是在现实中，这种0元注册公司的可能性几乎是不存在的。在商业经营合作中，0元的注册资本使得公司的信誉和认可度都会让人产生怀疑。同时，创立公司仅仅有注册资本远远不够，还需要有公司运作成本、经营场所等。取消公司注册最低资本限额这种做法的积极意义表现在以下几个方面。

（1）大大地促进了私营企业的发展，促进了再就业。公司制企业是私营企业发展的一种主要形式，降低市场主体的准入门槛有利于私营企业的发展。

（2）注册资本要求的降低对于鼓励大学生创业有一定的作用。初始办证成本低廉，门槛较低，对于初创企业很有利。

修订前的《公司法》对公司的最低注册资本额规定数额过高，在某种程度上束缚了经济的发展，抑制了资本特别是民间资本活跃的投资需求，不符合一些行业的实际需要。尤其是修订前的《公司法》规定要求注册资本一次性全部缴足，一些投资较大、投资回报周期较长的生产建设项目难以做到，并且项目开始注册时也容易造成资金闲置。甚至有些投资人为了迈过高门槛而弄虚作假，抽逃资金，扰乱市场秩序。因此，修订后的《公司法》降低了市场主体的准入门槛，极大地鼓舞了投资创业。

登记注册是创办企业的重要任务，是指公司登记机关对从事生产经营活动，符合企业法人条件的经营单位，依法定程序进行审查核准并颁发企业法人营业执照，确认其企业法人资格和合法经营权的登记注册行为。对于首次创业的人来说，在创办企业之前还需要了解如何申请登记注册，以及创办企业的各种流程手续。

思考：

如果你是郝风，你会用0元去注册一个新公司吗？

云课堂

一、注册流程

企业注册
登记流程

（一）注册有限责任公司

申请设立有限责任公司，应当向公司登记机关提交下列文件。

（1）公司法定代表人签署的设立登记申请书。

（2）全体股东指定代表或者共同委托代理人的证明。

（3）公司章程。

（4）股东的主体资格证明或者自然人身份证明。

（5）载明公司董事、监事、经理的姓名、住所的文件以及有关委派、选举或者聘用的证明。

（6）公司法定代表人任职文件和身份证明。

（7）企业名称预先核准通知书。

（8）公司住所证明。

（9）国家市场监督管理总局规定要求提交的其他文件。法律、行政法规或者国务院决定规定设立有限责任公司必须报经批准的，还应当提交有关批准文件。

（二）注册股份有限公司

1. 申请名称预先核准登记

全体股东（发起人）指定代表或共同委托的代理人向市场监督管理局提交申请名称预先核准，需提交下列文件。

（1）全体股东（发起人）签署的公司名称预先核准申请书。

（2）全体股东指定代表人或共同委托代理人证明。

（3）市场监督管理局规定的其他材料。

2. 工商登记

由董事会向市场监督管理局申请设立登记。需提交以下材料。

（1）公司法定代表人签署的登记申请书。

（2）董事会指定代表或者共同委托人证明。

（3）公司章程。

（4）依法设立的验资机构出具的验资证明。

（5）发起人首次出资是非货币财产的，提交已办理其财产转移手续的证明文件。

（6）发起人主体资格证明或者自然人身份证明。

（7）公司董事、监事、经理姓名、住所等文件以及有关委派、选举、聘用的证明。

（8）公司法定代表人任职文件和身份证明。

（9）企业名称预先核准通知书。

（10）公司住所证明。

（11）市场监督管理局规定的其他材料。

二、开办流程

（一）五证合一，一照一码

2016 年 6 月 30 日，国务院办公厅发布了《国务院办公厅关于加快推进"五证合一、一照一码"登记制度改革的通知》（国办发〔2016〕53 号），从 2016 年 10 月 1 日起，在全国范围内实施"五证合一、一照一码"登记制度。

"五证合一"是指市场监督管理局颁发的营业执照、税务局颁发的税务登记证、质量技术监督局颁发的组织机构代码证、人力资源和社会保障局颁发的社会保险登记证、统计局颁发的统计登记证，合并为一个加载有统一社会信用代码的营业执照，实现"一照一码"。其中，"一照"指"五证"合为一张营业执照，"一码"指在营业执照上加载市场监督管理局直接核发的统一社会信用代码。

"五证合一、一照一码"为企业的开办和成长提供了便利化服务，提高了办事效率，降低了准入成本，让大众创业万众创新成为社会发展的强大动力。

（二）刻制印章

企业在对外交往中离不开印章。刻制企业印章是一件庄严的事情，新企业在申请刻制企业印章时，要持有营业执照复印件、法定代表人和经办人身份证复印件、企业出具的刻章证明及法人代表授权委托书到公安局指定的机构进行刻章。

通常，企业常用的印章有以下五枚。

（1）公章，主要用于企业处理对外事务，如与市场监督管理部门、税务管理部门等的工作。

（2）合同专用章，一般专用于签订合同。

（3）财务专用章，主要用于办理会计核算、银行结算相关业务。

（4）发票专用章，主要用于企业领购或者开具发票业务。

（5）法定代表人章，一般不单独使用，需与其他印章一起使用。

三、开立企业银行账户

一个企业可以根据需要在银行开立四种账户，包括基本存款账户、一般存款账户、临时存款账户和专用存款账户。

（一）基本存款账户

基本存款账户是企业办理日常结算和现金收付业务的账户，企业职工薪酬等现金的支取只能通过本账户办理。一个企业只能选择一家银行的一个营业机构开立一个基本存款账户，不得在多家银行机构开立基本存款账户，也不可在同一家银行的几个分支机构开立一般存款账户。

（二）一般存款账户

一般存款账户是企业在基本存款账户以外的银行借款转存，以及与基本存款账户的企业不在同一地点的附属非独立核算的单位的账户，企业可以通过本账户办理转账结算和现金缴存，但不能支取现金。

（三）临时存款账户

临时存款账户是企业因临时经营活动需要而开立的账户，企业可以通过本账户办理转账结算和根据国家现金管理的规定办理现金收付。

（四）专用存款账户

专用存款账户是企业因特殊用途需要而开立的账户。

四、办理税务登记

在"五证合一"之后，开业登记事项包括以下内容。

（1）企业报到，向税务局提交相关纸质资料，一般包括营业执照复印件、准予设立登记通知书复印件、公司登记(备案)申请书复印件、公示章程复印件、开户许可证复印件、股东身份证(机构股东登记证)复印件、企业经营场所租赁合同复印件等。

（2）签订代扣税三方协议。所谓的"三方协议"，是指由企业、税务局和银行三方共同签署的协议，约定在发生纳税缴款义务的情况下，纳税人在申报系统中提交缴款申请后，银行根据缴款申请直接向税务机关支付税款，无须纳税人再次进行付款确认。

（3）税务机关为企业进行税种核定，办理相关人员的实名认证，并开通网络申报、发放申报密码。

综上所述，创业项目一开始就要规范化、合法化运营，健康开展经营活动，在公司登记机关登记注册、按规定使用企业印章、采取合理的税收筹划等都是创业成功的重要遵循。

拓展阅读

申请营业执照的操作步骤

以河南掌上工商 App 为例，介绍申请企业名称的基本操作步骤。

步骤 1：登录页面，点击"设立登记"图标(图 10.2)。

图 10.2 登录页面

步骤 2：登记信息选择(图 10.3)。

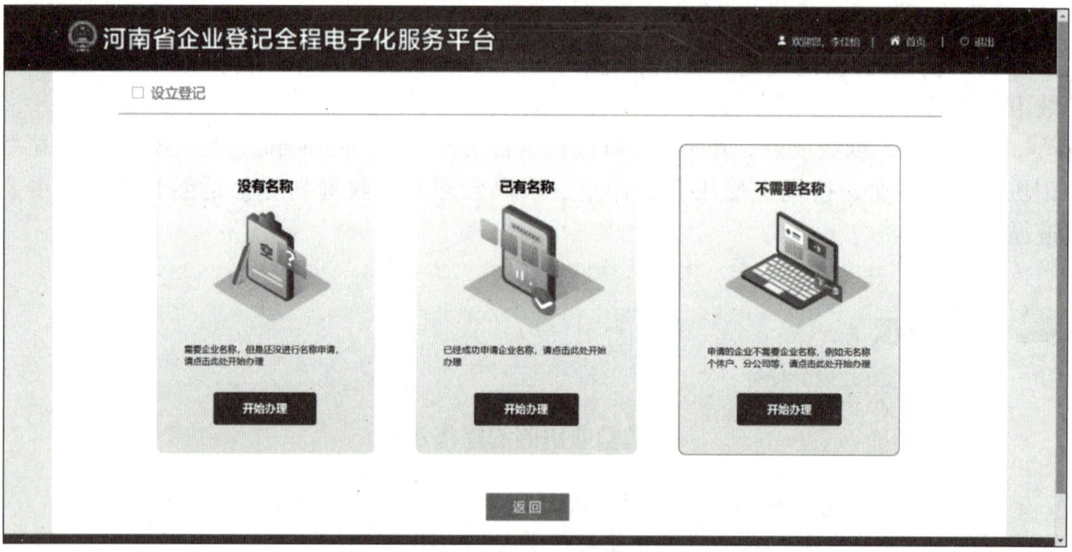

图 10.3　登记信息选择页面

步骤 3：公司基本情况填写(图 10.4—图 10.6)。

图 10.4　公司设立登记页面

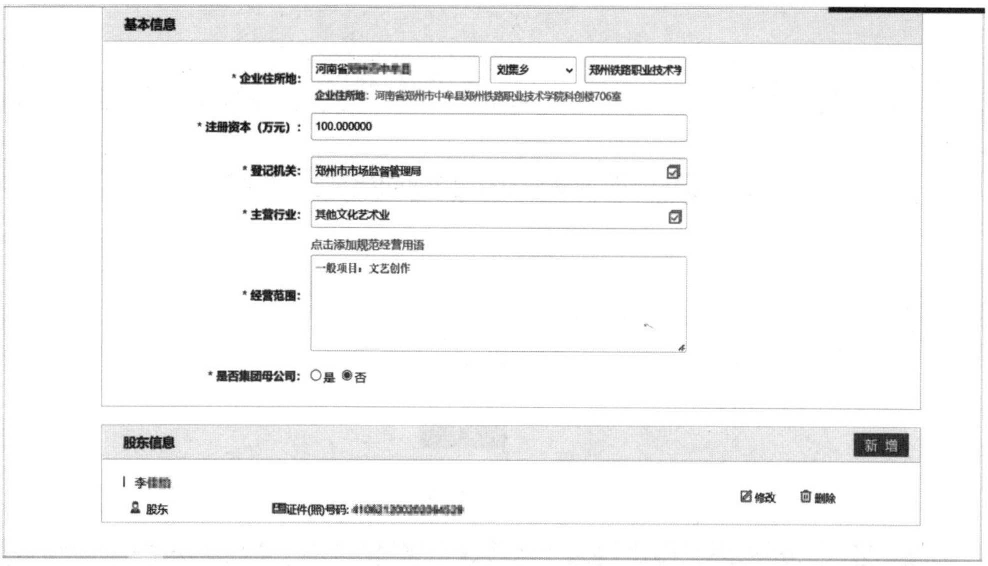

图 10.5　基本信息填写页面

图 10.6　申报企业名称页面

说明：此处应先点击"检查是否可用"按钮，然后点击"保存并下一步"按钮。

步骤4：名称申报成功(图10.7)。

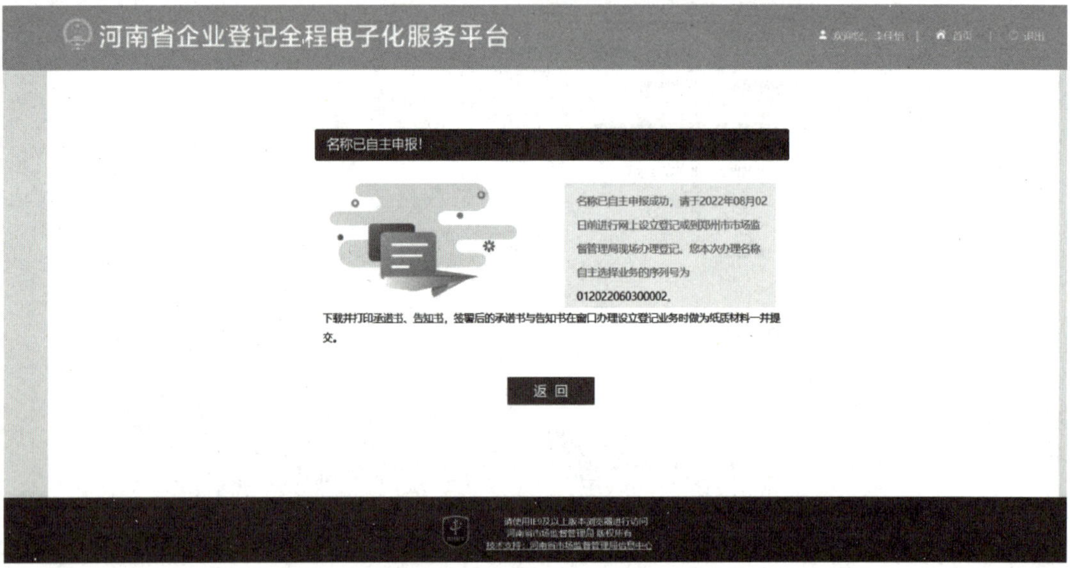

图10.7 名称申报成功页面

2018年以来，为了更好地深化"放管服"政策，党中央、国务院从制约百姓投资办企的第一道门槛(注册公司)改起，打出"加"("双创")"减"(成立企业成本降低)"进"(营商环境优化)"退"(促进市场良性循环)等一连串政策组合拳，使工商登记审批效率在科技赋能下大幅度提高，这大大提升我国企业开办便利化水平，使企业能够以最便捷的方式、最小的成本、最短的时间快速进入市场，更好地实现自身价值，助力我国经济腾飞发展。

◀ 活动亲历

你想创办什么类型的企业？

小组成员在团队领导者的带领下，进行本堂课的讨论，并由团队领导者记录发言情况，只摘录主要观点，不计分。

第三节　管控企业财务

📍 思维训练

案例 33

随着对创新创业的逐渐深入了解，凌翔发现创新创业是一门综合性、交叉性很强的"大学问"：首先要有扎实的专业基础；其次，还要掌握哲学、社会学、心理学、组织行为学、管理学、经济学、营销学等学科知识；最后，还得懂财务，会算账、算清账、算好账。

凌翔想：一个有价值的企业，最终还得通过盈利体现出来。利润是收入减掉成本，因此大学生成立的创业企业如果想盈利，收入的多寡和成本控制得好与坏，决定了公司盈利的高与低。

凌翔的思考非常有价值，这是一个想从事创业实践和建立初创企业的大学生必须考虑的问题。"利润＝收入－成本"言简意赅地把企业生存的核心表达了出来。

成本和利润本身是一个矛盾体。成本高，利润就低；成本低，利润才能高。世界上一些大型公司，都是因为解决了一个巨大矛盾才有所成就的。

通常情况下，客户的需求是物美和价廉。物美的背后，就需要物料、人工、渠道、物流等方面配合，这决定了成本有可能居高不下，如果"价廉"企业就会亏本。但是这个问题就没有办法解决了吗？不，有办法！

以某外卖平台为例，人们想吃到美味食品，又想价位优惠，还想不出家门就可以吃到，于是，用一个平台，解决了客户的"物美价廉"的需求，省去了客户的时间成本、沟通成本、交通成本、购买成本等。这说明，创业者如果具备成本思维，就能设身处地为客户着想，最终有可能找到一个节约客户成本、项目成本的好办法。

当然，具体到初创企业，不仅仅包含降低成本的意识，还要从公司经营的角度控制成本，将公司的财务进行统筹和管理。财务管理就是用数字对企业进行量化管理，把企业的所有行为都量化到数字，用数字来衡量企业运营的好坏。好比医院的体检和化验单，体检报告上每个指标旁边都有一个正常范围。

综上所述，真正的企业管理者应该对数字敏感，因为数字是和成本直接相关的。

思考：
为什么说财务管理对新创企业尤为重要？

一、建立财务基础账目和制度

财务管理是现代企业管理的中心环节和重要组成部分。企业成立初期就要规范财务制度，创业管理者首先应该把个人财务与公司财务分开。

（一）现金日记账

用现金日记账记录流入、流出企业的现金，现金日记账能教创业者调整经营方向。

（二）分类台账

与供应商和经销商的资金与货物往来应根据企业单独设立台账，即时结算的资金项目也应设立台账，以便统计收入和成本。

（三）预算和决算制度

每月月底做好下月的开支计划和费用预算，月底决算时，对于超预算的，要分析原因。每年要做好年度预算和决算。

（四）票据凭证管理

日常支付应尽量取得原始发票，对于不能取得原始发票的，须由对方出具收款凭证。保管好各原始发票和凭证。

二、看懂三大财务报表

财务报表，别名对外会计报表，是反映企业或预算单位一定时期资金、利润状况的会计报表。三大财务报表包括资产负债表、利润表、现金流量表。

（一）资产负债表

1. 特点用途

资产负债表是反映企业在某一特定日期（如月末、季末及年末）的全部资源、负债和所有者权益情况的会计报表，是企业生产经营活动的静态呈现。

资产负债表可以让创业者明晰企业实际运营的状况，可用于企业组织内部的风险规避与控制、经营战略调整及防止财务舞弊等财务决策。

2. 资产负债表的恒等公式

资产负债表的恒等公式为：资产＝负债+所有者权益。

3. 结构

我国企业资产负债表采用账户式结构，分为左右两方，左方为资产，右方为负债和所有者权益，左右两方满足"资产＝负债+所有者权益"的恒等公式。

左方第一行科目为"货币资金"，右方最末一行科目为"利润"，其数据分别与现金流量表和利润表的数据相对应。资产负债表模板如表10.2所示。

表 10.2　资产负债表

会企01表

编制单位：　　　　　　　　　　　　　　＿＿＿年＿＿＿月＿＿＿日　　　　　　　　单位：　元

资产	期末余额	上年年末余额	负债和所有者权益（或股东权益）	期末余额	上年年末余额
流动资产：			流动负债：		
货币资金			短期借款		
交易性金融资产			交易性金融负债		

资产	期末余额	上年年末余额	负债和所有者权益（或股东权益）	期末余额	上年年末余额
衍生金融资产			衍生金融负债		
应收票据			应付票据		
应收账款			应付账款		
应收款项融资			预收款项		
预付款项			合同负债		
其他应收款			应付职工薪酬		
存货			应交税费		
合同资产			其他应付款		
持有待售资产			持有待售负债		
一年内到期的非流动资产			一年内到期的非流动负债		
其他流动资产			其他流动负债		
流动资产合计			流动负债合计		
非流动资产：			非流动负债：		
债权投资			长期借款		
其他债权投资			应付债券		
长期应收款			其中：优先股		
长期股权投资			永续债		
其他权益工具投资			租赁负债		
其他非流动金融资产			长期应付款		
投资性房地产			预计负债		
固定资产			递延收益		
在建工程			递延所得税负债		
生产性生物资产			其他非流动负债		
油气资产			非流动负债合计		
使用权资产			负债合计		
无形资产			所有者权益（或股东权益）：		
开发支出			实收资本（或股本）		
商誉			其他权益工具		

续表

资产	期末余额	上年年末余额	负债和所有者权益(或股东权益)	期末余额	上年年末余额
长期待摊费用			其中：优先股		
递延所得税资产			永续债		
其他非流动资产			资本公积		
非流动资产合计			减：库存股		
			其他综合收益		
			专项储备		
			盈余公积		
			未分配利润		
			所有者权益(或股东权益)合计		
资产总计			负债和所有者权益(或股东权益)总计		

（二）利润表

利润表也叫损益表，反映本期企业收入、费用及应该记入当期利润的利得和损失的金额和结构情况。

我国企业的利润表采用多步式格式，主要编制步骤和内容如下：

（1）以营业收入为基础，减去营业成本、营业税金及附加、销售费用、管理费用、财务费用、资产减值损失，加上公允价值变动收益(减去公允价值变动损失)和投资收益(减去投资损失)，计算出营业利润。

（2）以营业利润为基础，加上营业外收入，减去营业外支出，计算出利润总额。

（3）以利润总额为基础，减去所得税费用，计算出净利润(或亏损)。从净利润，可以看出企业最终获利的能力。

利润表模板如表10.3所示。

表10.3 利 润 表

会企02表

编制单位：　　　　　　　　　　　____年____月　　　　　　　　　　　　单位：元

项目	本期金额	上期金额
一、营业收入		
减：营业成本		
税金及附加		
销售费用		
管理费用		

项目	本期金额	上期金额
研发费用		
财务费用		
其中：利息费用		
利息收入		
加：其他收益		
投资收益（损失以"－"号填列）		
其中：对联营企业和合营企业的投资收益		
以摊余成本计量的金融资产终止确认收益（损失以"－"号填列）		
净敞口套期收益（损失以"－"号填列）		
公允价值变动收益（损失以"－"号填列）		
信用减值损失（损失以"－"号填列）		
资产减值损失（损失以"－"号填列）		
资产处置收益（损失以"－"号填列）		
二、营业利润（亏损以"－"号填列）		
加：营业外收入		
减：营业外支出		
三、利润总额（亏损总额以"－"号填列）		
减：所得税费用		
四、净利润（净亏损以"－"号填列）		
（一）持续经营净利润（净亏损以"－"号填列）		
（二）终止经营净利润（净亏损以"－"号填列）		
五、其他综合收益的税后净额		
（一）不能重分类进损益的其他综合收益		
1. 重新计量设定受益计划变动额		
2. 权益法下不能转损益的其他综合收益		
3. 其他权益工具投资公允价值变动		
4. 企业自身信用风险公允价值变动		
……		
（二）将重分类进损益的其他综合收益		
1. 权益法下可转损益的其他综合收益		
2. 其他债权投资公允价值变动		

续表

项目	本期金额	上期金额
3. 金融资产重分类计入其他综合收益的金额		
4. 其他债权投资信用减值准备		
5. 现金流量套期储备		
6. 外币财务报表折算差额		
……		
六、综合收益总额		
七、每股收益：		
（一）基本每股收益		
（二）稀释每股收益		

（三）现金流量表

现金流量表由库存现金、银行存款、其他货币资金和现金等价物几个部分组成。

1. 特点用途

现金流量表是反映一定时期内（月度、季度或年度）企业经营活动、投资活动与筹资活动对现金流及其相关等价物所造成影响的财务报表。

现金流量表反映企业在一段时期内，流入、流出企业资金的多少，分别是从哪里流入又基于何种原因流出该企业的。现金流是企业的血液，对于初创企业尤其重要。

2. 结构

我国企业现金流量表采用报告式结构，分类反映经营活动产生的现金流量，投资活动产生的现金流量和筹资活动产生的现金流量最后汇总反映企业某一时期现金及现金等价物的净增加额。

现金流量表模板，如表10.4所示。

表 10.4　现金流量表

会 计 03 表

编制单位：　　　　　　　　　　____年____月　　　　　　　　　　单位：　元

项目	本期金额	上期金额
一、经营活动产生的现金流量：		
销售商品、提供劳务收到的现金		
收到的税费返还		
收到其他与经营活动有关的现金		
经营活动现金流入小计		
购买商品、接受劳务支付的现金		
支付给职工以及为职工支付的现金		
支付的各项税费		

续表

项目	本期金额	上期金额
支付其他与经营活动有关的现金		
经营活动现金流出小计		
经营活动产生的现金流量净额		
二、投资活动产生的现金流量:		
收回投资收到的现金		
取得投资收益收到的现金		
处置固定资产、无形资产和其他长期资产收回的现金净额		
处置子公司及其他营业单位收到的现金净额		
收到其他与投资活动有关的现金		
投资活动现金流入小计		
购建固定资产、无形资产和其他长期资产支付的现金		
投资支付的现金		
取得子公司及其他营业单位支付的现金净额		
支付其他与投资活动有关的现金		
投资活动现金流出小计		
投资活动产生的现金流量净额		
三、筹资活动产生的现金流量:		
吸收投资收到的现金		
取得借款收到的现金		
收到其他与筹资活动有关的现金		
筹资活动现金流入小计		
偿还债务支付的现金		
分配股利、利润或偿付利息支付的现金		
支付其他与筹资活动有关的现金		
筹资活动现金流出小计		
筹资活动产生的现金流量净额		
四、汇率变动对现金及现金等价物的影响		
五、现金及现金等价物净增加额		
加: 期初现金及现金等价物余额		
六、期末现金及现金等价物余额		

综上所述，财务报表是企业对外的语言，只有看懂财务报表才能了解现金从哪里来到哪里去。三大财务报表中，资产负债表是一张完整的财务报表，利润表和现金流量表是其外挂的工作底稿，用来核算当年净利润和货币资金的生成过程，它们在数据上存在勾稽关系。

三、控制运营成本

云课堂

控制企业成本

作为初创企业的管理者，一开始可能会不计成本地进行盲目扩张，看似热闹，实则效率低下。作为一个理性的管理者，需要了解成本控制从哪些方面着手、如何操作，以此降低企业创业过程中失败的风险，提升创业成功的概率。参加创新创业大赛的学生，同样有必要了解成本的相关知识，这样才能把项目逻辑进一步讲解清楚。

（一）控制"货" 的成本

1. 控制采购成本

首先，需要区分一个概念——采购成本不等于采购价格。俗话说"便宜没好货"，这里涉及采购的显性成本和隐性成本问题。

其次，采购的显性成本包括：采购计划的编制、所购产品和服务（采购价格）、采购管理、运输、验收和仓储，隐性成本包括：时间成本、缺货成本、库存积压成本以及其他易于被忽略的成本（产品维护、风险）。

最后，对初创企业而言，如何花最少的钱买到最理想的产品？如何规避产品质量、交货日期以及履行合同能力等各种风险？综合考量，创业初期采购应以中型供应商为主。

2. 降低库存成本

产品库存不仅占用场地，而且需要找专人进行监管。如果产品还存在特殊保存性，更需要增加额外的专管费用，这些都增加了企业的生产成本。因此，企业存货管理的最高境界是"无存货"，也就是零库存管理。

拓展阅读

美的电器的零库存梦想

美的（全称美的集团股份有限公司）之所以要实行零库存，是多年实行改革的结果，也是市场逐步细分的趋势。

"零库存"是一个引进概念，源于20世纪下半叶日本的准时制（Just In Time）生产方式，这种生产方式的核心是追求一种无库存或者库存量达到最小的生产系统，是在当时单一品种大批量生产方式越来越不适应多样化、多变化需求的背景下产生的。客观地讲，这种模式的理念深刻地影响了企业的管理方式与发展思维，极大地推动了企业的全面发展，为企业占据竞争优势地位起了很好的推动作用。

对于美的来说，其较为稳定的供应商共有300多家，零配件（出口、内销产品）加起来一共有 3 万多种。从 2002 年中期，利用信息系统，美的集团在全国范围内实现了产销信息的共享。有了信息平台做保障，美的原有的 100 多个仓库精简为 8 个区域仓，在 8 小时可以运到的地方，全靠配送。这样一来，美的集团流通环节的成本降低了 15%~20%。运输距离长（运货时间 3~5 天）的外地供应商，一般都会在美的的仓库里租赁一个片区（仓库所有权归属于美的），并把其零配件放到片区里面储备。

在美的需要用到这些零配件的时候，它就会通知供应商，然后再进行资金划拨、取货等工作。而供货商可以在信息平台看到美的的订单内容，包括品种、型号、数量和交货时间等等，然后由供货商确认信息，这样一张采购订单就已经合法化、流程化了。

有了信息平台，供应商只需清点库存即可，且不用备很多货，一般能满足消费者 3 天的需求即可。其零部件库存由原来平均的 5~7 天存货水平，大幅降低为 3 天左右，而且这 3 天的库存也是由供应商管理并承担相应成本。

库存周转率提高后，一系列相关的财务"风向标"也随之"由阴转晴"，这让美的"欣喜不已"：资金占用降低、资金利用率提高、资金风险下降、库存成本直线下降。

（二）控制"人"的成本

"人"的成本包含企业生产经营过程中所产生的直接人工成本（职工薪酬）和人工消耗控制所产生的成本。

1. 控制人工成本

一些企业选择降低员工的薪资，甚至延迟或拖欠员工的薪资发放的方法来控制人工成本，这种方式是不可取的。相反，通过加薪嘉奖，以高于同行业的薪酬标准，既能找到优秀的高效率工作的人才，又能保持员工队伍稳定，表面看员工薪水增加了，实际企业付出的成本是降低的。

2. 控制人工消耗

人工消耗控制是指在改善劳动环境、注重劳动保护的前提下，控制生产周期，提高劳动效率，从而降低产品生产过程中的人工消耗水平。可采取的措施有：改善生产组织、改善劳动组织；加强员工培训、提高技能水平；开展技术创新、实现生产自动化控制和信息化控制；把生产过程分解为作业链，消除那些不必要、不增值的作业环节等。可采用定额管理、绩效管理等激励制度，充分调动员工的工作积极性和创造性。

（三）控制"物"的成本

云课堂

1. 降低固定资产成本

一些创业者在创业前期会盲目添置固定资产，这在一定程度上侵吞着企业的现金流，那么这是为什么呢？

这是因为固定资产在一定意义上并不是资产，而是负债资产。因此，初创企业在初期要设定一个制度，构建一个相对量化的决策流程，对固定资产进行购买。当购买固定资产经过严格审核和管控的流程后，就能清楚每笔钱的使用效果和回报率，为企业发展作出贡献。

挖掘市场
潜力

2. 提升规模效应

原料价格低也是在一定范围内的，没有绝对的低价格。然而当需求过大，市场上的原料供给方无法满足时，往往原料成本会上升，所以应及早形成批量化生产，提高设备利用率，以尽快收回设备投资成本。

缰绳和马鞭的有效控制才会令马儿听话，有的骑师却自以为是地觉得语言可以命令马儿，事实却是平日里听话的马就变成了不受束缚的野马，再也听不进骑师的命令，变成了直冲葬身悬崖的马。由此可知，想要任何事物正常发展，必须要进行一定的管理和控制。对于企业来讲，各种成本如同驯马一样，假如不对其进行控制，就会给企业经营带来资金困扰，比如资金周转不灵、现金流不足、利润越来越低等问题。

活动亲历

如何看懂三大财务报表？

小组成员在团队领导者的带领下，进行本堂课的讨论，并由团队领导者记录发言情况，只摘录主要观点，不计分。

参考文献

[1] 汤锐华. 大学生创新创业基础（配实训手册）[M]. 2版. 北京：高等教育出版社，2020.

[2] 张立新，张宝泉，徐永慧. 职业生涯规划[M]. 北京：清华大学出版社，2021.

[3] 张玉萍. 大学生职业发展与就业指导[M]. 北京：化学工业出版社，2022.

[4] 张福仁，孟延军，杨彬. 大学生就业指导[M]. 北京：人民邮电出版社，2021.

[5] 席佳颖，储克森，段丽华. 职业、就业指导及创业教育[M]. 5版. 北京：机械工业出版社，2022.

[6] 森吉弘. 日企就业指导与职业发展[M]. 修德健等译. 杭州：浙江工商大学出版社，2022.

[7] 贾瑛. 就业指导与实训教案汇编[M]. 北京：中国劳动社会保障出版社，2021.

[8] 通识教育规划教材编写组. 大学生就业指导[M]. 北京：人民邮电出版社，2019.

[9] 蔡中华，杨爱华，樊斌. 就业指导与创新创业教育[M]. 3版. 北京：人民邮电出版社，2019.

[10] 于晶，张丹. 软件测试与面试通识[M]. 北京：清华大学出版社，2021.

[11] 水藏玺. 不懂任职资格 怎么做管理[M]. 北京：中国纺织出版社，2019.

[12] 李践. 将才：企业如何招才选将[M]. 北京：中信出版社，2020.

[13] 张忠彬，樊晶光，张建芳. 健康企业建设——用人单位职业健康管理与标准化[M]. 北京：应急管理出版社，2022.

[14] 李志洪. 麦肯锡领导力法则[M]. 北京：台海出版社，2017.

[15] 伊贺泰代. 麦肯锡用人标准[M]. 北京：北京时代华文书局，2020.

[16] 胡华成. 商业计划书编写实战[M]. 2版. 北京：清华大学出版社，2020.

[17] 胡华成，马宏辉. 合伙人：股权分配、激励、融资、转让[M]. 2版. 北京：清华大学出版社，2020.

[18] 刘润. 商业洞察力[M]. 北京：中信出版社，2020.

[19] 刘国华，陈云勇. 商业模式创新与重构：数字化时代企业如何高效经营，提高利润[M]. 北京：人民邮电出版社，2022.

[20] 赵越. 商业伦理与东西方决策智慧[M]. 北京：东方出版社，2022.

[21] 彼得·德鲁克. 创新与企业家精神[M]. 北京：机械工业出版社，2020.

［22］孙桂生．从0到1：创新型创业实践方法［M］．北京：现代教育出版社，2019．

［23］张金山．大学生创新创业案例　走近"挑战杯"［M］．北京：社会科学文献出版
社，2017．

［24］陈国梁，王延峰．大学生创新创业理论与实践导论［M］．北京：科学出版社，2018．

［25］雷朝滋．2016年度全国创新创业50所典型经验高校经验汇编［M］．北京：北京航空
航天大学出版社，2017．

［26］安杰拉·达克沃思．坚毅［M］．北京：中信出版集团，2020．

［27］丹尼尔·平克．驱动力［M］．杭州：浙江人民出版社，2018．

［28］冯林．大学生创新基础［M］．北京：高等教育出版社，2022．

［29］马立修．创新思维与创新方法［M］．北京：科学出版社，2021．

［30］傅佩荣．听傅佩荣讲人生问题 原声讲堂［M］．上海：上海三联书店，2008．

［31］冯林，张崴．批判与创意思考［M］．北京：高等教育出版社，2015．

［32］华觉明，冯立昇．中国三十大发明［M］．郑州：大象出版社，2017．

［33］高泽金．专创融合方法论［M］．北京：中国铁道出版社有限公司，2021．

［34］陈工孟．创新思维训练与创造力开发［M］．北京：经济管理出版社，2016．

［35］陈工孟．创业基础与实务［M］．北京：经济管理出版社，2016．

［36］戴起勋，袁志钟．科技创新与论文写作［M］．北京：机械工业出版社，2014．

［37］比尔·奥莱特．有序创业24步法［M］．徐中，译．北京：机械工业出版社，2017．

［38］田喜洲．大学生创业者角色压力与倦怠关系研究［M］．成都：西南财经大学出版
社，2016．

［39］杨京智．大学生创新创业基础［M］．北京：人民邮电出版社，2020．

郑重声明

高等教育出版社依法对本书享有专有出版权。任何未经许可的复制、销售行为均违反《中华人民共和国著作权法》,其行为人将承担相应的民事责任和行政责任;构成犯罪的,将被依法追究刑事责任。为了维护市场秩序,保护读者的合法权益,避免读者误用盗版书造成不良后果,我社将配合行政执法部门和司法机关对违法犯罪的单位和个人进行严厉打击。社会各界人士如发现上述侵权行为,希望及时举报,我社将奖励举报有功人员。

反盗版举报电话 (010)58581999 58582371

反盗版举报邮箱 dd@hep.com.cn

通信地址 北京市西城区德外大街4号 高等教育出版社法律事务部

邮政编码 100120

读者意见反馈

为收集对教材的意见建议,进一步完善教材编写并做好服务工作,读者可将对本教材的意见建议通过如下渠道反馈至我社。

咨询电话 400-810-0598

反馈邮箱 gjdzfwb@pub.hep.cn

通信地址 北京市朝阳区惠新东街4号富盛大厦1座 高等教育出版社总编辑办公室

邮政编码 100029

资源服务提示

授课教师如需获取本书配套教学资源,请登录"高等教育出版社产品信息检索系统"(https://xuanshu.hep.com.cn/),搜索本书并下载资源。首次使用本系统的用户,请先注册并进行教师资格认证。

资源服务支持邮箱:songchen@hep.com.cn

"十四五"职业教育国家规划教材　　　高等职业教育新形态一体化教材

大学生

就业与创业指导
自助式成长手册
（第四版）

主编　邰葆清

中国教育出版传媒集团
高等教育出版社·北京

内容提要

本书是"十四五"职业教育国家规划教材、高等职业教育新形态一体化教材《大学生就业与创业指导》(第四版)的配套训练手册。

本训练手册的设计严格遵循学生的认知规律,从"准备—自我客观认知—自我训练—自我反思—自我总结"的学习逻辑进行精心设计,环环相扣,步步稳固,与主教材形成"知识体系+技能体系"的双体系鲜明特色,从而构建"边知边做、边做边知"的知行合一的高质量就业创业人才培养模式。

本训练手册既可以作为高职院校职业发展与就业创业指导课程教材,也可以作为职业生涯规划大赛和创新创业大赛参赛学习指南,还可以作为社会人士开展就业创业实践的自学辅导用书。

图书在版编目(CIP)数据

大学生就业与创业指导自助式成长手册/邰葆清主编. --4版. --北京:高等教育出版社,2023.10(2024.4重印)
ISBN 978-7-04-060098-8

Ⅰ. ①大… Ⅱ. ①邰… Ⅲ. ①大学生-职业选择-高等职业教育-教学参考资料 Ⅳ. ①G717.38

中国国家版本馆 CIP 数据核字(2023)第 036594 号

大学生就业与创业指导自助式成长手册
Daxuesheng Jiuye yu Chuangye Zhidao Zizhushi Chengzhang Shouce

策划编辑	陈 磊	责任编辑	陈 磊 李岳璟	封面设计	贺雅馨	版式设计 马 云
责任绘图	李沛蓉	责任校对	陈 杨	责任印制	刘思涵	

出版发行	高等教育出版社	网 址	http://www.hep.edu.cn
社 址	北京市西城区德外大街4号		http://www.hep.com.cn
邮政编码	100120	网上订购	http://www.hepmall.com.cn
印 刷	武汉市新华印刷有限责任公司		http://www.hepmall.com
开 本	787mm×1092mm 1/16		http://www.hepmall.cn
本册印张	5.5	版 次	2010 年 12 月第 1 版
本册字数	120 千字		2023 年 10 月第 4 版
购书热线	010-58581118	印 次	2024 年 4 月第 3 次印刷
咨询电话	400-810-0598	总 定 价	49.00 元

本书如有缺页、倒页、脱页等质量问题,请到所购图书销售部门联系调换
版权所有 侵权必究
物 料 号 60098-001

手册使用说明

本训练手册在使用时，需要注意以下几点。

（1）"就业创业行动准备"部分，需要学习者做好心理建设，从内心真正接纳即将开始的实践行动，并积极进行充分思考，理解和自主学习相关知识。

（2）"就业行动测试"和"创新创业行动测试"部分，需要学习者学会客观地、全面认知自我的素质和能力倾向，避免出现对自己主观的、片面的认知。客观而理性的思维是双创行动开展的有效保障。

（3）"就业行动实施"和"创新创业行动实施"部分，需要学习者结合主教材对应的课程内容，指导自我的行动实施。设立学生作业检查管理制度，教师每次上课前，检查学生的行动手册，以此掌握学生的学习情况，收集学生遇到的困难，并与学生进行互动，了解困难的具体问题及解决困难的思路、方式和方法，从而提出有效的指导意见。为避免布置低效、无效作业的情况，教师的角色要从单一的授课教师角色转变为"行为教练"的角色，关注行动实施的过程和结果，为本课程取得优质教学效果奠定基础。

（4）"创新创业行动总结"部分，需要学习者自主完成自我的梳理和总结。善始善终，耐心坚持到底，是学习者内化双创知识体系的重要素质。

编　者

2023 年 5 月

与时代相融的时刻

知易行难。

就业创业的行，更难。

但是，难不是不行动的托词，也不是行动失败的理由。

再难，也有规律可循；

再难，也可循序渐进。

就业创业的行，

首先是愿望的行动，

从内心里，愿意展开一次挑战自我的旅行，

从骨子里，不惧与时代相融，

从精神世界里，愿意拥抱世界的变化，

并乐于用胸怀包容这个世界的不完美。

就业创业的行动，

可以见证自己的勇气。

就业创业的行动，

可以磨炼自己的意志。

就业创业的行动，

可以找到与世界共融的切入点。

来，让我们一起，一步一个脚印，

走出就业创业的阳光大道！

一旦开始，不到万不得已，不要停下

期待那个惊艳大学时光的你！

目　录

就业创业行动准备

主题一　自 我 定 位

毫无疑问，你是一名学习者，终身都要学习的学习者。为了与时代的发展更好地相融，你还必须是一个创新者。在未来，你有可能还会是一位创业者。

一、 学习者

学习者是指从事学习活动的人。作为一个独立个体，学习者有自己的主体需要和意识，在接受教育影响的同时，学习者还具有将学习内容进行重组、创新的能力。在当今社会，每个人都是终身学习者。

二、 创新者

创新者是指对原有的东西加快更新和创造功能、模式、技术、构造等方面创造出新的价值的人。

三、 创业者

创业者是指利用自己的主动性，提出一个好的创意想法或发掘一个好的机会，对抗风险，以创造价值为目的，开创新的事业的人。

主题二 重要概念

毋庸置疑，当你决定要开始以某个身份针对某个问题进行深入学习和研究时，你需要确定一个方向，并下决心进行持续深耕。正所谓"学做一体，知行合一"，在开始创新创业行动前，你对就业创业的基本概念的理解有助于确定前进的方向。

一、 就业

就业是指在法定年龄内的有劳动能力和劳动愿望的人们所从事的为获取报酬或经营收入进行的活动。

二、 创新

创新是指在思考如何解决问题的过程中表现出来的敢于打破常规的实践，通过资源拓展、技术升级、模式更新、功能迭代等方式，解决产品或企业的实际问题。

三、 创业

创业是指对机会和想法采取行动，将其转化为对他人有用的价值的过程，这个价值可以是金融价值、文化价值或社会价值。

四、 就业活动

就业活动是指就业过程，也就是劳动者在社会众多职业职位中，通过多种渠道或途径，经过考核竞争被录用，从而取得职业职位的过程。就业活动是就业的前提和基础。

五、 创新活动

创新活动是指改进或创造新的事物、方法、元素、路径、环境，并能获得一定有益效果的行为。

六、 创业活动

创业活动是指一个人独立行动或与他人合作，创造性地产生和构建想法，发现创新机会并将其转化为实际和有针对性的行动的过程。

主题三　行　动　方　法

　　显而易见，当你决定要开始一段就业创业活动的旅程时，当你想要去解决某个痛点而深入钻研时，当你预见到未来有可能遇到很多未知的挑战时，你需要准备好探索征途中应对困难挑战的"装备"，如自主学习、自觉执行和自主反思等。

一、　自主学习

　　自主学习是指学生自己做主，不受别人支配，不受外界干扰，通过阅读、听课、研究、观察、实践等手段个体可以得到持续变化(知识与技能,方法与过程,情感与价值的改善和升华)的行为方式。

二、　自觉执行

　　自觉执行是指学生依据自己制订的目标和推进计划，有条不紊地坚持落实和执行到位，按时间节点完成既定任务的行为方式。在这个过程中，个体依靠内部动力和调节机制克服困难，完成既定目标。

三、　自主反思

　　自主反思是一种更高级的思考，是对自己的思考，是一种自省和内省。这个"自己"一般是普普通通的行动者、认识者本人。自主反思既可以是对自己的总体性省察，也可以是对自己某些观点、行为的检讨。

主题四　行　动　要　领

　　每个行为的背后都有一个看不见的"支撑体系"，当我们去了解并认识到这个隐形的体系的时候，个体就可以主宰自己的行为。因此，从动机、信念、思维、愿望等层面去间接感受行为时，我们的认知和反思必将变得深刻。

一、　觉察动机

　　觉察动机是指个人知道、了解、反省、思考自己在情绪、行为、想法、人际关系及个人特质等方面的状况、变化及发生的原因(动机)。从心理学角度讲，很多问题的原因即是答案。

二、 意志坚定

意志坚定是指能使得人的生命力得到最大限度发挥的品质，即使失败，也是离成功更近一步。坚定的意志能激励我们不断前进，并最终取得成功，甚至可以创造出惊人的奇迹。

三、 团队合作

团队合作是指一种为达到既定目标所显现出来的自愿合作和协同努力的精神。它可以调动团队成员的所有资源和才智，并且会自动地驱除所有不和谐和不公正现象，同时会给予那些诚心待人、大公无私的奉献者合理的回报。

四、 领导力

领导力是指建立愿景目标的能力，是使自己与他人承诺于企业长期成功的能力，是激发他人自信心和热情的能力，是确保战略实施的能力。

主题五　素质与技能

众所周知，技能是你在一段时间内学会去做事情的能力。无论是在学校还是在家里，随着科技的进步，你会学到更多的技能。但是素质/特质是你与生俱来并随着年龄增长而不断提升的修养，素质包括价值观、思维方式、性格、信念、习惯等，它是个性的一部分。在通常情况下，素质养成的周期要远远长于技能，而技能的高低与素质有十分密切的关系。

创新创业行动计划与同学们的自我成长是相互成就的关系。通过行动训练计划，同学们需要具备创新创业十大素质与十大技能，如表 1.1 所示。

表 1.1　创新创业十大素质与十大技能

序号	十大素质	十大技能
1	自信	计划与制订目标的能力
2	务实	决策能力
3	优秀的时间管理者	沟通能力
4	创新/创造力	人际关系能力
5	果断	授权能力
6	坚毅	影响他人的能力
7	主动积极	领导能力
8	忠诚	风险评估与管理能力
9	严谨	时间管理能力
10	适应性强	建立人脉的能力

主题六　小组讨论

　　小组讨论是一种平等、友好的团体交流式学习方式。在交流讨论前，可以指定一名团队领导者作为本次讨论的带头人，并做好讨论记录（可上网去查询制作会议记录的方法）。开始正式小组讨论前，你会先了解以下知识：

一、关于讨论

　　结合本章的学习内容以及各自的经验与知识，小组成员会围坐成一个封闭的圈，保证每个人都会被其他成员看到。每个组员根据话题，发表自己的看法与意见，其他人如有不同意见时，需注意两点：一是尊重他人表达自己观点的权力；二要学会倾听，不随意打断别人的讲话。团队领导者需把握好发言时间以及做好讨论记录。每个小组成员必须有一次主持（或成为团队领导者）的经历，并填写到手册的讨论记录中。

二、关于表达

　　人类交流的关键是：一定要张开嘴说，把事情说明白，把原委讲清楚，这样才不会被人误解。在交流表达中往往出现两个很严重的问题：一是人们听别人说话时不够认真仔细；二是人们听到耳朵里的都是那些自己想听且希望听到的话。因此，表达清楚的技巧之一就是说话放慢语速，做到有条不紊、深思熟虑，不能摆出一副居高临下的姿态。如果你发现组员走神了，就把自己认为重要的话再重复一遍。最好做到表达时逻辑性强，思维缜密，内容具体而有条理。

三、关于倾听

　　说实话，大多数人都算不上好的倾听者，没有做到真正用心倾听对方到底都说了些什么，可能我们认为自己是在听，但实际上我们的脑子却时刻不停地想着接下来自己该说些什么，因此，我们错过了很多东西。要做到倾听，需注意三点：一是给予说话人充分的尊重，这种方式的好处就是由于你的态度令讲话人满意，所以当轮到你发言时，对方也同样会用心倾听你的话；二是保持思想开放，学会从不同角度看问题。如果没有特别缘由，我们应该学会尊重别人的观点与思想，无论到了哪里，都不会找到与你的看法总是保持一致的人；三是控制自己的反应，有时对方的某个观点或是词汇会无意间引发你情绪上的波动，这时，你所理解的并不一定是他们想要表达的，所以，要集中注意力听完别人的话，不要总纠结于个别词语的理解。

　　有效讨论小组的特点如下。

（1）认识到学习是小组的目的。

（2）所有成员都参与。

（3）所有成员都能够协助领导小组。

（4）成员们有备而来。

（5）成员们不会退缩或过度支配，不会在其他人讲话的时候讲话、做小动作。

（6）成员之间相互提供信息，帮助掌握时间，聆听并鼓励其他成员，尊重反对意见，保持幽默感。

环节二

就业行为测试

主题一 霍兰德职业兴趣测试

第一部分： 你心目中的理想职业（专业）

对于未来的职业（或升学进修的专业）你也许早有考虑，它可能很抽象、很朦胧，也可能很具体、很清晰。不管是哪种情况，现在都请你把最想做的三种工作或最想读的三个专业，按顺序写下来。

（1）_____

（2）_____

（3）_____

第一部分完成后，现在请继续做第二部分。

第二部分：你所感兴趣的活动

下面列举了一些具体的活动。这些活动无所谓好坏，如果你喜欢参加（包括过去、现在或将来），请在"是"一栏的方框内画"√"。

注意，这一部分测验主要是想确定你所"感兴趣"的某种活动，而不是你"要从事"的活动。即答题时不必考虑你过去是否干过或是否擅长这种活动，只需根据你的兴趣直接做出判断即可。请务必做完每一个题目。

1. R 型

你喜欢做下列事情吗？   是   否

（1）装配、修理电器。　　　　　　　　　　　　　　　□　　□
（2）维修自行车、摩托车。　　　　　　　　　　　　　□　　□
（3）开卡车或拖拉机。　　　　　　　　　　　　　　　□　　□
（4）用木头做东西，如盒子、简易书架。　　　　　　　□　　□
（5）开摩托车或汽车。　　　　　　　　　　　　　　　□　　□
（6）学习五笔字型打字法。　　　　　　　　　　　　　□　　□
（7）日常用品如手电、眼镜、收录机等，有小毛病自己修理。□　□
（8）制作家具或布置居室。　　　　　　　　　　　　　□　　□
（9）选配制作家庭音响影院系统。　　　　　　　　　　□　　□
（10）上工艺制作课。　　　　　　　　　　　　　　　□　　□
（11）开机器，或使用家庭工具、机械。　　　　　　　□　　□
"是"一栏打"√"的总数：_____

2. I 型

你喜欢做下列事情吗？　　　　　　　　　　　　　　　是　　否
（1）阅读科技书报杂志。　　　　　　　　　　　　　　□　　□
（2）做实验。　　　　　　　　　　　　　　　　　　　□　　□
（3）进行科研活动或自己设定一个问题进行研究。　　　□　　□
（4）设计制作飞机、舰船模型。　　　　　　　　　　　□　　□
（5）猜谜，做数字游戏或文字游戏。　　　　　　　　　□　　□
（6）阅读某专业领域的论文。　　　　　　　　　　　　□　　□
（7）解数学难题。　　　　　　　　　　　　　　　　　□　　□
（8）解一盘棋局。　　　　　　　　　　　　　　　　　□　　□
（9）读侦探小说或悬疑小说。　　　　　　　　　　　　□　　□
（10）上数学课。　　　　　　　　　　　　　　　　　□　　□
（11）上物理课。　　　　　　　　　　　　　　　　　□　　□
"是"一栏打"√"的总数：_____

3. A 型

你喜欢做下列事情吗？　　　　　　　　　　　　　　　是　　否
（1）素描、制图或绘画。　　　　　　　　　　　　　　□　　□
（2）表演戏剧、小品、相声或音乐节目。　　　　　　　□　　□
（3）设计家具或家居装饰。　　　　　　　　　　　　　□　　□
（4）唱卡拉 OK，参加舞会。　　　　　　　　　　　　□　　□
（5）演奏乐器，参加合唱团。　　　　　　　　　　　　□　　□
（6）读小说、散文、诗歌。　　　　　　　　　　　　　□　　□
（7）参加文艺、美术、音乐等培训班。　　　　　　　　□　　□
（8）从事摄影创作。　　　　　　　　　　　　　　　　□　　□
（9）读电影、电视剧本。　　　　　　　　　　　　　　□　　□

（10）做些小工艺品。 ☐ ☐
（11）练习书法。 ☐ ☐
"是"一栏打"√"的总数：_____

4. S 型

你喜欢做下列事情吗？ 是 否
（1）给同学或亲友写信、发 E-mail。 ☐ ☐
（2）参加学校或工作单位组织的正式活动。 ☐ ☐
（3）加入某个社团组织、俱乐部或自发组织的小组。 ☐ ☐
（4）帮助他人解决困难。 ☐ ☐
（5）照料儿童。 ☐ ☐
（6）参加他人的婚礼、生日宴会。 ☐ ☐
（7）结识新朋友。 ☐ ☐
（8）参加讨论会或辩论会。 ☐ ☐
（9）看运动会或参加体育比赛。 ☐ ☐
（10）探亲访友、与人来往。 ☐ ☐
（11）阅读人际交往方面的书刊。 ☐ ☐
"是"一栏打"√"的总数：_____

5. E 型

你喜欢做下列事情吗？ 是 否
（1）对他人做劝说工作。 ☐ ☐
（2）买东西砍价或推销产品。 ☐ ☐
（3）谈论政治，参与组织活动。 ☐ ☐
（4）从事个体或独立的经营活动。 ☐ ☐
（5）出席正式会议，发表个人意见。 ☐ ☐
（6）进行演说。 ☐ ☐
（7）在社会团体中担任一定职务。 ☐ ☐
（8）检查与评价别人的工作。 ☐ ☐
（9）进行谈判。 ☐ ☐
（10）带领若干人去完成某项任务。 ☐ ☐
（11）领导他人。 ☐ ☐
"是"一栏打"√"的总数：_____

6. C 型

你喜欢做下列事情吗？ 是 否
（1）保持桌子和房间整洁。 ☐ ☐
（2）抄写文章或信件，校对稿件。 ☐ ☐
（3）为领导起草报告或撰写公务信函。 ☐ ☐

（4）用笔、计算器或计算机计算数据。 ☐ ☐
（5）核查班费的收支情况。 ☐ ☐
（6）整理文件、报告、记录并分类归档。 ☐ ☐
（7）记流水账或备忘录。 ☐ ☐
（8）上打字课或学速记法。 ☐ ☐
（9）参加文秘、财会等实用技能培训。 ☐ ☐
（10）使用复印机、传真机或用计算机打字。 ☐ ☐
（11）写商业贸易信函。 ☐ ☐
"是"一栏打"√"的总数：_____
第二部分已完成，现在请继续做第三部分。

第三部分：你所擅长或胜任的活动

下面从六个方面分别列举若干项具体的活动，通过回答问题，可以帮助你确定自己具备哪一方面的工作特长。回答时，只需考虑你过去或现在对所列活动是否擅长、胜任，不必考虑你是否喜欢这种活动。如果你认为自己擅长从事某一活动，就请在"是"一栏的方框内画"√"。

注意，你如果从未从事过某一活动，那就请考虑自己将来是否会擅长从事该项活动。请你务必做完每一个题目。

1. R 型
你擅长或胜任下列事情吗？ 是 否
（1）使用锯、钳子、螺丝刀等工具。 ☐ ☐
（2）使用万用表测量。 ☐ ☐
（3）给自行车或汽车加油。 ☐ ☐
（4）使用食品研磨机、缝纫机等。 ☐ ☐
（5）修整木制家具表面。 ☐ ☐
（6）看机械图或建筑设计图。 ☐ ☐
（7）修理结构简单的家用电器。 ☐ ☐
（8）制作航模或编织小工艺品。 ☐ ☐
（9）绘制居室设计图纸。 ☐ ☐
（10）修理收、录音机的小毛病。 ☐ ☐
（11）修理自来水管或水龙头。 ☐ ☐
"是"一栏打"√"的总数：_____

2. I 型
你擅长或胜任下列事情吗？ 是 否
（1）了解晶体管或集成电路的工作原理。 ☐ ☐
（2）知道三种以上蛋白质含量高的食物。 ☐ ☐
（3）知道一种放射性元素的半衰期。 ☐ ☐

（4）构思一个活动计划或工作方案。　　　　　　　　□　　□
（5）使用计算器、对数表或计算尺。　　　　　　　　□　　□
（6）使用显微镜。　　　　　　　　　　　　　　　　□　　□
（7）认出夜空中的三个星座。　　　　　　　　　　　□　　□
（8）说明白细胞的功能。　　　　　　　　　　　　　□　　□
（9）解释简单的化学分子式。　　　　　　　　　　　□　　□
（10）知道人造卫星不会落地的原理。　　　　　　　□　　□
（11）参加学术讨论会或科技成果交流会。　　　　　□　　□
"是"一栏打"√"的总数：_____

3. A 型
你擅长或胜任下列事情吗？　　　　　　　　　　　　是　　否
（1）演奏一种乐器。　　　　　　　　　　　　　　　□　　□
（2）加二重唱或四重唱表演。　　　　　　　　　　　□　　□
（3）独奏或独唱表演。　　　　　　　　　　　　　　□　　□
（4）模仿或扮演舞台剧或影视剧中的角色。　　　　　□　　□
（5）说书或讲故事。　　　　　　　　　　　　　　　□　　□
（6）在舞会上舞姿优美。　　　　　　　　　　　　　□　　□
（7）摄影。　　　　　　　　　　　　　　　　　　　□　　□
（8）素描、绘画或雕塑。　　　　　　　　　　　　　□　　□
（9）制作陶器，捏泥塑或剪纸。　　　　　　　　　　□　　□
（10）设计学校、单位的海报或时装。　　　　　　　□　　□
（11）写得一手漂亮文章。　　　　　　　　　　　　□　　□
"是"一栏打"√"的总数：_____

4. S 型
你擅长或胜任下列事情吗？　　　　　　　　　　　　是　　否
（1）向别人解释问题。　　　　　　　　　　　　　　□　　□
（2）参加慰问、福利或救济活动。　　　　　　　　　□　　□
（3）与人友好相处、配合工作。　　　　　　　　　　□　　□
（4）邀请客人和招待客人。　　　　　　　　　　　　□　　□
（5）深入浅出地教育儿童。　　　　　　　　　　　　□　　□
（6）为一次聚会安排娱乐活动。　　　　　　　　　　□　　□
（7）帮助他人解决困难。　　　　　　　　　　　　　□　　□
（8）帮助护理病人或伤员。　　　　　　　　　　　　□　　□
（9）安排学校或社团组织的各种集体事务。　　　　　□　　□
（10）体察人心或判断人的性格。　　　　　　　　　□　　□
（11）与长者相处。　　　　　　　　　　　　　　　□　　□
"是"一栏打"√"的总数：_____

5. E 型

你擅长或胜任下列事情吗？	是	否
（1）在学校当过学生干部并且干得不错。	□	□
（2）督促他人工作。	□	□
（3）让他人按你的习惯做事。	□	□
（4）做事具有超常的精力和热情。	□	□
（5）做一个称职的推销员。	□	□
（6）代表团体或他人向有关部门反映意见、提出建议。	□	□
（7）担任某种领导职务期间获过奖或受过表扬。	□	□
（8）说服别人加入你所在的团体（如俱乐部、运动队、活动小组等）。	□	□
（9）创办一家商店或企业。	□	□
（10）做一位成功的领导者。	□	□
（11）察觉、判断问题和做决断的能力强。	□	□

"是"一栏打"√"的总数：_____

6. C 型

你擅长或胜任下列事情吗？	是	否
（1）一天能誊抄 1 万字。	□	□
（2）熟练地使用计算器或算盘。	□	□
（3）熟练地打字录入。	□	□
（4）将书信、文件迅速归档。	□	□
（5）办公室职员的工作干得不错。	□	□
（6）核对文章或数据时既快又准确。	□	□
（7）会使用复印机、传真机等办公设备。	□	□
（8）在短时间内分类和处理大量文件。	□	□
（9）记账、开发票、写收条时既快又准确。	□	□
（10）为自己或集体作财务预算。	□	□
（11）迅速誊清贷方或借方的账目。	□	□

"是"一栏打"√"的总数：_____

第三部分已完成，现在请继续做第四部分。

第四部分：你所喜欢的职业

　　下面列举了许多种职业，对这些职业的基本情况你或多或少有所了解，并在此基础上形成了自己的评价态度。如果你喜欢某项职业，请在"是"一栏中打"√"，如果不喜欢，则请在"否"一栏中打"√"。这一部分测验也要求每题必做。

1. R 型

你喜欢下列职业吗？	是	否

（1）飞行机械师。　　　　　　　　　　　　　　　□　　□

（2）野生动物专家。　　　　　　　　　　　　　　□　　□

（3）自动化技师。　　　　　　　　　　　　　　　□　　□

（4）精密仪器装配工。　　　　　　　　　　　　　□　　□

（5）钳工。　　　　　　　　　　　　　　　　　　□　　□

（6）电工。　　　　　　　　　　　　　　　　　　□　　□

（7）园艺师。　　　　　　　　　　　　　　　　　□　　□

（8）长途汽车司机。　　　　　　　　　　　　　　□　　□

（9）火车司机。　　　　　　　　　　　　　　　　□　　□

（10）机械、仪表工程师。　　　　　　　　　　　□　　□

（11）测绘工程师。　　　　　　　　　　　　　　□　　□

"是"一栏打"√"的总数：_____

2. I 型

你喜欢下列职业吗？　　　　　　　　　　　　　　是　　否

（1）气象学研究人员。　　　　　　　　　　　　　□　　□

（2）生理学、医学研究人员。　　　　　　　　　　□　　□

（3）天文学研究人员。　　　　　　　　　　　　　□　　□

（4）药剂师。　　　　　　　　　　　　　　　　　□　　□

（5）法医、侦探。　　　　　　　　　　　　　　　□　　□

（6）发明家。　　　　　　　　　　　　　　　　　□　　□

（7）科学杂志编辑。　　　　　　　　　　　　　　□　　□

（8）数学家。　　　　　　　　　　　　　　　　　□　　□

（9）物理学研究人员。　　　　　　　　　　　　　□　　□

（10）软件编程人员。　　　　　　　　　　　　　□　　□

（11）哲学家。　　　　　　　　　　　　　　　　□　　□

"是"一栏打"√"的总数：_____

3. A 型

你喜欢下列职业吗？　　　　　　　　　　　　　　是　　否

（1）诗人。　　　　　　　　　　　　　　　　　　□　　□

（2）文学艺术评论家。　　　　　　　　　　　　　□　　□

（3）作家。　　　　　　　　　　　　　　　　　　□　　□

（4）时装设计师。　　　　　　　　　　　　　　　□　　□

（5）歌唱家或歌手。　　　　　　　　　　　　　　□　　□

（6）作曲家。　　　　　　　　　　　　　　　　　□　　□

（7）舞蹈教师。　　　　　　　　　　　　　　　　□　　□

（8）画家。　　　　　　　　　　　　　　　　　　□　　□

（9）相声、小品演员。　　　　　　　　　　　　　□　　□

（10）乐团指挥。 □ □
（11）影视演员。 □ □
"是"一栏打"√"的总数：_____

4. S 型

你喜欢下列职业吗？ 是 否
（1）街道、工会或妇联负责人。 □ □
（2）中学班主任。 □ □
（3）青少年犯罪问题专家。 □ □
（4）慈善机构工作人员。 □ □
（5）心理咨询人员。 □ □
（6）精神病医生。 □ □
（7）职业介绍所工作人员。 □ □
（8）导游。 □ □
（9）共青团干部。 □ □
（10）社会工作者。 □ □
（11）婚姻介绍所"红娘"。 □ □
"是"一栏打"√"的总数：_____

5. E 型

你喜欢下列职业吗？ 是 否
（1）厂长、经理。 □ □
（2）推销员。 □ □
（3）公司驻外机构负责人。 □ □
（4）民办学校校长。 □ □
（5）部门经理。 □ □
（6）律师或法官。 □ □
（7）电视剧制片人。 □ □
（8）局长、主任。 □ □
（9）议员、人民代表。 □ □
（10）服装批发商、代理商。 □ □
（11）企业管理咨询人员。 □ □
"是"一栏打"√"的总数：_____

6. C 型

你喜欢下列职业吗？ 是 否
（1）水文、气象测量员。 □ □
（2）会计师。 □ □
（3）银行营业员。 □ □

（4）法庭书记员。　　　　　　　　　　　□　　□

（5）人口普查登记员。　　　　　　　　　□　　□

（6）成本核算员。　　　　　　　　　　　□　　□

（7）化验员。　　　　　　　　　　　　　□　　□

（8）出版社编辑、校对员。　　　　　　　□　　□

（9）打字员。　　　　　　　　　　　　　□　　□

（10）办公室秘书。　　　　　　　　　　□　　□

（11）产品质量检验员。　　　　　　　　□　　□

"是"一栏打"√"的总数：_____

第四部分完成后，现在请继续做第五部分。

第五部分：　能力类型的自我评定（1）

表 2.1 和表 2.2 是对六种职业能力的自我评分表。你可以先与同龄人比较一下自己在每一方面的能力，然后对自己的能力进行评价。评分时请在表中相应数字上画圈。数字越大表示你的能力越强。

注意：请勿全部圈画同样的数字，因为人的每项能力不可能完全一样。

表 2.1　能力类型自我评定表（1）

R 型	I 型	A 型	S 型	E 型	C 型
机械操作能力	科学研究能力	艺术创作能力	解释表达能力	商业洽谈能力	事务执行能力
7	7	7	7	7	7
6	6	6	6	6	6
5	5	5	5	5	5
4	4	4	4	4	4
3	3	3	3	3	3
2	2	2	2	2	2
1	1	1	1	1	1

注：7，特高；6，高；5，较高；4，中等；3，较低；2，低；1，特低。

第五部分已完成，请继续做第六部分。

第六部分：　能力类型的自我评定（2）

表 2.2　能力类型自我评定表（2）

R 型	I 型	A 型	S 型	E 型	C 型
体力技能	数学技能	音乐技能	交际技能	领导技能	办公技能
7	7	7	7	7	7
6	6	6	6	6	6
5	5	5	5	5	5

R 型	I 型	A 型	S 型	E 型	C 型
体力技能	数学技能	音乐技能	交际技能	领导技能	办公技能
4	4	4	4	4	4
3	3	3	3	3	3
2	2	2	2	2	2
1	1	1	1	1	1

注：7，特高；6，高；5，较高；4，中等；3，较低；2，低；1，特低。

第六部分已完成，请继续做第七部分。

第七部分：　统计和确定你的职业倾向

请将第二部分至第六部分的全部测验分数填入表 2.3，并作纵向累加。

表 2.3　能力类型自我评定表（3）

测验项目	R 型	I 型	A 型	S 型	E 型	C 型
第二部分						
第三部分						
第四部分						
第五部分						
第六部分						
总分						

完成上述内容后，请将上表中的"总分"按大小顺序依次从左到右重新排列：_____型、_____型、_____型、_____型、_____型、_____型。

分数最高的是_____型，分数第二位的是_____型，分数第三位的是_____型。将得分前三项的顺序排列，就得出你的职业倾向性：_____型。

然后，将上述测验中得到的职业类型，对照以下相关内容，从而确定你所适合的职业。

这里需要注意的有三点：第一，同样的职业倾向类别会有不同的层次，适用于不同能力水平的人从事；第二，职业是一个内涵丰富的范畴，同一职业可能有许多吸引人的特征，因此可能在不同类别中出现；第三，人具有相当强的可塑性，除了适应所测出的职业类型，也可以从事与其接近的职业。

职业兴趣
结果解释

主题二　气质类型测试

对下面 60 个问题的回答，没有对错之分，请将题目所说的与你的真实思想情感进行比较，根据符合程度在下面五种情形中选择其一，并给出相应的分数。

计分标准：完全一致——2 分；比较一致——1 分；一致与不一致之间——0 分；不太一致——-1 分；很不一致——-2 分。

（1）做事力求稳妥，不做无把握的事。

（2）遇到使你生气的事就怒不可遏。

（3）宁肯一人干事，不愿意和很多人一起干。

（4）到一个新环境很快就能适应。

（5）厌恶那些强烈的刺激，如尖叫、噪声、危险镜头等。

（6）和人争吵时，总想先发制人，喜欢挑衅。

（7）喜欢安静的环境。

（8）善于和人交往。

（9）羡慕那些善于克制自己感情的人。

（10）生活有规律，很少违反作息制度。

（11）在多数情况下情绪是乐观的。

（12）碰到陌生人觉得很拘束。

（13）遇到令人气愤的事，能很好地自我克制。

（14）做事总是有旺盛的精力。

（15）遇到问题常常举棋不定，优柔寡断。

（16）在人群中不觉得过分拘束。

（17）情绪高昂时，觉得什么都有趣；情绪低落时，又觉得干什么都没意思。

（18）当注意力集中于一件事物时，别的事很难放到心上。

（19）理解问题总比别人快。

（20）碰到危险情况时，有极度恐怖感。

（21）对工作、学习、事业有很高的热情。

（22）能够长时间做枯燥、单调的工作。

（23）符合兴趣的事，干起来劲头十足，否则就不想干。

（24）一点小事就能引起情绪波动。

（25）讨厌那种需要耐心细致的工作。

（26）与人交往不卑不亢。

（27）喜欢热烈的活动。

（28）喜欢看感情细腻的描写人物内心活动的文学作品。

（29）学习工作时间长了，常感到厌倦。

（30）不喜欢长时间谈论一个问题，愿意实际动手干。

（31）宁愿侃侃而谈，不愿窃窃私语。

（32）别人说我总是闷闷不乐。

（33）理解问题常比别人慢。

（34）厌倦时只要短暂的休息就能精神抖擞，重新投入工作。

（35）心里有话宁愿自己想，不愿说出来。

（36）认准一个目标就希望尽快实现，不达目的，誓不罢休。

（37）学习工作一段时间后，常比别人更困倦。

（38）做事有些鲁莽，常常不考虑后果。

（39）老师讲授新知识时，总希望讲解慢些，多重复几遍。

（40）能够很快地忘记那些不愉快的事情。

（41）做作业或完成一项工作总比别人花的时间多。

（42）喜欢运动量大的剧烈体育活动，也喜欢参加多种文艺活动。

（43）不能很快地把注意力从一件事情转移到另一件事情上去。

（44）接受一个新任务后，就希望把它迅速解决。

（45）认为墨守成规比冒险强。

（46）能够同时注意几件事物。

（47）当我烦闷的时候，别人很难使我高兴起来。

（48）爱看情节起伏跌宕、激动人心的小说。

（49）对工作认真、严谨，持始终一贯的态度。

（50）喜欢复习学过的知识，重复做已经掌握的工作。

（51）和周围人的关系总是相处得不好。

（52）喜欢变化大、花样多的工作。

（53）小的时候会背的诗歌，我似乎比别人记得更清楚。

（54）别人说我"出语伤人"，但自己并不觉得这样。

（55）在体育活动中，常因反应慢而落后。

（56）反应敏捷，头脑机智。

（57）喜欢有条理而不甚麻烦的工作。

（58）兴奋的事情常使我失眠。

（59）老师讲的新概念，我常常听不懂。

（60）假如工作枯燥无味，马上就会情绪低落。

在表 2.4 中进行气质类型的诊断。

表 2.4 气质类型评分表

典型气质类型	题号															总分
胆汁质	2	6	9	14	17	21	27	31	36	38	42	48	50	54	58	
多血质	4	8	11	16	19	23	25	29	34	40	44	46	52	56	60	
黏液质	1	7	10	13	18	22	26	30	33	39	43	45	49	55	57	
抑郁质	3	5	12	15	20	24	28	32	35	37	41	47	51	53	59	

测试解析：

（1）多血质——多血质一栏超过 20 分，其他三栏得分均较低，为典型多血质；多血质一栏得分在 10 分到 20 分，其他三栏得分较低，为一般多血质。

（2）胆汁质——胆汁质一栏得分最高，其他三栏相对较低。

（3）黏液质——黏液质一栏得分最高，其他三栏相对较低。

（4）抑郁质——抑郁质一栏得分最高，其他三栏相对较低。

（5）混合气质——其中两栏得分显著超过另外两栏，而且分数比较接近。如胆黏、血胆、血黏、黏抑等，为两种气质的混合。如有一栏得分较低，其他三栏相差不大，则为三种气质混合型。

思考：根据你的测试结果，谈谈你的气质性格的优势与劣势，以及自己如何将劣势转化为优势。

主题三　MBTI 性格测试

要求：每题考虑的时间不得超过 10 秒。

每 7 题为一部分，找出你选择最多的那个字母，按顺序进行排列。

（1）你倾向从何处得到力量：

E. 别人。

I. 自己的想法。

（2）当你参加一个社交聚会时，你会：

E. 在夜色很深时，一旦你开始投入，也许就是最晚离开的那一个。

I. 在夜晚刚开始的时候，我就疲倦了并且想回家。

（3）下列哪一件事听起来比较吸引你？

E. 与恋人到有很多人且社交活动频繁的地方。

I. 待在家中与恋人做一些特别的事情，如观赏一段有趣的视频并享用你最喜欢的外卖食物。

（4）在约会中，你通常：

E. 整体来说很健谈。

I. 较安静并有所保留，直到你觉得舒服。

（5）过去，你遇见的大部分的异性朋友是：

E. 在宴会、休闲活动中，工作会议上或由朋友介绍。

I. 通过私人的方式，如个人广告、露营、约会，或是由亲密的朋友和家人介绍。

（6）你倾向拥有：

E. 很多认识的人和很亲密的朋友。

I. 一些很亲密的朋友和一些认识的人。

（7）过去，你的朋友和同事倾向对你说：

E. 你难道不可以安静一会儿吗？

I. 可以请你从自己的世界中出来一下吗？

（8）你倾向通过以下哪种方式收集信息：

N. 你对有可能发生之事的想象和期望。

S. 你对目前状况的实际认知。

（9）你倾向相信：

N. 你的直觉。

S. 你直接的观察和现成的经验。

（10）当你置身于一段关系中时，你倾向相信：

N. 永远有进步的空间。

S. 若它没有被破坏，不予修补。

（11）当你对一个约会觉得放心时，你偏向谈论：

N. 未来，关于改进或发明事物和生活的种种可能性。例如，你也许会谈论一个新的科学发明，或用一个更好的方法来表达你的感受。

S. 实际的、具体的、关于"此时此地"的事物。例如，你也许会谈论品酒的好方法，或即将要参加的新奇旅程。

（12）你是这种人：

N. 喜欢先纵观全局。

S. 喜欢先掌握细节。

（13）你是这种类型的人：

N. 与其活在现实中，不如活在想象里。

S. 与其活在想象里，不如活在现实中。

（14）你通常：

N. 偏向于去想象一大堆关于即将来临的约会的事情。

S. 偏向于拘谨地想象即将来临的约会，只期待让它自然地发生。

（15）你倾向如此做决定：

F. 首先依你的心意，然后依你的逻辑。

T. 首先依你的逻辑，然后依你的心意。

（16）你倾向比较能够察觉到：

F. 当人们需要情感上的支持时。

T. 当人们不合逻辑时。

（17）当和某人分手时：

F. 你通常让自己的情绪深陷其中，很难抽身出来。

T. 虽然你觉得受伤，但一旦下定决心，会直截了当地将过去恋人的影子甩开。

（18）当与一个人交往时，你倾向于看重：

F. 情感上的相容性：表达爱意和对另一半的需求很敏感。

T. 智慧上的相容性：沟通重要的想法，客观地讨论和辩论事情。

（19）当你不同意恋人的想法时：

F. 你尽可能地避免伤害对方的感情，若是会对对方造成伤害的话，你就不会说。

T. 你通常毫无保留地说话，并且对恋人直言不讳，因为对的就是对的。

（20）认识你的人倾向形容你为：

F. 热情和敏感。

T. 逻辑和明确。

（21）你把大部分和别人的相遇视为：

F. 友善及重要的。

T. 另有目的。

（22）若你有时间和金钱，你的朋友邀请你到国外度假，并且在前一天才通知，你会：

J. 必须先检查你的时间表。

P. 立刻收拾行装。

（23）在第一次约会中：

J. 若你所约的人来迟了，你会很不高兴。

P. 一点儿都不在乎，因为你自己常常迟到。

（24）你偏好：

J. 事先知道约会的行程：要去哪里、有谁参加、会在那里多久、该如何打扮。

P. 让约会自然地发生，不做太多事先的计划。

（25）你选择的生活充满着：

J. 日程表和组织。

P. 自然发生和弹性。

（26）哪一项较常见：

J. 你准时出席而其他人都迟到。

P. 其他人都准时出席而你迟到。

（27）你是喜欢……的人：

J. 下定决心并且做出最后肯定的结论。

P. 放宽选择面并且持续收集信息。

（28）你是此类型的人：

J. 喜欢在一段时间里专心于一件事情直到完成。

P. 享受同时进行好几件事情。

MBTI测试
结果解释

主题四　自我价值观测试

测验一

下面有 16 个题目，根据每一个题目对你的重要性程度，按照从 0（不重要）到 100（非常重要）的评分方法给每个题目打分。

（1）一个令人快乐、满意的工作。
（2）高收入的工作。
（3）美满的婚姻。
（4）认识新人、社会事件。
（5）参加社区活动。
（6）自己的宗教信仰。
（7）锻炼，参加体育运动。
（8）智力开发。
（9）具有挑战机会的职业。
（10）好车、衣服、房子等。
（11）与家人共度时光。
（12）有几个亲密的朋友。
（13）自愿为一些非营利性组织工作，像癌症协会。
（14）沉思，安静地思考问题，祈祷等。
（15）健康平衡的饮食习惯。
（16）教育读物、自我提高计划等。

将各题的得分按照标明的题号填入表 2.5 中适当的位置，然后纵向两项得分相加，得到 8 个分数（A~H）。8 个分数分别代表专业、财务等（见下表最后一行）。哪一项得分较高，说明你比较看重哪个维度。若 8 个项目得分均比较接近，那么你是一个比较完美的人。

表 2.5　自我价值观测试计分表

题号	(1)＿＿＿ (9)＿＿＿	(2)＿＿＿ (10)＿＿＿	(3)＿＿＿ (11)＿＿＿	(4)＿＿＿ (12)＿＿＿	(5)＿＿＿ (13)＿＿＿	(6)＿＿＿ (14)＿＿＿	(7)＿＿＿ (15)＿＿＿	(8)＿＿＿ (16)＿＿＿
合计	A 专业	B 财务	C 家庭	D 社会	E 社区	F 精神	G 身体	H 智力

测验二

请完成下面句子，以便更深入了解自己的价值观。

（1）如果我有 500 万元，我将＿＿＿＿＿＿＿＿＿＿＿＿＿＿＿＿

（2）我所听到的或看到的最好的主意是＿＿＿＿＿＿＿＿＿＿＿＿

（3）在这个世界上我唯一能改变的事情是＿＿＿＿＿＿＿＿＿＿＿

（4）在生活中我最想得到的是＿＿＿＿＿＿＿＿＿＿＿＿＿＿＿＿

（5）当＿＿＿＿＿＿＿＿＿＿＿＿＿＿＿＿＿的时候，我表现得最棒。

（6）我最关心的是＿＿＿＿＿＿＿＿＿＿＿＿＿＿＿＿＿＿＿＿＿

（7）我最想得到的是＿＿＿＿＿＿＿＿＿＿＿＿＿＿＿＿＿＿＿＿

（8）我认为我父母希望我＿＿＿＿＿＿＿＿＿＿＿＿＿＿＿＿＿＿

（9）在我生命中最大的喜悦是＿＿＿＿＿＿＿＿＿＿＿＿＿＿＿＿

（10）我是＿＿＿＿＿＿＿＿＿＿＿＿＿＿＿＿＿＿＿＿＿＿＿＿＿

（11）最了解我的人认为我是＿＿＿＿＿＿＿＿＿＿＿＿＿＿＿＿＿

（12）我相信＿＿＿＿＿＿＿＿＿＿＿＿＿＿＿＿＿＿＿＿＿＿＿＿

（13）如果我只剩下 24 小时的生命，那我将＿＿＿＿＿＿＿＿＿＿

（14）我最喜欢的音乐类型是＿＿＿＿＿＿＿＿＿＿＿＿＿＿＿＿＿

（15）和我工作最好的人是＿＿＿＿＿＿＿＿＿＿＿＿＿＿＿＿＿＿

（16）我的工作能给我＿＿＿＿＿＿＿＿＿＿＿＿＿＿＿＿＿＿＿＿

（17）我将给我的孩子的忠告是＿＿＿＿＿＿＿＿＿＿＿＿＿＿＿＿

（18）我认为最好的电视节目是＿＿＿＿＿＿＿＿＿＿＿＿＿＿＿＿

（19）我悄悄地希望＿＿＿＿＿＿＿＿＿＿＿＿＿＿＿＿＿＿＿＿＿

（20）在学校的时候，我在＿＿＿＿＿＿＿＿＿＿＿的时候表现最为出色。

（21）如果在一场大火中我只能救出一件东西，那么它将是＿＿＿＿

（22）如果有一件能使我改变自身的事情，那么它将是＿＿＿＿＿＿

主题五　职业能力测试

表 2.6　职业能力倾向自我评定量表

	强 1	较强 2	一般 3	较弱 4	弱 5
1. 一般学习能力倾向（G）					
（1）快而容易地学习新的内容	（　）	（　）	（　）	（　）	（　）
（2）快而正确地解决数学题目	（　）	（　）	（　）	（　）	（　）
（3）你的学习成绩总的来说	（　）	（　）	（　）	（　）	（　）
（4）对课文的字、词、段落和篇章的理解、分析和综合的能力	（　）	（　）	（　）	（　）	（　）
（5）对学习过程的材料的记忆能力	（　）	（　）	（　）	（　）	（　）

各等级次数累积	（　　）	（　　）	（　　）	（　　）	（　　）
	×1	×2	×3	×4	×5

总计分数（　　）＝　（　　）＋　（　　）＋　（　　）＋　（　　）＋　（　　）
自评等级（　　）＝　总计分数（　　）÷5

2. 言语能力倾向（V）

（1）善于表达自己的观点	（　　）	（　　）	（　　）	（　　）	（　　）
（2）阅读速度快，并能抓住中心内容	（　　）	（　　）	（　　）	（　　）	（　　）
（3）掌握词汇量的程度	（　　）	（　　）	（　　）	（　　）	（　　）
（4）向别人解释难懂的概念	（　　）	（　　）	（　　）	（　　）	（　　）
（5）你的语文成绩	（　　）	（　　）	（　　）	（　　）	（　　）
各等级次数累积	（　　）	（　　）	（　　）	（　　）	（　　）
	×1	×2	×3	×4	×5

总计分数（　　）＝　（　　）＋　（　　）＋　（　　）＋　（　　）＋　（　　）
自评等级（　　）＝　总计分数（　　）÷5

3. 算术能力倾向（N）

（1）做出精确的测量（如测量长、宽、高等）	（　　）	（　　）	（　　）	（　　）	（　　）
（2）笔算能力	（　　）	（　　）	（　　）	（　　）	（　　）
（3）口算能力	（　　）	（　　）	（　　）	（　　）	（　　）
（4）打算盘	（　　）	（　　）	（　　）	（　　）	（　　）
（5）你的数学成绩	（　　）	（　　）	（　　）	（　　）	（　　）
各等级次数累积	（　　）	（　　）	（　　）	（　　）	（　　）
	×1	×2	×3	×4	×5

总计分数（　　）＝　（　　）＋　（　　）＋　（　　）＋　（　　）＋　（　　）
自评等级（　　）＝　总计分数（　　）÷5

4. 空间判断能力倾向（S）

（1）解决立体几何方面的习题	（　　）	（　　）	（　　）	（　　）	（　　）
（2）画三维立体图形	（　　）	（　　）	（　　）	（　　）	（　　）
（3）看几何图形的立体感	（　　）	（　　）	（　　）	（　　）	（　　）
（4）想象盒子展开后的平面形状	（　　）	（　　）	（　　）	（　　）	（　　）
（5）想象三维度和三维度的物体	（　　）	（　　）	（　　）	（　　）	（　　）
各等级次数累积	（　　）	（　　）	（　　）	（　　）	（　　）
	×1	×2	×3	×4	×5

总计分数（　　）＝　（　　）＋　（　　）＋　（　　）＋　（　　）＋　（　　）
自评等级（　　）＝　总计分数（　　）÷5

5. 形态知觉（P）

（1）发现相似图形中的细微差异	（　　）	（　　）	（　　）	（　　）	（　　）
（2）识别物体的形状差异	（　　）	（　　）	（　　）	（　　）	（　　）
（3）注意到多数人所忽视的物体的细节部分	（　　）	（　　）	（　　）	（　　）	（　　）
（4）检查物体的细节	（　　）	（　　）	（　　）	（　　）	（　　）
（5）观察图案是否正确	（　　）	（　　）	（　　）	（　　）	（　　）
各等级次数累积	（　　）	（　　）	（　　）	（　　）	（　　）
	×1	×2	×3	×4	×5

总计分数（　　）＝　（　　）＋　（　　）＋　（　　）＋　（　　）＋　（　　）
自评等级（　　）＝　总计分数（　　）÷5

6. 职员能力倾向(Q)

(1) 快而准确地抄写资料(诸如姓名、日期、电话号码等)	( )	( )	( )	( )	( )
(2) 发现错别字	( )	( )	( )	( )	( )
(3) 发现计算错误	( )	( )	( )	( )	( )
(4) 在图书馆很快地查找编码卡片	( )	( )	( )	( )	( )
(5) 自我控制能力(如较长时间地抄写资料)	( )	( )	( )	( )	( )
各等级次数累积	( )	( )	( )	( )	( )
	×1	×2	×3	×4	×5

总计分数( )= ( )+ ( )+ ( )+ ( )+ ( )
自评等级( )= 总计分数( )÷5

7. 眼–手运动协调(K)

(1) 玩电子游戏	( )	( )	( )	( )	( )
(2) 打篮球或打排球一类的活动	( )	( )	( )	( )	( )
(3) 打乒乓球或羽毛球	( )	( )	( )	( )	( )
(4) 打算盘	( )	( )	( )	( )	( )
(5) 打字	( )	( )	( )	( )	( )
各等级次数累积	( )	( )	( )	( )	( )
	×1	×2	×3	×4	×5

总计分数( )= ( )+ ( )+ ( )+ ( )+ ( )
自评等级( )= 总计分数( )÷5

8. 手指灵巧(F)

(1) 灵巧地使用很小的工具(如镊子等)	( )	( )	( )	( )	( )
(2) 穿针、编织等使用手指的活动	( )	( )	( )	( )	( )
(3) 用手指做一件小手工艺品	( )	( )	( )	( )	( )
(4) 使用计算器的灵巧程度	( )	( )	( )	( )	( )
(5) 弹琴	( )	( )	( )	( )	( )
各等级次数累积	( )	( )	( )	( )	( )
	×1	×2	×3	×4	×5

总计分数( )= ( )+ ( )+ ( )+ ( )+ ( )
自评等级( )= 总计分数( )÷5

9. 手的灵巧(F)

(1) 用手把东西分类(如把一大堆苹果分为大、中、小三类)	( )	( )	( )	( )	( )
(2) 在推和拉东西时手的灵活度	( )	( )	( )	( )	( )
(3) 很快地削水果	( )	( )	( )	( )	( )
(4) 灵活地使用手工工具(如榔头、锤子等)	( )	( )	( )	( )	( )
(5) 在绘画、雕刻等手工活动中手的灵活性	( )	( )	( )	( )	( )
各等级次数累积	( )	( )	( )	( )	( )
	×1	×2	×3	×4	×5

总计分数( )= ( )+ ( )+ ( )+ ( )+ ( )
自评等级( )= 总计分数( )÷5

统计：在下列括号中填写你的每一职业能力倾向的自我评定等级

续表

职业能力倾向	自我评定等级
一般学习能力倾向（G）	（　　）
言语能力倾向（V）	（　　）
算术能力倾向（N）	（　　）
空间判断能力倾向（S）	（　　）
形态知觉（P）	（　　）
职业能力倾向（Q）	（　　）
眼、手运动协调（K）	（　　）
手指灵巧（F）	（　　）
手的灵巧（M）	（　　）

在确定你的每一种职业能力倾向后，参阅关于职业对人的职业能力倾向的要求。

职业能力测
试结果解释

环节三

就业行动实施

主题一 职业核心能力训练（TAS 能力）

职业核心能力是指完成工作、学习和任务时，针对信息进行收集、分析、总结和提出解决问题方案的能力，它属于高阶思维能力，通过分析、推理、归纳、总结等思维方式，找到解决问题的思路或方法。简称 TAS 能力，即 T-think（思考）、A-analysis（分析）、S-solve（解决）。

一、 连续四周训练的目的

（1）培养数字敏感度。

（2）提高自我管理的意识和能力。

（3）培养数据、信息收集与分析的能力。

（4）通过数据寻找差异化和突破口，做好目标的制订、实施、调整与达成。

（5）学会用数据说话，让目标、行动、计划、结果有据可依。

（6）引导个人职业能力的培养。

（7）加强身体素质和心理素质的培养。

职业核心能力
训练样例

二、 数据收集

运用感觉评估法，对每节课进行评估（感觉有收获，记为有收入；感觉没收获，记为亏损或没收入），并每天进行累积。具体如表 3.1 所示。

职业核心能力
在职业体验工
作中的运用

表3.1　收入与支出评估表

时间	1—2/节	3—4/节	5—6/节	7—8/节	9—10/节	日收入/元	日支出/元	日总收支/元
4月1日 周三	英语 +6	数学 +8	就业 +8	思修 +8	自习 −15	+30	−15	+15
4月2日 周四	自习 −8	体育 +5	制图 +7	选修 +3	自习 +5	+20	−8	+12
4月3日 周五	自习 +4	制图 +7	电工 +5	自习 −12	自习 −20	+16	−32	−16
4月4日 周六	清明假 −20	+6	−15	−10	+5	+11	−45	−34
4月5日 周日	清明假 +3	+5	−10	+2	−20	+10	−30	−20
4月6日 周一	清明假 −10	+6	+3	−5	+4	+13	−15	−2
4月7日 周二	制图 +8	电工 +6	自习 +4	党课 +4	自习 +3	+25	0	+25
合计	−17	43	2	−10	−38	125	−145	−20

注：（1）平均每天投入成本100元。

　　（2）平均每大节成本20元（每小节成本10元）。

　　（3）每大节最高收入10元，成本不计；每大节最大支出20元，成本全亏损。

　　（4）收入 n 元为+n，支出 n 元为−n。

三、　数据分析

数据分析时，只能选用内归因的方式，反思自己的行为，并进行系统认知，从行为习惯、思维方式、性格特点、态度、能力等方面进行。同时，将表格中的数据绘制成曲线走势图，根据图像走势，进行针对性分析。

1. 绘制日收入曲线走势图（图3.1）

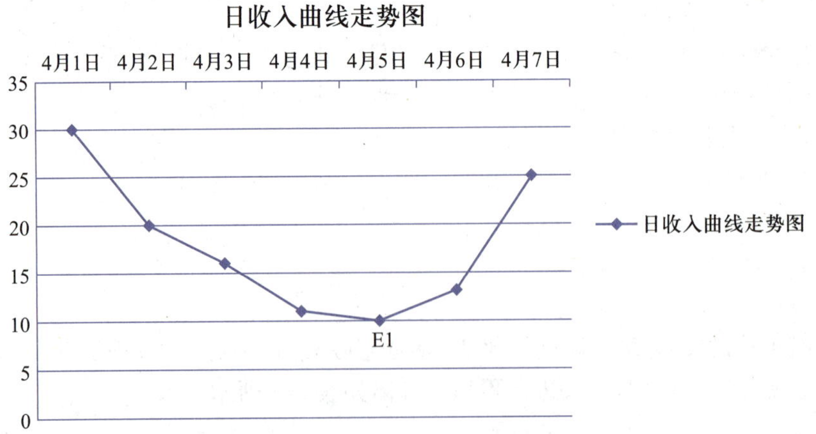

日收入曲线走势图

图3.1　日收入曲线走势图

2. 绘制日支出曲线走势图(图 3.2)

日支出曲线走势图

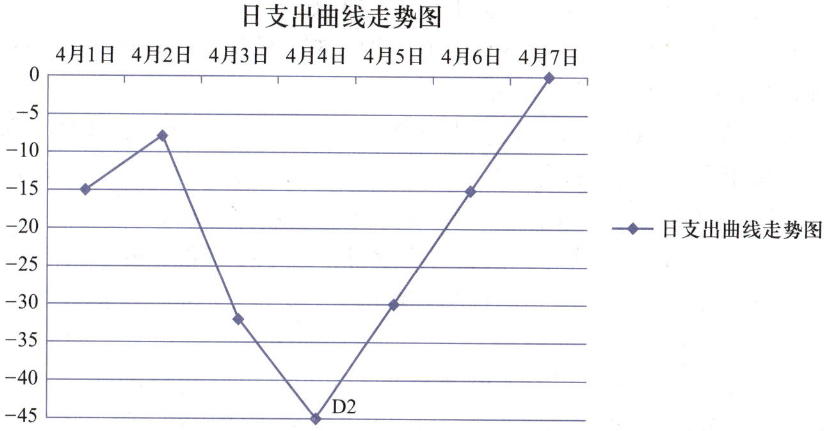

图 3.2 日支出曲线图

3. 绘制日总收支额曲线走势图(图 3.3)

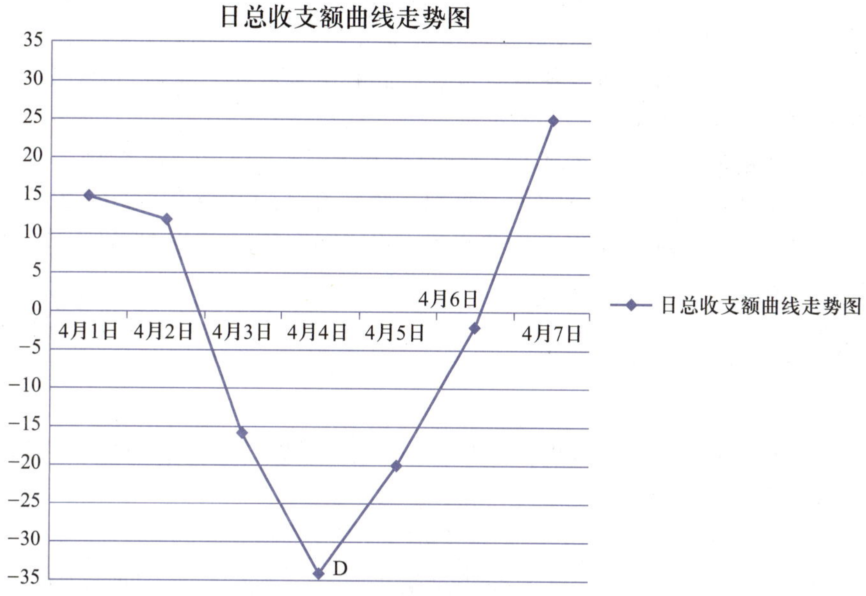

日总收支额曲线走势图

图 3.3 日总收支额曲线走势图

四、 分析数据

结合图像走势,分析曲线变化原因。

(1) 由图 4.1 知:① E1 点为图像最低点;② 最低点产生时间为 4 月 5 日,周日。

产生原因(采用内归因的方式分析低点和高点发生了什么):周六、周日为清明假期,由于放假就完全放松了学习,外出游玩,放松心情,成本收入较低,大多时间处于亏本状态。此外,正因为放松了心情,从而获得愉悦的心情,所以就产生了一定的收入。

阻碍改善问题产生原因：放假期间，不能够合理地安排空闲时间而太过放纵，也没有考虑到成本、收入、支出的比重，最终导致收支严重失衡。

改善问题的措施：合理安排假期时间，有计划、有步骤地完成各项任务，顾全大局，先保证完成应达成的目标，再考虑外出游玩。

（2）由图 4.2 知：① D2 为图形最低点；② 最低点产生时间为 4 月 4 日，周六。

产生原因（采用内归因的方式分析低点和高点发生了什么）：早上 1、2 节课程因睡懒觉消磨了时光，成本全部亏损，支出过大；5、6 节课程因走神而收获太少，故亏损也较为严重；7、8 节仍然没有及时调整状态，依然悠闲度过，故亏损严重。由于假前的疲劳在假期第一天的休息中缓消，故恢复了一定的精神，赢得了一份快乐的心情，虽存在一些收获，但远低于支出，故全天处于严重亏本状态。

阻碍改善问题产生的因素：心态不够稳定，对目标的达成信念不够坚定，而不能很好地调节上课与休息过程中的心情，导致心理波动过大，成本严重亏本，收入甚微。

改善问题的措施：调整好心态，培养良好的状态和坚定的目标感。在日常的学习生活中注重时间的调配与运用，养成良好的作息时间，以积极、沉稳的状态去处理自己的学习与生活。

（3）由图 4.3 知：① D 点为图像最低点；② 最低点 D 产生时间为 4 月 4 日，周六。

产生原因（采用内归因的方式分析低点和高点发生了什么）：没有很好地利用和把握好假期时间，假期时间无合理安排，随意性过强；同时由于假期无规则约束，花费也较为严重，故支出过多，收支严重失衡。

阻碍问题改善的原因：① 心态不稳；② 目标不明；③ 时间安排不合理。

改善以上问题的措施：① 养成平时注重细节的好习惯；② 注重心态的培养，端正生活和学习态度；③ 做人处事有规划，有明确目标，更要坚定目标，实时跟进；④ 与他人多交流，在默契与合作中发展、提升自我。

五、 制订下周目标

根据上述分析可知，自习课亏损较为严重，英语、思修、电工课程的收入偏低。预计下周收入的目标如表 3.2 所示。

表 3.2　本周收支与下周收支情况对比

科目	本周收支情况	下周收支情况
英语	+6	+7
数学	+8	+9
制图	+7	+8
力学	0	+7
电工	+5.5	+7
就业与创业	+8	+9

续表

科目	本周收支情况	下周收支情况
思修	+8	+9
自习	−8	+5

六、 解决下周目标的对策

针对下周目标所应采取的措施:

(1) 英语课上端正态度,认真、细心做好笔记,多进行阅读与训练。

(2) 数学课应加强听课效率,做好课堂笔记,多做习题,认真完成学习任务。

(3) 制图课应动手与动脑结合,多做练习、主动请教学习。

(4) 力学课程应抓住、抓好课堂的学习,课前预习,课后要定时复习。

(5) 电工作业要认真完成,实验时要用心,要敢于、善于动手去做,充分利用课堂时间。

(6) 就业与创业指导课,积极参与课堂问题的思考与互动,做好课堂信息的记录与梳理,重点做好课下的复习以及作业练习。

(7) 思修课要全心投入课堂,积极主动回答问题,要会听讲,跟随老师的讲解,提高思想觉悟和能力意识。

(8) 自习课要充分利用,主动学习,把握自习时间巩固已学内容,多涉猎课外知识的学习,妥善安排自习时间,有节奏、有目标。

七、 总结

综上,通过连续四周的记录、训练、分析、解决,强化培养了我的系统思维、逻辑思维、解决问题思维的能力,让我在平时更加注重内归因的分析,对自我的思维方式、行为习惯、性格弱点、态度观念等有了更加直观的系统认知,改变了自我过去线性思考的习惯,培养了自己的坚持品质和严谨态度,为未来更顺利地求职打下了坚实的基础。

主题二 职业体验报告(图表+数据)

职业体验报告是结合职业核心能力训练进行的应用型练习,即将职业核心能力运用到企业实习、工作中,通过系统的思维分析、严谨科学的数据分析、连续的数据统计等工作,快速提升职业适应力和职业化的工作素质。

一、 基本情况

(1) 实习公司:合肥金菱电器有限公司。

(2) 实习地点:合肥市经济开发区桃花工业园天都路与卧云路交叉口(天都路 189 号)。

（3）实习时间：2011 年 1 月 7 日— 2011 年 2 月 26 日。

（4）实习人：吴佩佩。

（5）实习岗位：修剪员。

（6）工作职责：从机台拉待修产品→修剪区修剪→打包修完产品→贴标签→入库。

二、 工作思路与历程感悟

1. 工作中的人际环境

在工作中接触最多的就是一起修剪的老员工，刚开始的时候他们对我们还是有一些排斥的，尤其是和我们年龄相差不大的员工。排斥是很正常的，因为我们之间是陌生的，彼此之间没有了解。我和队友们做好了充分的心理准备，从开始的虚心学习到后来的吃苦、用心、热情，让他们感受到了一种特殊的感情，排斥也就随之而去。我们真诚地把内心的各个方面展现给了老员工，收到的是他们的理解和感动。时间和真诚让我们和老员工建立起了浓浓的工作情。在此想说一点自己的体会，一个人的力量是很微弱的，但在师兄们的带动和我们大团队的精神支持下，队友们展示出了素质和朝气，团队才是我们的根。在工作中我们也会和看机台的员工接触，我们修剪班遇到的一大麻烦是看机台的员工为节省用车成本而忽视我们的难处。我们团队尽可能理解、体谅他们，尽可能和他们耐心地接触沟通；同时，提高工作效率，了解和熟知产品维修周期，尽量减少用车次数，减轻看机台员工的工作压力。我们用真诚的工作来感化和影响他们。

2. 工作中的专业认知

实习期间我做的一直是修剪工作，修剪看似简单实则不然。第一，修剪易学难精，精的意思就是有技术含量，有技术含量的标准是"效率"加"质量"。虽说修剪是一个熟能生巧的轻体力活，但是里面的技术很多。怎样理解效率和质量呢？效率是指用最少的时间入库更多的产品，质量是指符合质检的要求。达到这两点，一是要在修剪的方法、产品的归类放置、打包的方法、贴标签的方法、工作环境的管理等方面下功夫。二是对要修产品有完整的认识，如产品用在什么地方？产品的特点是什么？产品的生产周期和工艺是什么？第二，我感觉到现在的工作只是暂时的介质，背后的学习研究有价值。我修的这些产品的生产工艺和生产环节需要我认真研究学习。因此，我需要掌握模具制造业、维修行业、工艺设计行业、产品销售行业等领域的知识和技能。

3. 工作中的产品生产周期统计 (表 3. 3)

表 3.3　产品生产周期统计表

产品型号	产品生产数量/个	产品生产数量/个	产品生产数量/个	车 / 班
	24：00—8：00	8：00—16：00	16：00—24：00	
12314083	198	204	211	1
12314097	205	207	201	1
12314805	245	263	258	2
12314091	208	213	208	1

续表

产品型号	产品生产数量/个	产品生产数量/个	产品生产数量/个	车/班
	24：00—8：00	8：00—16：00	16：00—24：00	
12314086	241	240	237	2
12314042	152	151	140	1
12314043	107	103	115	1

　　表 3.3 中的数据是产品生产周期的侧面反映,因为公司的需要和机台的生产都是变动的,24 小时内如果这些产品投入生产我们就会预测出它的生产量,每一种产品至少是 3 车,因此,公司对我们的要求就是做好自己的修剪计划和工作环境的合理管理(表 3.4)。
　　表 3.4 中的数据可以指导我们有效地工作,我们可以根据自己的统计来有目的地工作和提出一些改进办法。

表 3.4　实习期间主要修剪产品的打包要求

产品型号	打包要求	
12314083	对修好的产品需要贴海绵条,贴完海绵条后型号变为 12314454,用绳子打包	5 个/包
12314097	白色胶带打包	5 个/包
12314086	黄色胶带打包	5 个/包
12314816	10 个装一箱	大箱子
12314091	白色胶带打包	10 个/包
12314815	15 个装一箱	大箱子
12314042	40 个装一箱	大箱子
12314043	60 个装一箱	大箱子
52012736	500 个装一箱	大箱子
52012735	1 000 个装一箱	大箱子
12312167	50 个装一箱	大箱子

三、 实习"小仓库"

1. 生活的"酸酸甜甜"

　　回味着实习期间的生活和工作,内心深处总是有酸酸甜甜的感觉。那时我们哭过、吵过、笑过、烦过,一切的一切都走进了我们的成长记录册里。这是一次沉甸甸的经历,里面的情和爱我不知道如何表达。从开始到结束,我们大家都时刻准备着,记忆最深的就是我们之间的谈心,相互充当一家之长。与队友梦妹的谈心让我体会到了"人不能,也不应该去依赖他人。要对自己充满自信,相信自己能行! 我,就是最棒的!";与队友纪纪的谈心让我体会到了"做事切勿忧心忡忡,抬起头鼓足勇气往前冲,灵活、自信地在生活和工作中跃起"；与队友萌萌的谈心让我体会到了"与人相处要学会倾听，学会理解、学会包容，用真诚来表达自己"；与队友攀飞的谈心让我体会到了"我们要把心沉下来，我们要能吃苦、能吃亏，我们应该是会工作、有想法、有思想的人"；与队友世学的谈心让我体会到了"我们的心态要和其他员工不一样，我们的站位要高要远，我们身上有责任"；与队友强子的谈心让我体会到了"我们要对自己严格要求，我们是没有资格和别人攀比的，我们需要做的是沉在最下面"。明白了很多，一直相信改变需要一个过程。在改变的过程中我总能认清自己、充满力量、轻装上阵。

在工作中我遇到过很多烦恼和困难，在我还没有调整好之前心情很低落，经常会选择一个人默默地思考。记得有一次，我独自一个人到宿舍拿饭盒打饭，当我发现自己的饭盒已经被米饭填满，心中突然感到很温暖。那时我们的宿舍就是一个家，在家里我们释放着工作中的委屈、抱怨和不满。有时在工作中我们也相互鼓励，一个笑容、一个眼神就能让我们感到温暖和满足。

2. 团队的"魅"与"力"

团队对我来说是既陌生又熟悉的，陌生是指这是我第一次加入团队并以团队的形式来工作。熟悉则是我作为团队的一员度过了这一段时光。团队就是一群人为了一个目标而团结在一起的集体。在团队里最重要的是相互之间的信任和理解，真正的团队应该具备两点，即"魅力"和"力量"。一个团队的价值就在于队员之间的相互配合，这种配合可以是无形的，也可以是有形的。一个团队去做一件事，团队中的每位成员要做好自己的角色，把自己的任务做实，综合起来的成就是无与伦比的，这才能体现团队的力量。团队的魅力和力量是创造工作价值的基础。在企业里，团队是必不可少的，小到基层一线团队，大到领导团队，企业就是由各种相同目标的小团队组成的大团队。

企业的强大与否离不开团队的共同努力。虽说企业的各个岗位都有相应的人员，但是这些人员没有统一的目标，因此他们之间的配合、协作缺乏默契。如果是一个团队充实到企业相应的岗位上，情况就会大不相同了。首先，团队有一个共同的目标就是促进企业发展。其次，团队成员在大目标的前提下站位是比较高的，而站位的高低直接决定了员工的心态，在不同的心态下做出的工作是大不相同的。态度决定高度、高度决定工作效率和质量。在此我想说的是："团队是由一群人组建而成的，但是一群人却不一定能建成一个团队。"在团队里我有几点深刻的体会。第一，生活、工作中我不是一个人在战斗，我身边还有很多战友。第二，我不是在工作而是在和我的战友们一起攻打一座座堡垒。第三，团队是有生命、有信仰、有精神的。

3. 我的内心世界

（1）要理智。在实习生活中我体会到人不能按着自己的性格来为人处事，而是需要冷静思考，需要理智。理智要求我们为了自己的目标和梦想不要想太多、不要奢望太多，需要想的就是如何把东西学精。

（2）要严格、耐心、细心、沉心。一旦做了选择就要勇敢地走下去，对自己严格是为了让自己长真本事，要自己耐心是为了更好地把握机会，要自己细心是为了提高自己的技术能力，让自己沉心是为了厚积薄发。

（3）要"眼高手低"。一定要让自己的心态达到一种"眼高手低"的程度。"眼高"是指在心理上要站位高，站位远。"手低"是指在心理上要有一种认识，无论我手头做的是什么工作，我都会把它做好，对任务不挑三拣四。只有做到"眼高手低"你的心态才会沉稳下来。

（4）学会识别。在你奋斗的过程中你会遇到许多想象不到的困难，如果不做理性的分析和坚持自己的目标，你是无法做出选择的。识别是努力发掘事物的本质，是理性的分析加上内心的选择。

（5）要有团队意识。团队的力量是我心中渴望的力量。真正的团队有自己明确的奋斗目标。信任、包容、理解、忠诚、情感是团队所展示出来的真正的魅力。

四、 公司认知与信息收集

1. 金菱简介

合肥金菱电气有限公司位于合肥经济开发区卧云路与天都路交叉口，厂房面积 10 000m^2，拥有目前国内同行业领先技术的各种 EPS 设备 50 余台套，员工 260 余人。公司以 EPS 泡沫制品为主业，设计年生产能力 4 000 吨，销售额 8 000 万元。是格力、美的和晶弘电器的核心供应商。公司产品无毒害、重量轻，工厂劳动强度不大，生产安全性好。

公司建立了专门的技术、管理人才晋升通道。公司将引进优秀人才，从中培养出一批一线的管理中坚、技术中坚，计划用三到五年时间形成公司发展的主力军和管理层核心。

2. 金菱文化

（1）金菱文化：明德厚生　臻于至善　和谐发展　自强不息。

（2）管理理念：3A3S——3A 是指 Agile(敏捷)、Adaptable(适应)、Aligned(协作)；3S 是指 Serious(认真)、Save(节约)、System Management(系统管理)。

（3）经营目标：争做最受格力尊重的合作伙伴，引领 EPS 行业发展。

3. 发展战略

（1）2010—2011 年——稳固期：眼睛向内，练内功，深挖潜，加强内部管理。

（2）2011—2012 年——扩张期：筹建 20 000m^2 的厂房，引进科技含量高的投资项目，形成经济规模。

（3）2013—2015 年——增长期：继续扩大产能，加强内部管理，提高效率，建成 2 亿元至 3 亿元产值的经济规模。

4. 金菱寻求志同道合者

（1）负责任的人。

（2）敢于挑战自我的人。

（3）有自己的判断，相信自己的命运在自己手中的人。

（4）需要钱，并且知道钱是如何赚来的，善于用脑子并凭个人能力赚钱的人。

（5）善于研究、勤于钻研、善于团队合作的人。

（6）有激情、有理性、有所作为的、未来想创业的人。

（7）适应力强，应变能力强，有方向和目标的人。

（8）踏实，知道从一线做并坚持做的人。

5. 金菱员工发展路径

金菱员工发展路径(培养以一线技术专家为主的职业发展路径)——没有最好，只有更好。

第一阶段：一线普通员工(3 个月)——熟悉、适应期。

第二阶段：一线技术员工(9 个月)——选择以兴趣、个性为主(基层管理、技术、销售、质检)。

第三阶段：核心技术＼管理员工(12个月)——未来技术和管理中坚，公司重点培养对象。

第四阶段：技术专家(技工、初级技师、技师、和高级技师四级，依次晋升)。

主题三 职业生涯规划书(示范模板)

请同学们扫描下方二维码，查看职业生涯规划书，通过此职业规划测评分析报告，了解职业生涯规划书的意义。

职业生涯规划书
(示范模板)

主题四 职业生涯人物访谈(示范模板)

资料一： 职业生涯人物访谈操作流程

1. 认识和了解自己

加强对自己的了解和认识。可以借助一定的工具(如霍兰德职业倾向测试、职业能力测量表、职业价值观自测量表或测评软件)分析自己的兴趣、性格、技能和工作价值观。

2. 寻找生涯人物

结合自己的兴趣、技能、工作价值观、教育背景和已掌握的职业知识列出未来可能从事的几个职业，然后在每个职业领域寻找 3 位以上的职场人士作为生涯人物。生涯人物可以是自己的亲人、老师和朋友，可以是他们推荐的其他人，也可以借助行业协会、大型同学录或某个具体组织的网页来寻找其他职场人士。

注意：生涯人物的职业应是自己向往的。每个职业领域的生涯人物应结构合理，既有初入职场的人士，也有工作了一定年限的中高层人士。正式访谈前，对生涯人物的信息掌握得越全面越好，姓名、职务和联系方式是必需的，对于可以在生涯人物的讲话、文章或者大众传媒和单位网页上获得的信息要尽可能地收集和熟悉。

3. 拟定访谈提纲

结合目标职业信息设计访谈问题，对生涯人物的访谈可以围绕以下要点进行：行业、单位名称、职业(职位)、工作的性质类型、主要内容、地点、时间、任职资格、所需技能、市场前景、行业相关信息、工作环境、工作强度、福利薪酬、工作感受、工作满意度等。

4. 预约并实地采访

预约方式有电话、QQ、微信、电子邮件和普通信件等，其中电话最好。预约时首先介绍自己，然后说明找到他的途径、自己的采访目的、感兴趣的工作类型以及进行采访所需要的时间（通常 30 分钟左右），确认采访的日期、时间和地点。

注意：联系前的准备要充分，电话联系时还应备好纸和笔，以备临时电话采访。联系时一定要有礼貌，时间要短。

访谈方式可以是面谈、电话访谈、QQ 访谈，最好是面谈。面谈前，采访者一般可以用已经从其他渠道了解的生涯人物的消息打开话题。之后就可以按设计好的问题开始访谈。遇到生涯人物谈兴正浓时，采访者要乐于倾听，给生涯人物留出提供其他信息的机会。在访谈结束时，请生涯人物再为自己推荐其他相关的生涯人物，从而拓展自己的职业认知领域。

注意：

（1）采访前为自己准备"30 秒的广告"，因为在访谈过程中生涯人物可能会问采访者的职业兴趣和求职意向。

（2）访谈前，应征求生涯人物的意见，视情况对谈话进行录音或书面记录或不记录。

（3）面谈一定要守时、简洁，不浪费他人时间。

（4）访谈结束后，对于不允许访谈现场记录的内容应迅速补记。

（5）采访结束后，要通过合适的方式尽早表示感谢。

5. 访谈结果分析

在一个职业领域采访三个以上的生涯人物后，用职业信息加工的观点来分析，对照之前自己对该职业的认识进行比较，找出主观认识与现实之间的偏差，确定自己是否适合这一行业、职业和工作环境，是否具备所需能力、知识与品质，形成书面总结报告，进而详细制订大学期间的自我培养计划。如果访谈结果与自己之前的认识出现严重脱节，就有必要进入另一个职业领域开展新一轮生涯人物访谈。

注意：

（1）访谈前要做好充分准备。

（2）访谈中要注意着装和仪表，态度和蔼、大方；要文明礼貌，措辞得体。

（3）要时刻注意安全问题，增强安全意识，提高防范能力，确保万无一失。

（4）尊重被访谈者，注意保护他们的信息安全和个人隐私。

（5）认真对待，不走过场，真正通过访谈达到探索职业的目的，为个人的职业定向和职业选择做准备。

资料二：　职业生涯人物访谈提纲

（1）您是如何找到这份工作的？

（2）就您的工作而言，您最喜欢什么？最不喜欢什么？

（3）您的职位是什么？你的主要职责是什么？

（4）从事此行业的人主要做些什么？

（5）工作地点一般在哪里？

（6）在行业内，先从什么样的工作岗位做起，能学到最多的知识、最有益于个人职业生涯发展？

（7）工作场所有哪些特征？

（8）在工作方面，您每天都做些什么？

（9）您在做这份工作时，日常面临的问题是什么？什么最有挑战性？

（10）您个人的主要成就是什么？最成功的是什么？

（11）在这个职位上，如果想获得成功必须拥有什么样的能力？

（12）目前还缺乏的必须改进的能力有哪些？怎么改善？

（13）在您的组织中，能够把同样一个岗位上成功和不成功区别开来的行为是什么？

（14）您认为做好这份工作应该具备哪些知识、技能和经验？

（15）目前，行业内要求从事这份工作的人应该具备什么样的教育和培训背景？

（16）您认为什么样的个人品质、性格和能力对做好这份工作来讲是重要的？

（17）这项工作需要的个人品质、性格和能力同别的工作要求相比有什么不同？

（18）学校中的哪些课程对这个行业比较有帮助？

（19）行业内，单位对刚进入该领域工作的员工一般会提供哪些培训？

（20）在您的工作领域里初级职位和略高级别职位的薪水一般是什么水平？

（21）这个行业是否有季节性或地理位置的限制？

（22）这个行业面临的困难及前景如何？

（23）据您所知，有什么职业杂志、行业网站或其他渠道能帮助我深入了解这个领域？

（24）您的熟人中有谁能够成为我下次采访的对象吗？可以说是您介绍的吗？

资料三：　示范模板

职业生涯人物访谈报告

访谈时间：2023年9月27日星期一。

访谈方式：面对面访谈。

访谈人：张××。

被访谈人：张××。

被访谈人简介：张××，中铁特货保温车辆段一级探伤工（图3.4）。

1. 访谈内容

问：张师傅您好，可以向您了解一下车辆段的整体运营情况吗？

答：好的，整个车辆段分为多个部门，就拿我的工种来说，我要做的就是当货车经我们

图3.4　访谈一级探伤工张师傅

段检修的时候，主要对它的轮对进行超声波探伤，最重要的就是观察屏幕上面的波纹波动情况，因为它直接体现的就是轮对内部的情况反馈，对后续的维修起到很大作用。

问：那么对于整个工作来说，您认为哪一点最有挑战？

答：我干探伤快（图3.5）二十年了，从最开始纯人力到现在的利用超声波探伤仪，包括磁粉、X射线等工具，已经不是纯拼体力的工种了，最难的就是关注微小的波动，像我们这

样的老员工（笑）真的拼不过年轻人的眼力，论细心，女工肯定比男工强得多。

问：谢谢张师傅，那么您有什么想对我们新一代铁路人说的吗？

答：时代总是在发展的，也是在优胜劣汰的，铁路局不可能说在如此饱和的情况下还是每年来者不拒，一定要提高自己的专业技能，锻炼出来一个比较强健的体魄，自律能力也很必要，都说铁路工作女孩子来做很吃亏，但是我不这么觉得，有理想特别棒，好好干小姑娘，探伤不简单，但是也不是难得干不成。

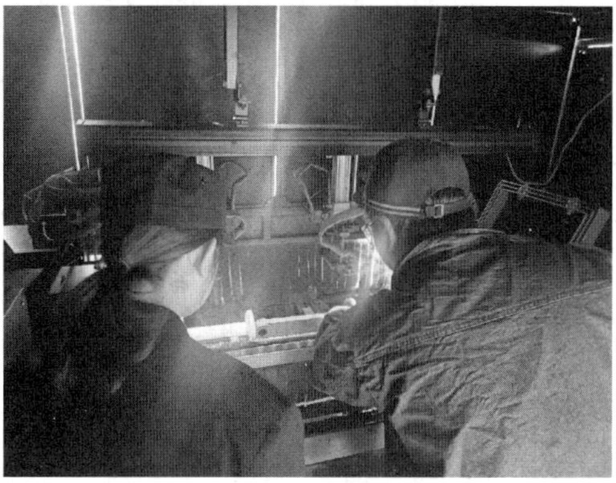

问：那么张师傅，我们进入单位时需要进行怎样的培训呢？

图 3.5　张师傅进行探伤检测

答：进入单位以后，首先会有一个三级安全教育，就是教育科车间和班组，要进行三级安全培训，一般也是理论和实作这两块内容，在教育科大概培训时间是一个月或者 40 天左右，然后到车间进行安全教育培训，大概有一周的时间，之后到班组进行培训，定职的话大概需要半年，培训期过后会有一个考试，等考试过了之后会定职，接下来是顶岗实习，开始干活。

问：在正式定职后每天需要进行什么样的工作呢？

答：我们承担的主要是轮对的探伤工作，先是对轮对过磁，之后拿着检测头对轮对进行超声波检测，对体力包括细致程度都是很大的考验（图 3.6）。

问：那张师傅您对自己目前的岗位有什么样的定位呢？

答：我对我自己岗位的定位啊，首先我是班组的探伤组长，我要负责整个探伤的工作，

图 3.6　张师傅展示超声波检测工具

我要清楚地了解并且掌握车体上容易出现的故障，怎样去处理去维修，这个工作在我看来吧，责任性也是非常高的，因为毕竟牵扯到安全这一块儿，一定要做到尽职尽责。

2. 感悟与体会

通过这次职业访谈，我有一些感悟与体会。

（1）了解了铁路探伤工作的性质——铁路安全守护神。

如果说钢轨好比火车的两条腿，那么探伤工就是给钢轨诊断的医生。钢轨由于受列车的碾压和金属热胀冷缩的变化，经常会产生一些病害，甚至发生断轨。因此，探伤工要采用超声波钢轨探伤仪和手工检查相结合的方法，定期给钢轨进行"体检"，及时准确发现各种钢轨病害，并根据钢轨的伤损情况及时采取整治措施，以确保铁路运输安全。

探伤工就像医生给病人体检一样的工作。在公司里，探伤工主要负责对生产的各类压力容器及化工容器、天然气脱硫成套装置、二氧化碳成套装置、容积式水（气）加热器等产品的质量进行把关，譬如某个装置焊接，是用肉眼看不出来，必须要 X 射线或超声波仪器进行检查，一旦发生产品不合格，就要回炉。同时，也是确保产品合格。

（2）感受到了铁路人的职业精神——生命高于一切。

先进的铁路企业文化是铁路的核心竞争力，铁路安全是铁路企业文化的重要组成部分，是铁路企业文化在安全领域的创新与发展，"安全第一"是贯穿铁路的一句提醒，不仅仅是工作人员自身需要保证安全，最为重要的是维修后的列车能否保证铁路运输的安全，一些行为看起来在正常情况下不可能发生意外，但是用鲜血换来的生命红线给每个铁路人都敲响了警钟，保障铁路运输安全是每个检修人员应尽的义务与本职工作。

（3）看到了铁路探伤工作未来的挑战——探伤机器人。

在一些户外的恶劣环境下，探伤机器人的作用显得尤为重要，"科技兴国"概念的提出让铁路技术发展坐上高速列车，相信在不久的将来探伤机器人就会广泛应用，但在此之前仍需提升自己的专业素养，机器人不是万能的，在一定领域的探伤问题上还是需要人工来进行整体把控和应急处理。

很感谢张师傅提供给我一个更加深入了解探伤工的机会，细心、详细地讲解让我受益匪浅，也更加坚定了我为铁路事业奉献青春的决心。

主题五　金简历制作

金简历的制作要点，可以依据表 3.5 的提示，找到适合的简历模板进行简历样式设计。

表 3.5　金简历制作要点

基本信息	个人信息	（1）基本信息：姓名、年龄、籍贯、联系方式、毕业院校、毕业时间、政治面貌、所学专业 （2）照片（正装照）：纸质简历不用打印的照片，要洗印的照片 （3）求职意向：行业、企业、岗位
	重要信息	（1）爱好：动静结合的业余爱好 （2）特长：优先写与求职岗位相匹配的技术特长；退而求其次写与工作相关的技能 （3）专业能力：查找专业人才培养方案，进行针对性描述（专业的职业资格证书，人才培养方案中有） （4）职业能力：计算机能力——熟练掌握某软件（办公自动化系统或计算机等级证书，职业资格证书）；英语能力——四级、六级等英语等级证书；听说读写水平描述；驾驶能力——机动车驾驶执照；其他职业资格证书——人力资源等；其他优势能力描述——沟通、组织、策划、研究、操作等 （5）获奖经历：优先写表现专业技术能力的奖励（语言格式——时间＋级别＋奖项＋等级）

关键信息	社会实践 （项目研究）	（1）注意事项：优先写与求职意愿相匹配的社会实践经历；语言格式——时间+地点+企业+实践岗位+数据+掌握；校内经历不是社会实践；优先用数据概括表达实践活动和业绩；没有数据作为支撑的实践经历都是纸上谈兵 （2）数据描述：实践天数、工作小时、工作业绩、技能程度（质检率、次品率、装配效率等） 若无数据描述，运用以下"动词"词汇概括实践活动内容：掌握（技术、流程等），学会（方法、知识等），锻炼（技术能力、处理问题能力），培养（工作态度、工作习惯等），了解（行业特点、岗位职责等），研发（技术难题、创新方式等）
其他信息	简历空则写，实则不写	（1）受教育经历：语言格式——时间 + 学校 + 学习阶段 （2）校内实训经历：语言格式——时间 + 地点 + 实训名称
自我评价	不超过300字，突出个性化	五句法：优势特长——与求职岗位匹配的工作能力描述；性格特点——与求职岗位匹配的性格特质描述；兴趣取向——与求职岗位匹配的职业兴趣描述；突出工作业绩——与求职岗位匹配的工作业绩概述；价值观——与求职行业、岗位匹配的价值观

环节四

创新创业行为测试

主题一　想象力测试

根据以下问题，请如实作答。

（1）我喜欢仔细观察我没有看过的东西，以了解详细情形。　　　　　（　　）

A. 完全符合

B. 部分符合

C. 完全不符合

（2）在做功课时，我喜欢参考各种不同的资料，以便得到多方面的了解。（　　）

A. 完全符合

B. 部分符合

C. 完全不符合

（3）我喜欢做许多新鲜的事。　　　　　　　　　　　　　　　　　（　　）

A. 完全符合

B. 部分符合

C. 完全不符合

（4）我不喜欢交新朋友。　　　　　　　　　　　　　　　　　　　（　　）

A. 完全符合

B. 部分符合

C. 完全不符合

（5）我想知道别人在想什么。　　　　　　　　　　　　　　　　　（　　）

A. 完全符合

B. 部分符合

C. 完全不符合

（6）有很多事情我都很想亲自去尝试。 （　　）

A. 完全符合

B. 部分符合

C. 完全不符合

（7）我喜欢到偏僻角落，希望能找到有趣的东西。 （　　）

A. 完全符合

B. 部分符合

C. 完全不符合

（8）作画时，我很喜欢尝试用各种颜色和形状让画更加有特色。 （　　）

A. 完全符合

B. 部分符合

C. 完全不符合

（9）我觉得玩猜谜语之类的游戏觉得很有趣，因为我想要知道结果。 （　　）

A. 完全符合

B. 部分符合

C. 完全不符合

（10）我对机械很感兴趣，也很想知道它里面的样子，以及它是怎样转动的。 （　　）

A. 完全符合

B. 部分符合

C. 完全不符合

（11）我喜欢可以拆开的玩具。 （　　）

A. 完全符合

B. 部分符合

C. 完全不符合

（12）我喜欢翻阅书籍及杂志，但只想知道它的版式是什么样子。 （　　）

A. 完全符合

B. 部分符合

C. 完全不符合

（13）我不喜欢探寻事情发生的各种原因。 （　　）

A. 完全符合

B. 部分符合

C. 完全不符合

（14）我喜欢问一些别人没有想到的问题。 （　　）

A. 完全符合

B. 部分符合

C. 完全不符合

想象力测试
解释

主题二　托兰斯创造性思维测验

托兰斯创造性思维测验是一份帮助你了解自己创造力的测验。此次测验十分重要，必须严格按照题目要求独自完成，每道题目限时 10 分钟。

（1）请在圆形内（图 4.1）涂上任意一种颜色，并以它为基础，画一幅能说明一段有趣的振奋人心的故事的图画。

图 4.1　圆

（2）把图 4.2 中不完整的线条图案添加完整，并为你的图画起名字。

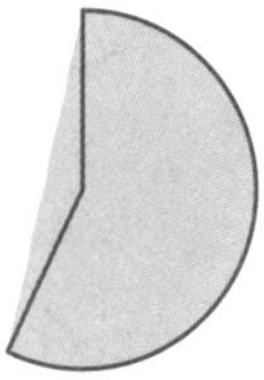

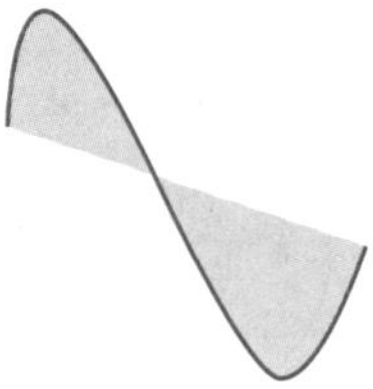

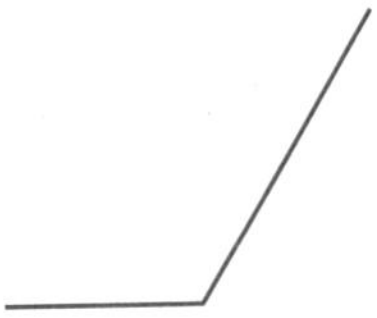

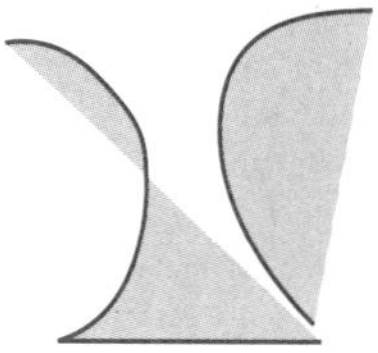

名称：_____   名称：_____   名称：_____   名称：_____

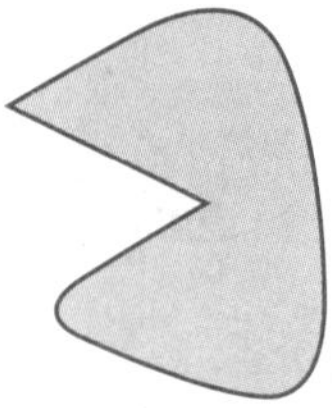

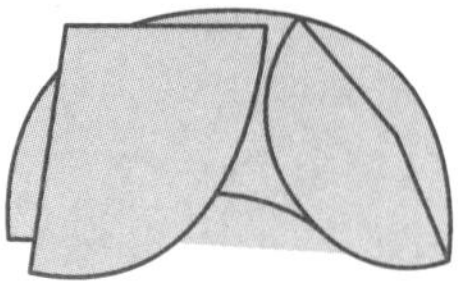

名称：_____   名称：_____   名称：_____   名称：_____

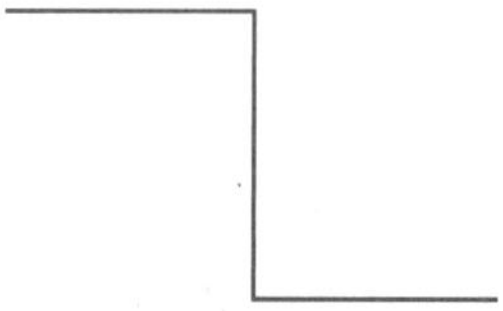

名称：_____   名称：_____

图 4.2 不完整的线条图案

（3）给以下圆圈图案(图4.3)添加细节，让这些圆成为你的图画的一部分．尽可能多地画出不同的图案。

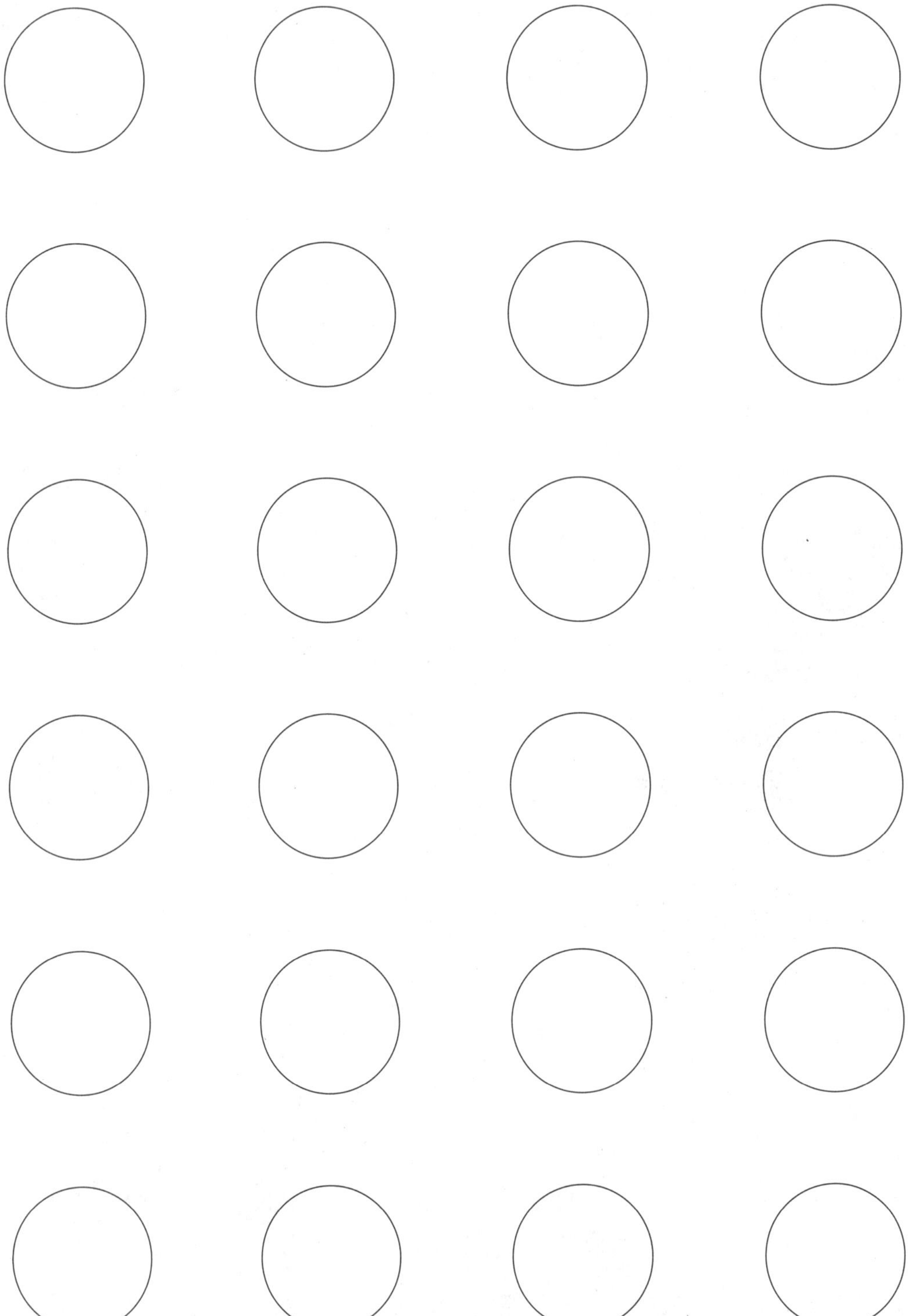

图 4.3 圆圈图案

主题三　创新人格测试

美国心理学家尤金·劳德塞根据多年对善于思考、富有创造力的男女科学家、工程师和企业经理的个性和品质的研究，设计了下面这套简单的试题，试验者只要 10 分钟的时间，就可知道自己是否具有创造才能。当然，如果你需要慎重考虑一下，那么适当延长测试时间也不会影响测试效果。

在测试时，你只要在每一句话后面用一个字母表示同意或不同意即可。

（1）同意的用"A"，不同意的用"C"，不确定或不知道的用"B"。

（2）回答必须准确、忠实，不要猜测。

1. 测试题目

（1）我不做盲目的事，也就是说我总是有的放矢，用正确的步骤来解决每个具体问题。
（　　）

（2）我认为，只提出问题而不想获得答案是浪费时间。（　　）

（3）无论什么事情，要我发生兴趣总比别人困难。（　　）

（4）我认为，合乎逻辑的、循序渐进的方法是解决问题的最好方法。（　　）

（5）有时，我在小组里发表的意见，似乎使一些人感到厌烦。（　　）

（6）我花费大量时间来考虑别人是怎样看待我的。（　　）

（7）做自认为正确的事情比力求博得别人的赞同要重要得多。（　　）

（8）我不尊重那些做事似乎没有把握的人。（　　）

（9）我需要的刺激和兴趣比别人多。（　　）

（10）我知道如何在考验面前保持自己的内心镇静。（　　）

（11）我能坚持很长一段时间解决难题。（　　）

（12）有时我对事情过于热心。（　　）

（13）在无事可做时，我常常想出好主意。（　　）

（14）在解决问题时，我常常单凭直觉来判断正确或错误。（　　）

（15）在解决问题时，我分析问题的速度较快，而综合所收集的资料的速度较慢。（　　）

（16）有时我会打破常规去做我原来并未想到要做的事。（　　）

（17）我有收藏的爱好。（　　）

（18）幻想促进了我许多重要计划的提出。（　　）

（19）我喜欢客观而又理性的人。（　　）

（20）如果要我在本职工作之外的两种职业中选择一种，那么我宁愿当一个实际工作者，而不当探索者。（　　）

（21）我能与自己的同事或同行们很好地相处。（　　）

（22）我有较高的审美感。（　　）

（23）在我的一生中，我一直在追求着名利和地位。（　　）

（24）我喜欢坚信自己的结论的人。（　　）

（25）灵感与获得成功无关。　　　　　　　　　　　　　　　　　　　（　　）

（26）在争论时使我感到最高兴的是：曾经与我观点不一的人变成了我的朋友。（　　）

（27）我更大的兴趣在于提出新的建议，而不在于设法说服别人接受这些建议。（　　）

（28）我乐意独自一人整天"深思熟虑"。　　　　　　　　　　　　　　（　　）

（29）我往往避免做那种使我感到低下的工作。　　　　　　　　　　　（　　）

（30）在评价资料时，我觉得资料的来源比其内容更为重要。　　　　　（　　）

（31）我不满意那些不确定和不可预言的事。　　　　　　　　　　　　（　　）

（32）我喜欢一门心思苦干的人。　　　　　　　　　　　　　　　　　（　　）

（33）一个人的自尊比得到他人敬慕更为重要。　　　　　　　　　　　（　　）

（34）我觉得那些力求完美的人是不明智的。　　　　　　　　　　　　（　　）

（35）我愿意和大家一起努力工作，而不愿意单独工作。　　　　　　　（　　）

（36）我喜欢那种对别人产生影响的工作。　　　　　　　　　　　　　（　　）

（37）在生活中，我经常碰到不能用正确或错误来加以判断的问题。　　（　　）

（38）对我来说，"各得其所"和"各在其位"是很重要的。　　　　　　（　　）

（39）那些使用古怪和不常用的词语的作家，纯粹是为了炫耀自己。　　（　　）

（40）许多人之所以感到苦恼，是因为他们把事情看得太认真了。　　　（　　）

（41）即使遭到挫折和反对，我仍然能对工作保持热情的精神状态。　　（　　）

（42）想入非非的人是不切实际的。　　　　　　　　　　　　　　　　（　　）

（43）我对"我不知道的事"比"我知道的事"印象更深刻。　　　　　（　　）

（44）我对"这可能是什么"比"这是什么"更感兴趣。　　　　　　　（　　）

（45）我经常为自己在无意之中说话伤人而闷闷不乐。　　　　　　　　（　　）

（46）即使没有报答，我也乐意为新颖的想法而花费大量时间。　　　　（　　）

（47）我认为，"出主意没什么了不起"这种说法是中肯的。　　　　　（　　）

（48）我不喜欢提出显得无知的问题。　　　　　　　　　　　　　　　（　　）

（49）一旦任务在肩，即使受到挫折，我也要坚持完成。　　　　　　　（　　）

（50）从下面描述人物性格的形容词中挑选出 10 个你认为最能说明你性格的词：

精神饱满的	有说服力的	实事求是的	虚心的	观察力敏锐的
谨慎的	束手束脚的	足智多谋的	自高自大的	有主见的
有献身精神的	有独创性的	性急的	高效的	乐意助人的　　坚强的
老练的	有克制力的	热情的	时髦的	自信的　　不屈不挠的
有远见的	机灵的	好奇的	有组织力的	铁石心肠的　　思路清晰的
脾气温顺的	可预言的	拘泥形式的	不拘礼节的	有理解力的
有朝气的	严于律己的	精干的	讲实惠的	感觉灵敏的　　无畏的
严格的	一丝不苟的	谦逊的	复杂的	漫不经心的　　柔顺的
创新的	实干的	泰然自若的	渴求知识的	好交际的　　善良的
孤独的	不满足的	易动感情的		

2. 分数统计

（1）第1~49题计分方法如表4.1所示。

表 4.1　计算分数评分表

序号	A	B	C	序号	A	B	C
1	0	1	2	26	−1	0	2
2	0	1	2	27	2	1	0
3	4	1	0	28	2	0	−1
4	−2	0	3	29	0	1	2
5	2	1	0	30	−2	0	3
6	−1	0	3	31	0	1	2
7	3	0	−1	32	0	1	2
8	0	1	2	33	3	0	−1
9	3	0	−1	34	−1	0	2
10	1	0	3	35	0	1	2
11	4	1	0	36	1	2	3
12	3	0	−1	37	2	1	0
13	2	1	0	38	0	1	2
14	4	0	−2	39	−1	0	2
15	−1	0	2	40	2	1	0
16	2	1	2	41	3	1	0
17	0	1	2	42	−1	0	2
18	3	0	−1	43	2	1	0
19	0	1	2	44	2	1	0
20	0	1	2	45	−1	0	2
21	0	1	2	46	3	2	0
22	3	0	−1	47	0	1	2
23	0	1	2	48	0	1	3
24	−1	0	2	49	3	1	0
25	0	1	3				

（2）第50题计分方法。

第一，选择下列每个形容词得2分。

精神饱满的　　观察力敏锐的　　不屈不挠的　　柔顺的　　足智多谋的 有主见的　　有献身精神的　　有独创性的　　　感觉灵敏的　　　无畏的 创新的　　好奇的　　有朝气的　　热情的　　严于律己的

第二，选择下列每个形容词得1分。

自信的　　有远见的　　不拘礼节的　　不满足的　　一丝不苟的　　虚心的 机灵的　　坚强的

第三，选择其余的形容词得0分。

3. 测试分析

（1）总得分为 110 分~140 分：创造性非凡。

（2）总得分为 85 分~109 分：创造性很强。

（3）总得分为 56 分~84 分：创造性强。

（4）总得分为 30 分~55 分：创造性一般。

（5）总得分为 15 分~29 分：创造性弱。

（6）总得分为−21 分~14 分：无创造性。

主题四　威廉斯创造力倾向测量表

在现代教育中，人们越来越重视培养学生的创造力，创造力培养应包括创造性认知行为和创造性情意行为，即创造性人才应具有创造性个性，它包括性格上的好奇心、想象力、挑战性和冒险性。创造性是现代教学的目标之一。威廉斯创造力倾向测量表用于评价受测者在冒险性、好奇性、想象力和挑战性四项行为特质上的程度。威廉斯创造力倾向测量表为纸笔测验，共包含50道题，要求受测者判断是否符合自己的行为特点。其中，A 表示完全符合，B 表示部分符合，C 表示完全不符合。

1. 测试题目

（1）在学校里，我喜欢试着对事情或问题做猜测，即使不一定都猜对也无所谓。

（　　）

（2）我喜欢仔细观察我没有看过的东西，以了解详细的情形。（　　）

（3）我喜欢听变化多端和富有想象力的故事。（　　）

（4）在画图时，我喜欢临摹别人的作品。（　　）

（5）我喜欢利用旧报纸、旧日历及旧罐头等废物做成各种好玩的东西。（　　）

（6）我喜欢幻想一些我知道或想做的事。（　　）

（7）如果事情不能一次完成，那么我会继续尝试，直到成功为止。（　　）

（8）在做功课时，我喜欢查阅各种不同的资料，以便得到多方位的了解。（　　）

（9）我喜欢用相同的方法做事情，不喜欢寻找其他新的方法。（　　）

（10）我喜欢探究事情的真假。（　　）

（11）我喜欢做许多新鲜的事。（　　）

（12）我不喜欢交新朋友。（　　）

（13）我喜欢想一些不会在我身上发生的事情。（　　）

（14）我喜欢想象有一天能成为艺术家、音乐家或诗人。（　　）

（15）我会因为一些令人兴奋的念头而忘记其他的事。（　　）

（16）我宁愿生活在太空站，也不喜欢住在地球上。（　　）

（17）我认为所有的问题都有固定的答案。（　　）

（18）我喜欢与众不同的事情。（　　）

（19）我常想要知道别人正在想什么。（　　）

（20）我喜欢故事或电视节目所描写的事。（　　）

（21）我喜欢和朋友在一起，并和他们分享我的想法。（　　）

（22）如果故事书的最后一页被撕掉了，我就自己编造一个故事，把结局补上去。
（　　）

（23）我长大后想做一些别人从没想过的事情。（　　）

（24）尝试新的游戏和活动是一件有趣的事。（　　）

（25）我不喜欢太多的规则限制。（　　）

（26）我喜欢解决问题，即使没有正确的答案也没关系。（　　）

（27）有许多事情我都很想亲自去尝试。（　　）

（28）我喜欢唱没有人听过的新歌。（　　）

（29）我不喜欢在班上同学面前发表意见。（　　）

（30）当我读小说或看电视时，我喜欢把自己想成故事中的人物。（　　）

（31）我喜欢幻想200年前人类生活的情形。（　　）

（32）我常想自己编一首新歌。（　　）

（33）我喜欢翻箱倒柜，看看有什么东西在里面。（　　）

（34）在画图时，我很喜欢改变各种东西的颜色和形状。（　　）

（35）我不敢确定我对事情的看法都是对的。（　　）

（36）对于一件事情先猜猜看，再看是不是猜对了，这种方法很有趣。（　　）

（37）玩猜谜之类的游戏很有趣，因为我想要知道结果如何。（　　）

（38）我对机器有兴趣，很想知道它里面是什么样子的，以及它是怎样转动的。（　　）

（39）我喜欢可以拆开的玩具。（　　）

（40）我喜欢想一些新点子，即使用不着也无所谓。（　　）

（41）一篇好的文章应该包含许多不同的意见或观点。（　　）

（42）为将来可能发生的问题找答案是一件令人兴奋的事。（　　）

（43）我喜欢尝试新的事情，目的只是想知道会有什么结果。（　　）

（44）在游戏时，我通常是有兴趣参加，而不在乎输赢的。（　　）

（45）我喜欢想一些别人常常谈起的事情。（　　）

（46）当我看到一张陌生人的照片时，我喜欢猜测他是怎样的人。（　　）

（47）我喜欢翻阅书籍及杂志，但只想知道它的内容是什么。（　　）

（48）我不喜欢探寻事情发生的各种原因。（　　）

（49）我喜欢问一些别人没有想到的问题。（　　）

（50）无论在家里或在学校，我总是喜欢做许多有趣的事。（　　）

2. 分数统计

本量表共50题，包括冒险性、好奇性、想象力和挑战性四项；测验后可得四种分数，加上总分，可得五项分数。

（1）冒险性

包括（1）、（5）、（21）、（24）、（25）、（28）、（29）、（35）、（36）、（43）、（44）11道题。其中(29)和(35)是反面题目。得分顺序分别为：正面题目完全符合3分，部分符合2分，完全不符合1分；反面题目完全符合1分，部分符合2分，完全不符合3分。

（2）好奇性

包含（2）、（8）、（11）、（12）、（19）、（27）、（33）、（34）、（37）、（38）、（39）、（47）、（48）、（49）14 道。中（2）、（8）为反面题目，其余为正面题目。计分方法同冒险性。

（3）想象力

包含（6）、（13）、（14）、（16）、（20）、（22）、（23）、（30）、（31）、（32）、（40）、（45）、（46）13 道题。其中（45）题为反面题目，其余为正面题目。计分方法同冒险性。

（4）挑战性

包含（3）、（4）、（7）、（9）、（10）、（15）、（17）、（18）、（26）、（41）、（42）、（50）12 道题，其中（4）、（9）、（17）为反面题目，其余为正面题目。计分方法同冒险性。

计算自己的最后得分，得分较高说明能力较强，得分较低说明能力较差。

3. 测试分析

（1）在冒险性特征上得分高，表明受测者具有下列特征：勇于面对失败或批评；敢于猜测；能在杂乱的情境下完成任务；勇于为自己的观点辩护。低分者缺乏冒险性，因而创造性不足。

（2）在好奇性特征上得分高，表明受测者具有下列个性品质：富有追根究底的精神；主意多；乐于接触模糊迷离的情境；肯深入思索事物的奥妙；能把握特殊的现象并观察其结果。在好奇性特征上得分低，表明受测者不具备上述特征，影响创造力的发展。

（3）在想象力特征上得分高，表明受测者具有下列特征：善于视觉化并建立心像；善于幻想尚未发生过的事情；可进行直觉地推测；能够超越感官及现实的界限。低分者缺乏想象力，因而创造性不足。

（4）在挑战性特征上得分高，表明受测者具有下列特征：善于寻找各种可能性；能够了解事情的可能性及现实间的差距；能够从杂乱中理出秩序；愿意探究复杂的问题或想法。低分者在这方面表现出因循守旧的特点，因而缺乏创造性。

主题五　团队合作测试

根据自己的实际情况，认真考虑下列问题。从所给备选答案中选出最符合自己的一项。

1. 测试题目

（1）如果母校的校长请你为即将毕业的学生举办一次介绍公司情况的晚间讲座，而那天晚上恰好播放你喜欢的电视连续剧的最后一集，那么你会（　　　）。

A. 立即接受邀请

B. 同意去，但要求改期

C. 以有约在先为由拒绝邀请

（2）如果某位重要客户在周末 17：30 打电话，说他们购买的设备出了故障，要求紧急更换零部件，而主管人员及维修人员均已下班，那么你会（　　　）。

A. 亲自驾车去 20 公里以外的地方送货

B. 打电话给维修人员，要求立即处理此事

C. 告诉客户下周才解决

（3）如果某位与你竞争最激烈的同事向你借一本经营管理畅销书，那么你会（   ）。

A. 立即借给他

B. 同意借给他，但声明此书无用

C. 告诉他这本书被遗忘在火车上了

（4）如果某位同事为方便自己出去旅游而要与你调换休息时间，在你未决定如何度假的情况下，那么你会（   ）。

A. 马上应允

B. 告诉他你要回家请示家人

C. 拒绝调换，推说自己已经报名旅游团了

（5）如果你参加一个新技术培训班，学到了一些对许多同事都有益的知识，那么你会（   ）。

A. 返回后立即向大家宣布并分发参考资料

B. 只是泛泛地介绍一下情况

C. 把这个课程贬得一钱不值，不泄露任何信息

（6）如果你在急匆匆驾车去赴约途中看到助理的车出了故障，停在路边，那么你会（   ）。

A. 毫不犹豫地下车帮助修车

B. 告诉他你有急事，不能停下来帮助修车，但一定帮其找修理工

C. 假装没有看见，径直驶过去

（7）如果某位同事在你准备下班回家时请求你留下来听他"倾吐苦水"，那么你会（   ）。

A. 立即同意

B. 劝他等第二天再说

C. 以夫人生病为由拒绝他的请求

（8）如果某位同事因要去医院探望夫人，请求你替他去接一位乘夜班机来的要客，那么你会（   ）。

A. 立即同意

B. 找借口劝他另找别人帮忙

C. 以汽车坏了为由拒绝

（9）如果某位同事的儿子想选择与你同样的专业，请你为他做些求职指导，那么你会（   ）。

A. 马上同意

B. 答应他的请求，但同时声明让他最好再找些新资料参考

C. 只答应谈几分钟

（10）如果你在某次会议上发表的演讲很精彩，会后几位同事都向你索取讲话纲要，那么你会（   ）。

A. 同意并立即复印

B. 同意但并不十分重视

C. 同意但转身就忘

2. 测试分析

（1）全部回答 A：说明你是一位极善良、极有爱心的人，但你要当心，千万别被低效率的人拖后腿。

（2）大部分回答 A：说明你很善于合作，但并非失去个性，认为礼尚往来是一种美德，在商业生活中亦不可或缺。

（3）大部分回答 B：说明你是以自己为中心的人，不愿意为自己找麻烦，不想让自己的生活规律、工作秩序受到任何干扰。

（4）大部分回答 C：说明你是一个孤独的人。

主题六 大学生创业者创业呼唤问卷

请根据你创业的体验和感受如实回答下述问题(① 表示"完全不同意"；② 表示"非常不同意"；③ 表示"不同意"；④ 表示"中立"；⑤ 表示"同意"；⑥ 表示"非常同意"；⑦ 表示"完全同意"）。

（1）创业能给我带来巨大的个人满足感。   （   ）

（2）对创业，我有一种情感上的承诺。   （   ）

（3）当向别人介绍自己时，我首先想到自己是创业者。   （   ）

（4）即使有很大的阻力，我也将继续创业。   （   ）

（5）我知道创业是我生活的一部分。   （   ）

（6）创业是我追求的目标之一。   （   ）

（7）对于创业，我投入了自己的一切。   （   ）

（8）我的创业利己利他。   （   ）

（9）我的创业能积极影响他人。   （   ）

（10）我的创业能帮助他人。   （   ）

（11）我的创业能解决自我就业和他人就业。   （   ）

（12）我的创业能创造新价值。   （   ）

（13）我的创业能促进社会创新。   （   ）

环节五

创新创业行动实施

主题一　想象表达强创意

任务一：　问和猜

根据图5.1，你会如何提出问题来发现你所不知道的事情？并对可能发生的原因、结果进行猜测。请仔细地观察这幅画，这里面发生着什么事？你能确切地说出什么？要求你知道并理解正在发生的事，这是由什么引起的？结果会怎样？

图 5.1　画

任务二：　问题

针对任务一中的那幅画记下你所能够想到的一切问题。这些问题将使你确切地了解正在发生着什么，不要询问那些看了那幅画即能回答的问题，如果需要，那么你尽可以多看看那幅画。问题越多越好，越新奇越好，试想出其他人想不到的问题。

(1) _____
(2) _____
(3) _____
(4) _____
(5) _____
(6) _____
(7) _____
(8) _____
(9) _____
(10) _____

任务三：　猜测原因

请根据任务一中的那幅画，在以下空栏中列出你能够想象到的所有的可能的原因，即在这幅画之前发生的事。你可以列出在此之前刚刚发生的事，或者是很久以前的事。尽你的最大可能做多种猜测，不必有所顾虑。想法越多越好，越新奇越好，试想出其他人想不到的原因。

(1) _____
(2) _____
(3) _____
(4) _____
(5) _____
(6) _____
(7) _____
(8) _____
(9) _____
(10) _____

任务四：　猜测结果

根据任务一中的那幅画，在以下空栏中列出你能够想象到的所有的可能的结果，即在这幅画之后发生的事。你可以列出在此之后随即发生的事，或者是很久以后才会发生的结果。尽你的最大可能做多种猜测，不必有所顾虑。想法越多越好，越新奇越好，试想出其他人想不到的结果。

（1）＿＿＿＿＿＿＿＿＿＿＿＿＿＿＿＿＿＿＿＿＿＿＿＿＿＿＿＿＿＿＿＿

（2）＿＿＿＿＿＿＿＿＿＿＿＿＿＿＿＿＿＿＿＿＿＿＿＿＿＿＿＿＿＿＿＿

（3）＿＿＿＿＿＿＿＿＿＿＿＿＿＿＿＿＿＿＿＿＿＿＿＿＿＿＿＿＿＿＿＿

（4）＿＿＿＿＿＿＿＿＿＿＿＿＿＿＿＿＿＿＿＿＿＿＿＿＿＿＿＿＿＿＿＿

（5）＿＿＿＿＿＿＿＿＿＿＿＿＿＿＿＿＿＿＿＿＿＿＿＿＿＿＿＿＿＿＿＿

（6）＿＿＿＿＿＿＿＿＿＿＿＿＿＿＿＿＿＿＿＿＿＿＿＿＿＿＿＿＿＿＿＿

（7）＿＿＿＿＿＿＿＿＿＿＿＿＿＿＿＿＿＿＿＿＿＿＿＿＿＿＿＿＿＿＿＿

（8）＿＿＿＿＿＿＿＿＿＿＿＿＿＿＿＿＿＿＿＿＿＿＿＿＿＿＿＿＿＿＿＿

（9）＿＿＿＿＿＿＿＿＿＿＿＿＿＿＿＿＿＿＿＿＿＿＿＿＿＿＿＿＿＿＿＿

（10）＿＿＿＿＿＿＿＿＿＿＿＿＿＿＿＿＿＿＿＿＿＿＿＿＿＿＿＿＿＿＿

任务五：　改进产品

本任务中有一幅简图，是一只玩具象（图 5.2），或许你能在许多商店中买到它。在图 5.2 下的空格中列出你能想象到的巧妙、有趣和不寻常的方法来改进这个玩具象，使儿童更加喜欢，不要考虑价格会发生什么变化，只要求思考怎样才能使玩具变得令人更加喜欢。想法越多越好，越新奇越好，试想出其他人想不到的改进方法。

图 5.2　玩具象

（1）＿＿＿＿＿＿＿＿＿＿＿＿＿＿＿＿＿＿＿＿＿＿＿＿＿＿＿＿＿＿＿＿

（2）＿＿＿＿＿＿＿＿＿＿＿＿＿＿＿＿＿＿＿＿＿＿＿＿＿＿＿＿＿＿＿＿

（3）＿＿＿＿＿＿＿＿＿＿＿＿＿＿＿＿＿＿＿＿＿＿＿＿＿＿＿＿＿＿＿＿

（4）＿＿＿＿＿＿＿＿＿＿＿＿＿＿＿＿＿＿＿＿＿＿＿＿＿＿＿＿＿＿＿＿

（5）＿＿＿＿＿＿＿＿＿＿＿＿＿＿＿＿＿＿＿＿＿＿＿＿＿＿＿＿＿＿＿＿

（6）＿＿＿＿＿＿＿＿＿＿＿＿＿＿＿＿＿＿＿＿＿＿＿＿＿＿＿＿＿＿＿＿

（7）＿＿＿＿＿＿＿＿＿＿＿＿＿＿＿＿＿＿＿＿＿＿＿＿＿＿＿＿＿＿＿＿

(8) ＿＿＿＿＿＿＿＿＿＿＿＿＿＿＿＿＿＿＿＿＿＿＿＿＿＿

(9) ＿＿＿＿＿＿＿＿＿＿＿＿＿＿＿＿＿＿＿＿＿＿＿＿＿＿

(10) ＿＿＿＿＿＿＿＿＿＿＿＿＿＿＿＿＿＿＿＿＿＿＿＿＿

任务六：　不寻常的用处

许多人把空纸盒都扔掉了，而它们却有着成千上万种有趣而不寻常的用处。在以下的空栏中，请列出你所能想象的有趣而不寻常的用处，你不要受盒子的体积和数目的限制，也不要局限于你所见所闻的用处，尽量考虑多种新奇的用法。想法越多越好，越新奇越好，试想出其他人想不到的用处。

(1) ＿＿＿＿＿＿＿＿＿＿＿＿＿＿＿＿＿＿＿＿＿＿＿＿＿＿

(2) ＿＿＿＿＿＿＿＿＿＿＿＿＿＿＿＿＿＿＿＿＿＿＿＿＿＿

(3) ＿＿＿＿＿＿＿＿＿＿＿＿＿＿＿＿＿＿＿＿＿＿＿＿＿＿

(4) ＿＿＿＿＿＿＿＿＿＿＿＿＿＿＿＿＿＿＿＿＿＿＿＿＿＿

(5) ＿＿＿＿＿＿＿＿＿＿＿＿＿＿＿＿＿＿＿＿＿＿＿＿＿＿

(6) ＿＿＿＿＿＿＿＿＿＿＿＿＿＿＿＿＿＿＿＿＿＿＿＿＿＿

(7) ＿＿＿＿＿＿＿＿＿＿＿＿＿＿＿＿＿＿＿＿＿＿＿＿＿＿

(8) ＿＿＿＿＿＿＿＿＿＿＿＿＿＿＿＿＿＿＿＿＿＿＿＿＿＿

(9) ＿＿＿＿＿＿＿＿＿＿＿＿＿＿＿＿＿＿＿＿＿＿＿＿＿＿

(10) ＿＿＿＿＿＿＿＿＿＿＿＿＿＿＿＿＿＿＿＿＿＿＿＿＿

任务七：　不寻常的问题

在这一任务中，请你尽可能地想出关于纸盒的问题，由这些问题会引出形形色色的答案，以激起其他人对盒子的兴趣与好奇。试着想出其他人通常想不到的、有关纸盒的问题。想法越多越好，越新奇越好。

(1) ＿＿＿＿＿＿＿＿＿＿＿＿＿＿＿＿＿＿＿＿＿＿＿＿＿＿

(2) ＿＿＿＿＿＿＿＿＿＿＿＿＿＿＿＿＿＿＿＿＿＿＿＿＿＿

(3) ＿＿＿＿＿＿＿＿＿＿＿＿＿＿＿＿＿＿＿＿＿＿＿＿＿＿

(4) ＿＿＿＿＿＿＿＿＿＿＿＿＿＿＿＿＿＿＿＿＿＿＿＿＿＿

(5) ＿＿＿＿＿＿＿＿＿＿＿＿＿＿＿＿＿＿＿＿＿＿＿＿＿＿

(6) ＿＿＿＿＿＿＿＿＿＿＿＿＿＿＿＿＿＿＿＿＿＿＿＿＿＿

(7) ＿＿＿＿＿＿＿＿＿＿＿＿＿＿＿＿＿＿＿＿＿＿＿＿＿＿

(8) ＿＿＿＿＿＿＿＿＿＿＿＿＿＿＿＿＿＿＿＿＿＿＿＿＿＿

(9) ＿＿＿＿＿＿＿＿＿＿＿＿＿＿＿＿＿＿＿＿＿＿＿＿＿＿

(10) ＿＿＿＿＿＿＿＿＿＿＿＿＿＿＿＿＿＿＿＿＿＿＿＿＿

任务八： 合理地想象

现在给予你一个似乎不可信的情形——它可能永远不会发生，但你必须合理地想象它已经发生了，请你用想象力去思考，如果这种情形果真发生了，那么其他的事情将会变得怎样？换句话说，将会有什么影响和结果？请你尽最大可能去猜测。

不可能的情形——合理地想象云彩上系着许多绳子并且悬到了地面（图5.3），这将会发生什么？请列出你的想法和猜测。想法越多越好，越新奇越好，试想出其他人想不到的影响和结果。

图 5.3 想象情形

（1）_____

（2）_____

（3）_____

（4）_____

（5）_____

任务九： 解决问题的想象

努力为你的想法提供细节，让其完整。想办法让问题得到解决。在规定的时间内如果已经作答完毕，则你可以继续为你的想法添加细节，或安静地坐着。

（1）对填充玩具（图5.4）进行改进，让它更有趣。时间为3分钟。

图 5.4 填充玩具

_____

_____

（2）假设人们通过眨眼睛就能把自己从一个地方运送到另一个地方，那么会出现哪些事？时间为 3 分钟。

（3）把不完整的图画（图 5.5）添加完整，用你完成的图画讲述一个完整的故事，并给你的图画取名。时间为 3 分钟。

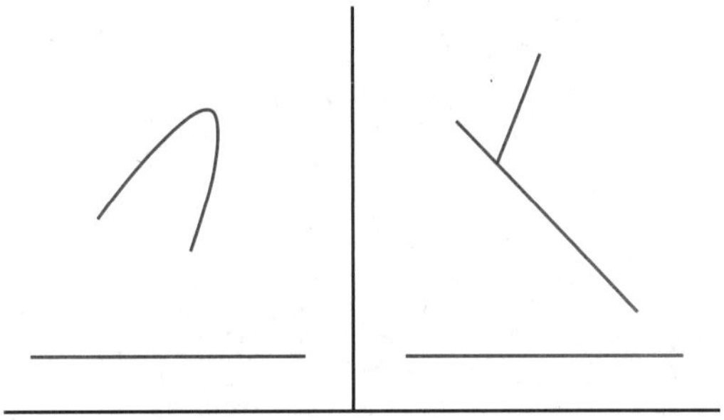

图 5.5　不完整的图画

（4）给方块图案（图 5.6）添加细节，使其构成完整图画，让这些方块成为你的图画的一部分，努力画出别人未曾画出的图画。添加细节，讲述完整的故事，并给图画取名。时间为 3 分钟。

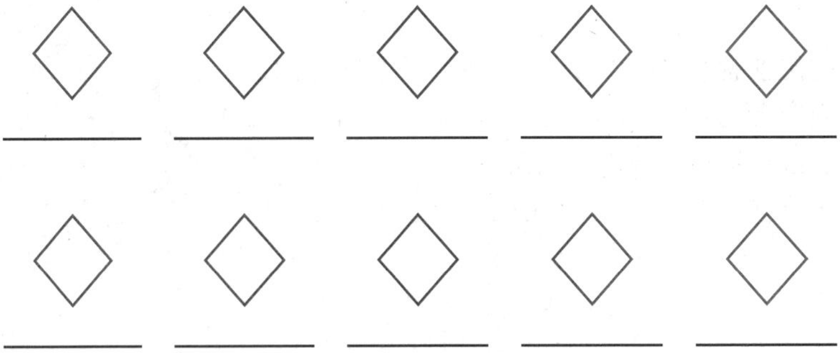

图 5.6　方块图案

_____
_____
_____
_____

主题二　专创融合促创新

任务一：　找到你感兴趣的方向

请你结合从小到大自己感兴趣的问题，按兴趣大小进行排序，选择创新方向，如新能源、机器人、农业设备、铁路运输等。

(1) _____
(2) _____
(3) _____
(4) _____
(5) _____

任务二：　找到你所感兴趣的具体问题

请你结合上述任务 1 的方向，锁定感兴趣的具体问题，可以多写几个，如新能源的电池问题、列车为什么会晚点、火车为什么需要止轮器、如何使绿茶的口感更好等。

(1) _____
(2) _____
(3) _____
(4) _____
(5) _____

任务三：　找到专创融合的研究课题

结合上述任务一和任务二，确定与专业结合度较高的课题。在选择研究课题时，我们主要关注在实际运行中的某个小型设备、小零件的研究，尤其是传统的小设备和小零件，以及通过技术创新和新技术结合的应用，可以实现功能完善的硬件产品。如止轮器的智能化研究、车号识别系统的原理、地铁屏幕的用电供给研究、雾化喷头对农业灌溉节能的研究、人脸追踪技术的应用，等等。本任务需要学生结合各自专业提出所在行业、领域的具体研究问题，同时确保这些问题是自己学专业课时感兴趣的。因为所学的专业课程有好多门，所以应积极思考挖掘，尽量列出较多的研究的具体问题。

（1）_____

（2）_____

（3）_____

（4）_____

（5）_____

（6）_____

（7）_____

（8）_____

（9）_____

（10）_____

任务四： 结合研究课题进行信息收集

对项目进行信息收集是非常重要的一个工作环节，关系到项目能否找到研究的切入点。在收集信息的方式上，我们可以采用多元手法进行信息收集。

1. 文献资料查询

文献资料查询方法：国家科技图书文献中心、维普学术期刊、专业网站（如电子信息、铁路信息专业网站）、专业杂志（如《建筑施工》）、专利库、发明网站等。

文献资料查询的建议如下：

（1）_____

（2）_____

（3）_____

（4）_____

（5）_____

2. 向专业老师咨询

向专业教师咨询的建议如下：

（1）_____

（2）_____

（3）_____

（4）_____

（5）_____

3. 向具体从事该领域的人员咨询

向具体从事该领域的人员咨询的建议如下：

（1）_____

（2）_____

（3）_____

（4）_____

（5）_____

任务五： 绘制创新图纸

结合任务一至任务四的信息收集内容，将如何解决该问题的思路绘制到一张图纸(图 5.7)上。

图 5.7　创新图纸结构图

提示：
(1) 图纸不能绘制成产品功能描述和罗列，需要把解决问题的过程绘制出来。
(2) 图纸左面需要画图，画出解决问题的过程，包括流程、原理、关键机制等。
(3) 在绘制时，我们应将问题解决的原理阐述作为重点，以科学严谨的逻辑画出产品关键问题环节、解决关键问题细节、产品原理图、电路图、流程图、图表等。这是绘制图纸的关键，占到图纸的 2/3。
(4) 解决问题的过程要严谨，需要明确重量、尺寸、大小、位置、流程等内容。

_____

_____

_____

_____

任务六： 原型制作

原型制作即动手把脑子中的想法制作成一个看得见摸得着的实体模型，不用拘泥于特定的工具。

事实证明，在制作原型的过程当中会发现很多问题，也会找到新的可能出现的问题或瓶颈。

最初的原型可以用硬纸板、塑料杯、绳子、胶带等最简单的材料(图 5.8)制作，而且做得越快越好。完成最初的原型制作后，对其进行评估。例如，把智能手机和硬纸盒结合在一起，将手机当作显示器，就可以作为 AR 眼镜。

图 5.8　制作最初的原型材料

接下来，你需要在合适的时间、合适的地点与你的小伙伴一起，把你们专创融合项目的模型搭建出来。

在搭建模型时，你需要考虑以下因素。

（1）你需要哪些原材料，以及可能从哪里获得这些原材料？

（2）你和你的团队可能需要接受哪些培训？

（3）你能借到或租到必要的设备吗？或者以物易物？你有能力使用它吗？

（4）在你家里或当地社区能找到合适的生产场所吗？

（5）关键要解决什么问题？如何解决？用什么方法解决？

（6）谋划下基本的预算和成本。

（7）生产安全和工艺安全是非常重要的。

主题三　成员互补建团队

任务一：　我能为团队做什么

1. 最理想的成员什么样

理想的团队成员会对团队其他成员的想法和观点持宽容态度。他们致力于实现团队的目标，并确保在最后期限前完成任务。他们愿意合作并分享所有的想法和相关的工作。

团队是一个为实现共同目标而合作的组织，它在商业活动中被广泛使用。团队的建设需要一个过程，它不会一蹴而就。

2. 一个团队应该具有什么

团队应具有：一致的目标；明确的角色和职责；分享"诀窍"、知识、技能和专长；鼓励、激励、支持团队成员并为所有团队成员创造一个可以做事的环境。

3. 我能为团队做什么

我能为团队合作提供的好的经验有哪些？

(1) _____
(2) _____
(3) _____

让一个团队如此优秀的原因有哪些？

(1) _____
(2) _____
(3) _____

在这个团队中，我的贡献有哪些？

(1) _____
(2) _____
(3) _____

我学到的可以带到任何团队的东西有哪些？

(1) _____
(2) _____
(3) _____

任务二： 团队成员的互补技能

团队在不同阶段对成员的技能高低要求也不同。作为成员，要努力发展自我，跟上团队的发展步伐。高效的团队会将彼此的技能进行融合。你应该思考自己有什么特殊的技能和能力，并考虑在组建团队时，哪些技能是必要的。

1. 生产技能

生产技能是制作产品的必要技能，如木工、绘图、设计等技能。

2. 组织技能

确保自己有良好的组织能力，能够按时完成订单，安排和主持会议等。

3. 财务技能

你是否具备对产品或服务进行成本计算和定价的能力？你能完成现金流预算并编制决算吗？

4. 宣传技能

你的团队中应该有人擅长推广产品或服务，他们需要熟悉社交媒体。

5. 销售和营销技能

销售和营销是非常重要的技能，你的团队中需要有人能够推销产品或服务，并进行销售。

6. 管理技能

你的团队中需要有人承担总体责任，以确保工作的顺利完成。

请将你们团队成员的分工填写在表 5.1 中。

表 5.1 团队角色表

团队成员姓名	团队角色	角色匹配技能	个人优势技能

任务三： 设计团队组织结构图

团队组织结构图可以帮助你理顺团队之间的关系。因此，当你决定组建（参与）一个团队时，应该准备一个组织结构图。根据你和团队所确定的不同角色，你可以做一个像图 5.9 这样的组织结构图。

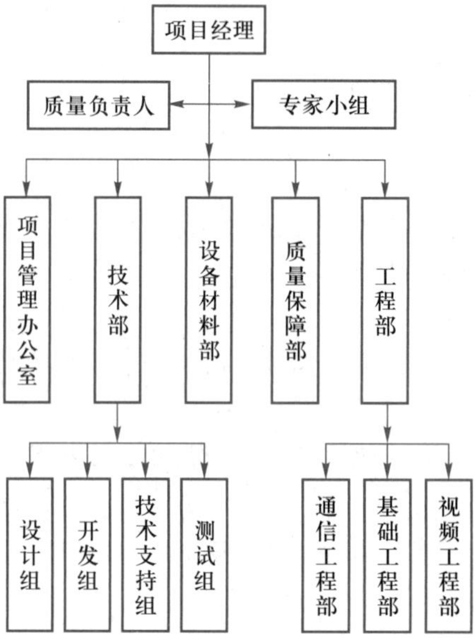

图 5.9 团队结构图

请你在下面方框中画出你们团队的组织结构图。

任务四：　自我的反思

你是一名合格的团队型成员吗？请写出你的做法与经验。

（1）＿＿＿＿＿＿＿＿＿＿＿＿＿＿＿＿＿＿＿＿＿＿＿＿＿＿＿＿＿＿＿＿＿＿＿＿＿

（2）＿＿＿＿＿＿＿＿＿＿＿＿＿＿＿＿＿＿＿＿＿＿＿＿＿＿＿＿＿＿＿＿＿＿＿＿＿

（3）＿＿＿＿＿＿＿＿＿＿＿＿＿＿＿＿＿＿＿＿＿＿＿＿＿＿＿＿＿＿＿＿＿＿＿＿＿

在一起工作时，你是否具有团队精神？

（1）＿＿＿＿＿＿＿＿＿＿＿＿＿＿＿＿＿＿＿＿＿＿＿＿＿＿＿＿＿＿＿＿＿＿＿＿＿

（2）＿＿＿＿＿＿＿＿＿＿＿＿＿＿＿＿＿＿＿＿＿＿＿＿＿＿＿＿＿＿＿＿＿＿＿＿＿

（3）＿＿＿＿＿＿＿＿＿＿＿＿＿＿＿＿＿＿＿＿＿＿＿＿＿＿＿＿＿＿＿＿＿＿＿＿＿

任务五：　团队工作的分配

谁负责设定目标的？具体职责是什么？请写出来。

（1）＿＿＿＿＿＿＿＿＿＿＿＿＿＿＿＿＿＿＿＿＿＿＿＿＿＿＿＿＿＿＿＿＿＿＿＿＿

（2）＿＿＿＿＿＿＿＿＿＿＿＿＿＿＿＿＿＿＿＿＿＿＿＿＿＿＿＿＿＿＿＿＿＿＿＿＿

（3）＿＿＿＿＿＿＿＿＿＿＿＿＿＿＿＿＿＿＿＿＿＿＿＿＿＿＿＿＿＿＿＿＿＿＿＿＿

谁负责做出重大事情的决策？具体职责是什么？请写出来。

（1）＿＿＿＿＿＿＿＿＿＿＿＿＿＿＿＿＿＿＿＿＿＿＿＿＿＿＿＿＿＿＿＿＿＿＿＿＿

（2）＿＿＿＿＿＿＿＿＿＿＿＿＿＿＿＿＿＿＿＿＿＿＿＿＿＿＿＿＿＿＿＿＿＿＿＿＿

（3）＿＿＿＿＿＿＿＿＿＿＿＿＿＿＿＿＿＿＿＿＿＿＿＿＿＿＿＿＿＿＿＿＿＿＿＿＿

谁负责产品设计与生产？具体职责是什么？请写出来。

（1）＿＿＿＿＿＿＿＿＿＿＿＿＿＿＿＿＿＿＿＿＿＿＿＿＿＿＿＿＿＿＿＿＿＿＿＿＿

（2）＿＿＿＿＿＿＿＿＿＿＿＿＿＿＿＿＿＿＿＿＿＿＿＿＿＿＿＿＿＿＿＿＿＿＿＿＿

（3）＿＿＿＿＿＿＿＿＿＿＿＿＿＿＿＿＿＿＿＿＿＿＿＿＿＿＿＿＿＿＿＿＿＿＿＿＿

谁负责产品定价？具体职责是什么？请写出来。

（1）＿＿＿＿＿＿＿＿＿＿＿＿＿＿＿＿＿＿＿＿＿＿＿＿＿＿＿＿＿＿＿＿＿＿＿＿＿

（2）＿＿＿＿＿＿＿＿＿＿＿＿＿＿＿＿＿＿＿＿＿＿＿＿＿＿＿＿＿＿＿＿＿＿＿＿＿

（3）＿＿＿＿＿＿＿＿＿＿＿＿＿＿＿＿＿＿＿＿＿＿＿＿＿＿＿＿＿＿＿＿＿＿＿＿＿

谁负责财务管理？具体职责是什么？请写出来。

（1）＿＿＿＿＿＿＿＿＿＿＿＿＿＿＿＿＿＿＿＿＿＿＿＿＿＿＿＿＿＿＿＿＿＿＿＿＿

（2）＿＿＿＿＿＿＿＿＿＿＿＿＿＿＿＿＿＿＿＿＿＿＿＿＿＿＿＿＿＿＿＿＿＿＿＿＿

（3）＿＿＿＿＿＿＿＿＿＿＿＿＿＿＿＿＿＿＿＿＿＿＿＿＿＿＿＿＿＿＿＿＿＿＿＿＿

谁负责市场营销？具体职责是什么？请写出来。

（1）＿＿＿＿＿＿＿＿＿＿＿＿＿＿＿＿＿＿＿＿＿＿＿＿＿＿＿＿＿＿＿＿＿＿＿＿＿

（2）＿＿＿＿＿＿＿＿＿＿＿＿＿＿＿＿＿＿＿＿＿＿＿＿＿＿＿＿＿＿＿＿＿＿＿＿＿

（3）＿＿＿＿＿＿＿＿＿＿＿＿＿＿＿＿＿＿＿＿＿＿＿＿＿＿＿＿＿＿＿＿＿＿＿＿＿

谁负责产品销售？具体职责是什么？请写出来。

（1）＿＿＿＿＿＿＿＿＿＿＿＿＿＿＿＿＿＿＿＿＿＿＿＿＿＿＿＿

（2）＿＿＿＿＿＿＿＿＿＿＿＿＿＿＿＿＿＿＿＿＿＿＿＿＿＿＿＿

（3）＿＿＿＿＿＿＿＿＿＿＿＿＿＿＿＿＿＿＿＿＿＿＿＿＿＿＿＿

谁负责公司对外宣传？具体职责是什么？请写出来。

（1）＿＿＿＿＿＿＿＿＿＿＿＿＿＿＿＿＿＿＿＿＿＿＿＿＿＿＿＿

（2）＿＿＿＿＿＿＿＿＿＿＿＿＿＿＿＿＿＿＿＿＿＿＿＿＿＿＿＿

（3）＿＿＿＿＿＿＿＿＿＿＿＿＿＿＿＿＿＿＿＿＿＿＿＿＿＿＿＿

谁负责公司人力资源？具体职责是什么？请写出来。

（1）＿＿＿＿＿＿＿＿＿＿＿＿＿＿＿＿＿＿＿＿＿＿＿＿＿＿＿＿

（2）＿＿＿＿＿＿＿＿＿＿＿＿＿＿＿＿＿＿＿＿＿＿＿＿＿＿＿＿

（3）＿＿＿＿＿＿＿＿＿＿＿＿＿＿＿＿＿＿＿＿＿＿＿＿＿＿＿＿

作为团队成员，我们要如何支持对方和限制？

（1）＿＿＿＿＿＿＿＿＿＿＿＿＿＿＿＿＿＿＿＿＿＿＿＿＿＿＿＿

（2）＿＿＿＿＿＿＿＿＿＿＿＿＿＿＿＿＿＿＿＿＿＿＿＿＿＿＿＿

（3）＿＿＿＿＿＿＿＿＿＿＿＿＿＿＿＿＿＿＿＿＿＿＿＿＿＿＿＿

团队如何确保实现既定的目标？

（1）＿＿＿＿＿＿＿＿＿＿＿＿＿＿＿＿＿＿＿＿＿＿＿＿＿＿＿＿

（2）＿＿＿＿＿＿＿＿＿＿＿＿＿＿＿＿＿＿＿＿＿＿＿＿＿＿＿＿

（3）＿＿＿＿＿＿＿＿＿＿＿＿＿＿＿＿＿＿＿＿＿＿＿＿＿＿＿＿

主题四　商业画布定模式

任务一：　画出你的商业模式画布

企业与企业之间、企业的部门之间，乃至企业与顾客之间、与渠道之间都存在着各种各样的交易关系和联结方式，我们称之为商业模式。简单说，商业模式就是企业如何创造价值、传递价值和获取价值的过程。商业模式画布可以帮助学生列出项目要做什么或你们想要做什么，以及你们如何去做。

从一张空白的画布开始，在画布的每个组成模块处添加有关键词的注释。你们可以用彩色的笔写出你们的具体想法。由于地方所限，尽量写关键词。

具体每块的内容如下。

（1）客户群体。我能帮助谁？谁会买单？要精确到细分客户（注意区别客户与用户）。

（2）价值服务。提供的产品或服务能否帮助客户提高收入、降低成本、降低风险、提高效率、增加良好体验和满足精神需求等。

（3）客户关系。用什么方式增强与老客户的关系？用什么方式开拓新客户？如私人定制服务、专属服务、粉丝礼物等。

（4）核心资源。我拥有的独特的资源，包括实体资源、知识资产、人力资源和金融资产。具体指设施、不动产、销售网络；专利、配方、客户数据；管理人才、技术人才、一线员工等；现金、信贷额度和股票期权等。

（5）渠道通路。你的产品和服务与客户群体之间的通路或者桥梁。主要方式有自有销售团队、线上销售、自有店铺、合作加盟和渠道分销等。渠道通路主要解决获客方式、获客效率和获客成本的问题。

（6）收入来源。我能得到什么，如产品售卖费、服务费、使用费、订阅费、授权费、广告费等，列出收入构成。

（7）成本结构。包括固定成本，如员工工资、房租、生产设备投入；还有可变成本，如生产物料、商业活动费、宣传策划费、广告费、业务费等。

（8）关键业务。包括制造产品、产品平台服务、网络服务、交易平台、知识管理和持续培训等。

（9）重要合作。合作形式包括战略联盟、战略合作、合资关系、供应商关系等。

综上，商业模式不是盈利模式，它至少包含了四个方面：产品模式、用户模式、推广模式和盈利模式。

1. 商业模式画布样图——铁龙文创

铁龙文创商业模式画布如图 5.10 所示。

1. 目标客户细分	2. 问题/需求/机会	3. 解决方案
铁路文创：群体端——铁路单位、铁路高校及铁路文化相关组织 个人端——铁路文化工作者及爱好者 **校园文创**：群体端——郑州铁路职业技术学院 个人端——郑州铁路职业技术学院学生、老师、校友	（1）如何使"铁路文创"的品牌更具知名度、关注度 （2）如何让普通大众（非铁路相关人员）也有购买铁龙文创产品的欲望 （3）如何让铁路文化、铁路精神发扬光大	（1）大力宣传：采用各大媒体进行宣传、线上直播推广、参加各大展览会等一系列扩大知名度的措施 （2）购买问题：在设计上别出心裁，既要制作精细，又要新颖式制作 （3）产品应增加文化深度，用小物件体现文化内涵

4. 独特价值定位	6. 推广	7. 成本结构
铁路文创：全国唯一、文化内涵丰富 **校园文创**：全校唯一、产品富有寓意	**铁路文创**：社群营销、互联网营销、铁路劳模等先进工作者代言 **校园文创**：校园展览、网上售卖、校园夜摊	制造成本、人工成本、设计成本、营销成本、物流成本（线上门店）、参加展览会等成本
5. 竞争优势 铁路文化传播优势、价格优势、产品质量保证		

8. 收入来源 产品售出总额	9. 关键指标 月订单数、年销量	10. 战略目标 产品远销国内外、销售额达500万元

图 5.10　铁龙文创商业模式画布

2. 商业模式画布样图——比亚迪新能源汽车

比亚迪新能源汽车商业模式画布如图 5.11 所示。

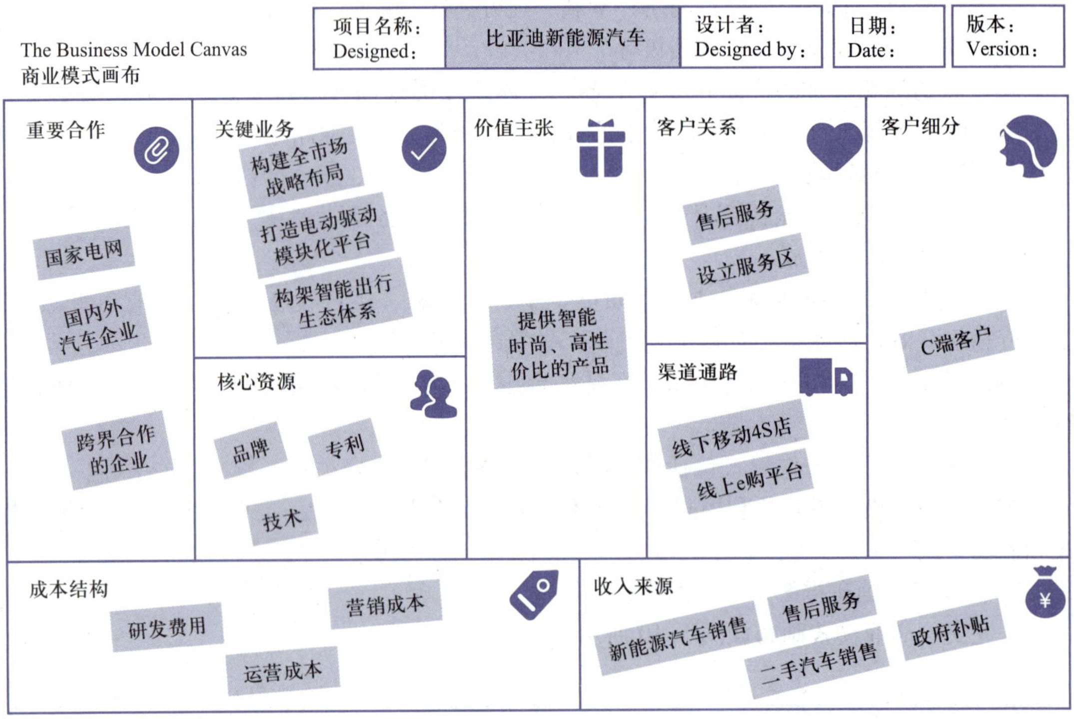

The Business Model Canvas 商业模式画布	项目名称： Designed：	比亚迪新能源汽车	设计者： Designed by：	日期： Date：	版本： Version：

图 5.11　比亚迪新能源汽车商业模式画布

请在图 5.12 中，绘制你们项目的商业模式画布。

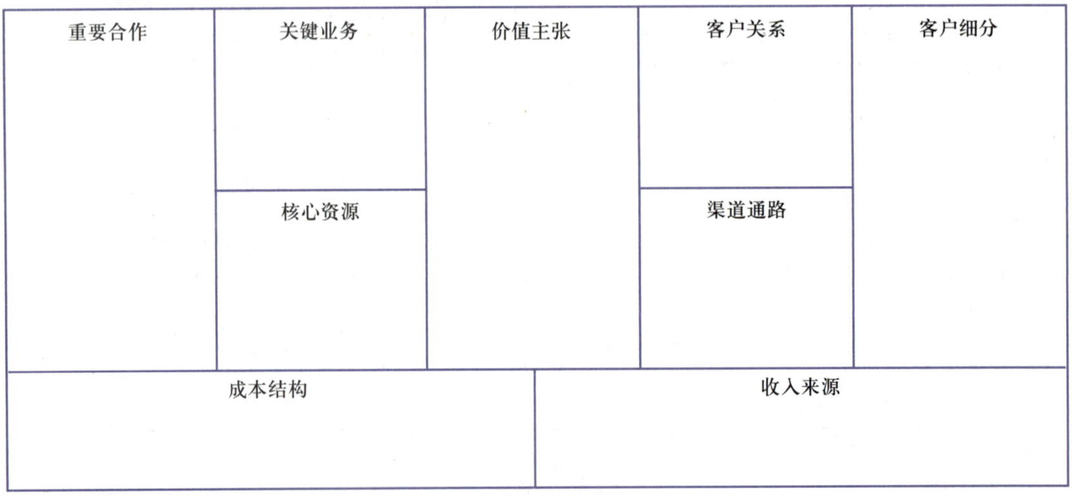

图 5.12　商业模式画布

任务二：　互联网大赛项目的商业模式

如果项目只是在创意阶段，没有注册公司，那么商业模式构图时(PPT)需要考虑以下几个因素(图 5.13、图 5.14)。

（1）运营的主体。项目团队独立运营，如智轮团队、铁龙团队等。

（2）产品生产模式。交代清与谁合作生产产品，核心技术由谁掌握。

（3）用户模式。交代清客户和用户是谁，写上去。

（4）推广模式。营销手段和方式，总结提炼出来并写上去。

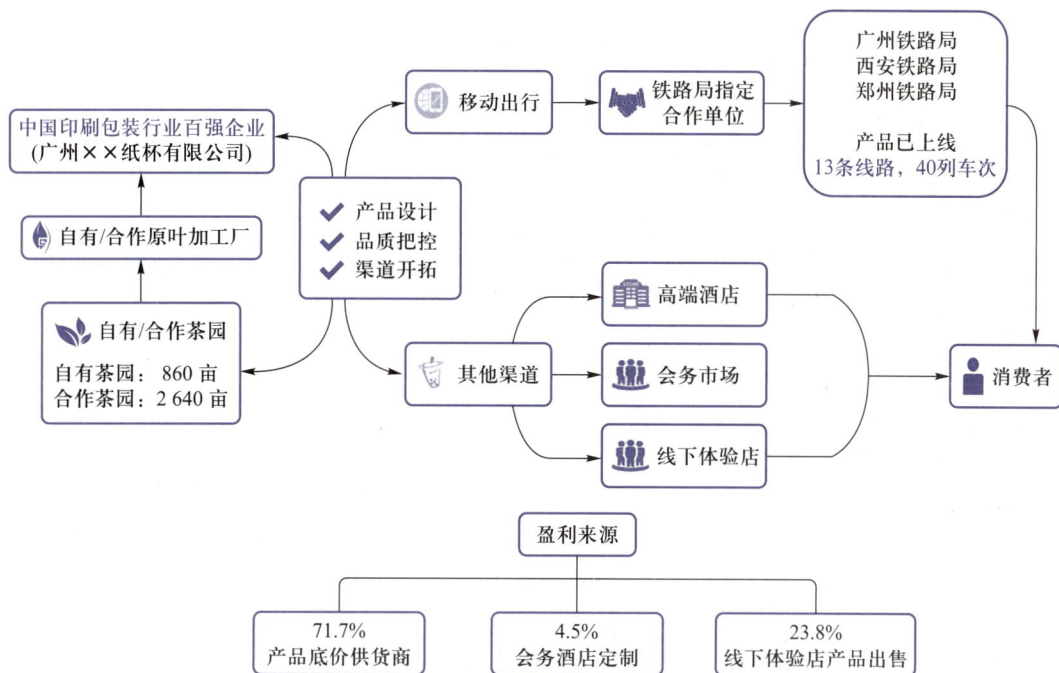

图 5.13　创意阶段商业模式画布(一)

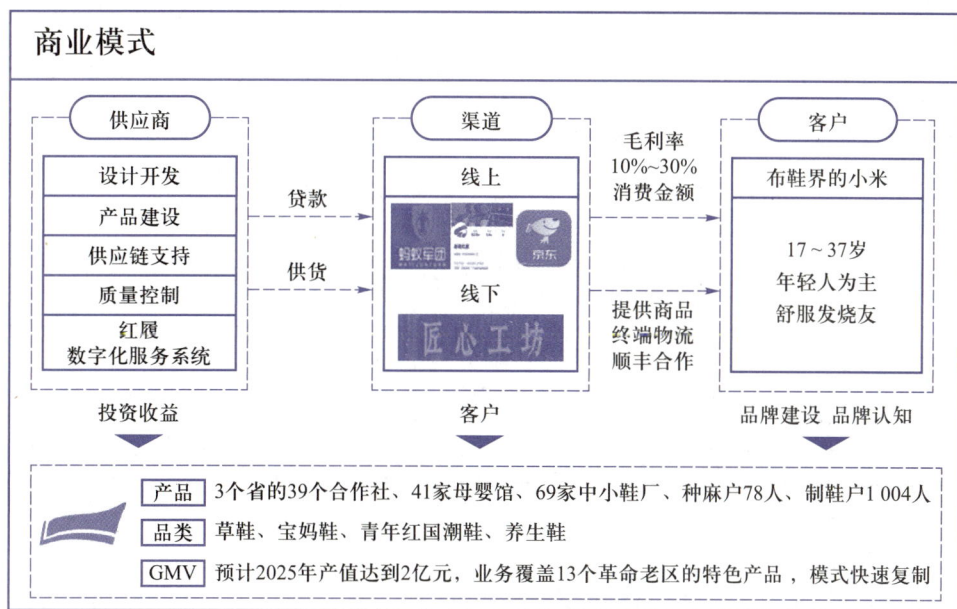

图 5.14　创意阶段商业模式画布(二)

主题五　创业计划解融资

任务一：　创业计划书分类

1. 产品类创业计划书的框架

产品类创业计划书的框架如表 5.2 所示。

表 5.2　产品类创业计划书的框架

名称	主要内容	备注
封面	项目名称、企业名称、团队名称、日期、负责人、联系方式	
执行摘要	企业概要　项目背景　项目痛点　解决方案　产品类型　竞品分析　融资计划　财务预算　发展规划	解决谁的什么问题必须想办法表述清楚
目录	正文目录	
公司情况	企业简介　历史沿革　股权结构　企业现状　发展规划	
产品	产品描述　生产技术　工艺技术　研发能力介绍　专利说明	投资人想看
环境和行业分析	前景和趋势分析　竞争分析　行业和市场预测	投资人想看
生产计划	生产流程　机器设备　原材料供应	投资人想看
运营计划	企业运营描述　产品的订单流程说明　技术利用情况	投资人想看
市场营销计划	定价　分销　促销　产品预测　控制	投资人想看
团队与管理	创业团队成员介绍　组织架构介绍　经历说明　管理规章制度介绍　公司的激励方案说明	投资人想看
风险评估	潜在风险　风险带来的后果　应对措施	
财务计划	资金需求　资金使用计划　财务预测　财务分析	投资人想看
附录	创业团队简介　营业执照　产品或产品原型的图示或照片　合同　市场研究数据　测试数据　报告	投资人想看

2. 服务类创业计划书的框架

服务类创业计划书的框架如表 5.3 所示。

表 5.3 服务类创业计划书的框架

名称	主要内容	备注
封面	项目名称、企业名称、团队名称、日期、负责人、联系方式	
执行摘要	企业概要 项目背景 项目痛点 解决方案 产品类型 竞品分析 融资计划 财务预算 发展规划	解决谁的问题、什么问题必须想办法表述清楚
目录	正文目录	
公司情况	企业简介 历史沿革 股权结构 企业现状 发展规划	
服务项目	服务项目描述 市场概况 客户画像 商业模式 运营描述	投资人想看
市场推广	产业分析 竞争分析 营销规划 营销方案设计	投资人想看
团队与管理	创业团队成员介绍 组织架构介绍 经历说明 管理规章制度介绍 公司的激励方案说明	投资人想看
风险评估	潜在风险 风险带来的后果 应对措施	
财务计划	资金需求 资金使用计划 财务预测 财务分析	投资人想看
附录	营业执照 公司章程 财务报告 合同 专利 获奖证明	投资人想看

任务二：你在创造价值

依据你们的项目要解决的问题，选出你在做或即将做的项目的价值。直接在图 5.15 中打"√"。

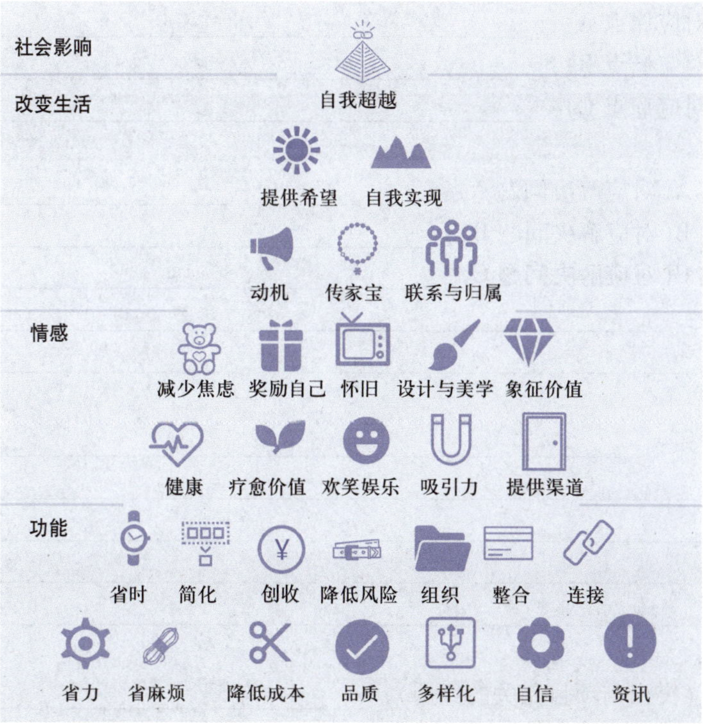

图 5.15 价值金字塔图

任务三： 撰写计划书要点

在撰写创业计划书时，首先对要点进行思考，并填写相关内容，然后在此基础上进行计划书的模块撰写。这样撰写计划书速度快质量高，大大提高效率。

1. 封面

(1) 项目名称：_____

(2) 团队名称：_____

(3) 企业名称：_____

(4) 项目负责人：_____

(5) 联系方式：_____

2. 市场痛点

(1) 痛点 A：_____

(2) 痛点 B：_____

(3) 痛点 C：_____

(4) 总结：_____

3. 解决方案

(1) 方案概述：_____

(2) 核心原理：_____

(3) 产品介绍：_____

(4) 工作流程：_____

(5) 解决问题(对应痛点 A)：_____

(6) 解决问题(对应痛点 B)：_____

(7) 解决问题(对应痛点 C)：_____

4. 技术突破

(1) 技术性描述 A(对应解决问题 A)：_____

(2) 技术性描述 B(对应解决问题 B)：_____

(3) 技术性描述 C(对应解决问题 C)：_____

(4) 项目创新点：_____

(5) 专利保护：_____

5. 运营状况

(1) 产品研发阶段：_____

(2) 用户数：_____

(3) 销售额：_____

(4) 效果反馈：_____

(5) 测试结果：_____

6. 团队介绍

(1) 项目负责人(突出与项目相关的经历)：_____

(2) 核心成员：_____

（3）团队成员：_____

（4）专家顾问：_____

7. 竞品分析

（1）价格：_____

（2）功能：_____

（3）速度：_____

（4）范围：_____

（5）成本：_____

8. 财务与融资

（1）收入表：_____

（2）利润表：_____

（3）负债表：_____

（4）融资计划：_____

（5）成本分析：_____

9. 发展规划

（1）近期规划：_____

（2）中期规划：_____

（3）远期规划：_____

提示：

（1）在每部分的描述中，尽可能用图和表进行概括和补充。

（2）团队介绍分为项目负责人、核心团队、团队成员、专家指导。

（3）附录部分要提供佐证，提前准备好佐证材料。

主题六　项目路演精展示

任务一：　学习演讲技巧

准备演讲的十个小技巧如下所示。

（1）你的目的是什么？你想传达什么观点？

（2）从可靠的来源处查找和选择信息，并参考所有的信息来源、图片和视频剪辑。

（3）在开始写具体内容之前，创建一个演讲的故事版本。

（4）你准备讲一个什么样的故事？

（5）从开场白、主要内容开始，以强有力的结尾结束。

（6）一旦确定了内容，那么你需要证据证实你的内容的准确性。

（7）使用文字、图像、链接和视频的组合，建议使用更少的单词和更多的图像。

（8）确保你的语法、拼写和断句完美无缺。

（9）说话要清楚，要缓慢而清晰，配合各种语气和手势。

（10）在演讲开始和结束时要认真鞠躬，不可敷衍。

任务二：　练习一场 **3~5** 分钟的演讲

1. 时间

掌控好时间，不要延迟，要提前达到演讲场地。

2. 视觉化的 PPT

路演 PPT 的制作尽量专业化（图多、概括、总结）。

3. 姿势

（1）保持微笑。

（2）注意眼神接触。

（3）手势。

（4）不同的语调。

（5）讲话清晰。

4. 仪表

（1）外表干净整洁。

（2）表现出专业性。

5. 演讲

（1）开始。

（2）中间。

（3）结束。

6. 练习

（1）多做练习。

（2）确保过程完美。

7. 支持材料

（1）有创造性。

（2）内容可视化。

8. 技术

利用技术手段来增强你的演讲。

9. 自信

自信沟通交流，逐步发展你的观点。

任务三：　制作路演 **PPT**

近些年，随着国家对大学生双创工作的重视，创新创业大赛如雨后春笋，给大学生提供了宝贵的创业实践机会。项目路演 PPT 的制作，无论是大赛本身要求，还是融资路演要求，都越来越高，因此，做一份专业程度高的路演 PPT 非常有必要。

路演 PPT 制作，从内容设计到颜色搭配、从构图布局到材料选择、从项目亮点到项目成果，都需要路演的学生和团队进行周密系统的思考和研究。在此感谢高铁电管家团队同意展示他们的 PPT 作品作为案例。

请同学们结合高铁电管家团队的路演 PPT 作品(扫描下方二维码)，完成以下任务

（1）请学生仔细研究每页 PPT 中左边文字与右边图片，找到其中的规律。

（2）请学生研究每页 PPT 的布局和结构。

（3）请学生研究每页 PPT 上的概括总结性的话。

（4）请学生研究每页 PPT 要表达传递的内容。

（5）请学生用研究观察的方法，完成前四项内容，再开始创作自己项目的路演 PPT。没有研究，就没有制作水平的提高。单纯的模仿不是研究，因此，需要同学们深入思考细节并琢磨内在规律。

PPT示范案例

创新创业行动总结

主题一　反思创新创业思维

整个训练过程中，我常用的解决困难的思路是什么？

（1）_____

（2）_____

（3）_____

主题二　反思创新创业性格

在整个训练过程中，我的性格在哪些方面有所变化？

（1）_____

（2）_____

（3）_____

主题三　总结创新创业素质与能力

在整个训练过程中，自己哪方面的创新创业素质和能力有提升？

（1）_____

（2）＿＿＿＿＿＿＿＿＿＿＿＿＿＿＿＿＿＿＿＿＿＿＿＿＿＿＿＿＿＿＿＿
（3）＿＿＿＿＿＿＿＿＿＿＿＿＿＿＿＿＿＿＿＿＿＿＿＿＿＿＿＿＿＿＿＿

主题四　评估自我团队合作精神和能力

在整个训练过程中，通过自己与团队的互动和协作完成的项目调研、原型生产、市场调查、创业计划书撰写、路演 PPT 制作、专利申请、演讲和答辩等任务，评估时写出具体事件。

（1）＿＿＿＿＿＿＿＿＿＿＿＿＿＿＿＿＿＿＿＿＿＿＿＿＿＿＿＿＿＿＿＿
（2）＿＿＿＿＿＿＿＿＿＿＿＿＿＿＿＿＿＿＿＿＿＿＿＿＿＿＿＿＿＿＿＿
（3）＿＿＿＿＿＿＿＿＿＿＿＿＿＿＿＿＿＿＿＿＿＿＿＿＿＿＿＿＿＿＿＿

主题五　参加大赛的制胜法宝

依据创新创业大赛提交的参赛材料，总结你认为最重要的关键点。

（1）＿＿＿＿＿＿＿＿＿＿＿＿＿＿＿＿＿＿＿＿＿＿＿＿＿＿＿＿＿＿＿＿
（2）＿＿＿＿＿＿＿＿＿＿＿＿＿＿＿＿＿＿＿＿＿＿＿＿＿＿＿＿＿＿＿＿
（3）＿＿＿＿＿＿＿＿＿＿＿＿＿＿＿＿＿＿＿＿＿＿＿＿＿＿＿＿＿＿＿＿

读者意见反馈

为收集对教材的意见建议,进一步完善教材编写并做好服务工作,读者可将对本教材的意见建议通过如下渠道反馈至我社。

咨询电话　400-810-0598

反馈邮箱　gjdzfwb@ pub. hep. cn

通信地址　北京市朝阳区惠新东街 4 号富盛大厦 1 座　高等教育出版社总编辑办公室

邮政编码　100029